权威·前沿·原创

皮书系列为
"十二五""十三五"国家重点图书出版规划项目

中国社会科学院创新工程学术出版项目

广州蓝皮书

BLUE BOOK OF
GUANGZHOU

广州市社会科学院／编

广州创新型城市发展报告 (2018)

ANNUAL REPORT ON INNOVATION CITY DEVELOPMENT
OF GUANGZHOU (2018)

主　编／许　鹏
执行主编／张赛飞

社会科学文献出版社
SOCIAL SCIENCES ACADEMIC PRESS（CHINA）

图书在版编目（CIP）数据

广州创新型城市发展报告. 2018 / 许鹏主编. -- 北京：社会科学文献出版社，2018.6

（广州蓝皮书）

ISBN 978 - 7 - 5201 - 2894 - 0

Ⅰ.①广… Ⅱ.①许… Ⅲ.①城市建设 - 研究报告 - 广州 - 2018 Ⅳ.①F299.276.51

中国版本图书馆 CIP 数据核字（2018）第 118308 号

广州蓝皮书

广州创新型城市发展报告（2018）

主　　编／许　鹏

执行主编／张赛飞

出 版 人／谢寿光

项目统筹／丁　凡

责任编辑／杜文婕　杨　雪

出　　　版／社会科学文献出版社·区域发展出版中心（010）59367143
　　　　　　地址：北京市北三环中路甲 29 号院华龙大厦　邮编：100029
　　　　　　网址：www.ssap.com.cn

发　　　行／市场营销中心（010）59367081　59367018

印　　　装／三河市龙林印务有限公司

规　　　格／开 本：787mm × 1092mm　1/16
　　　　　　印 张：16.5　字 数：246 千字

版　　　次／2018 年 6 月第 1 版　2018 年 6 月第 1 次印刷

书　　　号／ISBN 978 - 7 - 5201 - 2894 - 0

定　　　价／89.00 元

皮书序列号／PSN B - 2012 - 247 - 12/14

主要编撰者简介

许　鹏　广州市社会科学院党组成员、副院长，经济学博士，教授，博士生导师。中国统计学会常务理事，广东金融顾问，广东金融学会学术委员，获得国家统计局优秀教师、教育部新世纪优秀人才、广州市金融高级管理人才等称号。主要研究方向为风险管理与金融统计，主持承担"货币与金融统计体系国际接轨""金融状况指数体系的构建与应用"等国家级科研项目，出版了《货币与金融统计学》《宏观经济与金融数据质量评估》《新常态下的区域金融发展》等多部著作，有多项研究成果获得国家部委和省级政府科研成果奖。

张赛飞　女，1970年生，湖南邵阳人，工学硕士，广州市社会科学院软科学研究所所长，副研究员，广州市重大行政决策论证专家。主要从事科技发展战略及其政策研究。主持完成"广州市'十二五'科学技术发展规划""广州科研机构集聚发展战略及对策研究""广州科技竞争力评估报告"等课题，完成的多份研究报告获广州市市领导肯定性批示。出版《科技创新与经济发展实证研究》《区域经济综合评价实证研究》等专著，发表学术论文50余篇，获广州市哲学社会科学专著类、论文类、研究报告类一等奖。

摘　要

《广州创新型城市发展报告（2018）》是由广州市社会科学院主持编写的"广州蓝皮书"系列之一，以广州创新型城市发展为主题，主要包括以下四个部分的内容。

第一部分主报告。报告分析了2017年广州创新型城市发展的五大亮点，指出存在的四大问题，探讨了2018年广州创新型城市发展环境及影响因素，在此基础上，对2018年广州创新型城市发展态势进行展望与预测，并提出了加快广州创新型城市发展的六大对策。

第二部分综合篇。从开发区发展模式、"双创"平台布局、青年创业、人才体制、民间投资、创新驱动等视角，综合研究广州创新发展的方向与思路。

第三部分科技篇。探讨广州科技成果转化、国际科技创新枢纽建设、突破性技术发展、研发产业发展、科技金融发展、国际合作等难点问题，研究促进广州科技创新的主要路径及其策略。

第四部分产业篇。从国际风投创投之都建设、现代中药产业、人工智能产业、高新区体制创新、跨境电子商务等视角，剖析广州相关产业发展、产业布局存在的问题，并给出相关对策建议。

关键词： 广州　创新型城市　创新驱动

Abstract

Annual Report on Guangzhou Innovation City Development (2018), one volume of the Guangzhou Blue Book Series complied by Guangzhou Academy of Social Sciences, is focused on Guangzhou innovation city development. This book is composed of four parts.

Part 1 is the General Report. It analyzes the five main highlights of Guangzhou's innovation city development and points out four shortcomings in 2017, explores the Guangzhou innovation city development environment and influencing factors and conducts prospects and forecast on Guangzhou innovation city development trend in 2018. In the end, this report proposes six countermeasures on accelerating Guangzhou innovation city development.

Part 2 is Comprehensive Reports. This part studies the Guangzhou innovation directions and thoughts from the perspectives of development zone models, start-up and innovation platforms, youth entrepreneurship, talent system, private investment and innovation-driven development.

Part 3 is Science and Technology Reports. This part studies the main paths and strategies to improve Guangzhou's science and technology innovation from the perspectives of difficult issues such as the transformation of scientific and technological achievements, international science and technology innovation nexus construction, breakthrough technology development trends, the development of R&D industry and Fintech, international science and technology collaboration in Guangzhou

Part 4 is Industrial Reports. This part analyzes the existing problems of Guangzhou and puts forward the related countermeasures and suggestions from the perspectives of the industrial sectors such as ventures, modern Chinese medicine, artificial intelligence, institutional innovation of Hi-tech Zone and E-Commence.

Keywords: Guangzhou; Innovation City; Innovation Driven

目　录

皮书数据库阅读**使用指南**

CONTENTS

I General Report

II Comprehensive Reports

Ⅲ　Science and Technology Reports

Ⅳ Industrial Reports

总 报 告

General Report

B.1
2018年广州创新型城市发展报告

张赛飞 刘若曦 邓 强*

摘 要： 本文梳理了经济学界关于城市创新的理论框架，在理论框架下总结了2017年广州创新型城市发展的五大亮点，探讨了广州创新型城市建设存在的四大问题，分析了广州2018年创新型城市发展的内外因素；在此基础上，对2018年广州创新型城市发展态势进行展望与预测，并提出了加快推进广州创新型城市建设的六大对策建议。

关键词： 创新型城市 创新驱动 广州

---

* 张赛飞，广州市社会科学院软科学研究所所长、副研究员，研究方向为区域创新与城市经济；刘若曦，广州市社会科学院软科学研究所助理研究员，主要研究领域为产业经济、科技创新；邓强，广州市社会科学院软科学研究所助理研究员，研究方向为产业经济、科技创新。

一 创新型城市内涵与特征

（一）创新型城市内涵

随着高校和科研机构在知识型社会创新中的地位日益重要，传统的国家创新体系模型逐渐转变成多种组织机构参与的多维模型。纽约州立大学石溪分校的埃茨科威兹（Etzkowitz）和阿姆斯特丹大学的林德道夫（Leydesdorff）提出大学 - 产业 - 政府三角螺旋模型（The triple helix model of university - industry-government），并指出知识型社会中的经济发展依赖于大学、产业、政府三者紧密合作，通过对知识进行转化与应用，从而创造新的社会组织与生产模式。具体到城市创新层面，学者们更倾向于认为城市创新体系是一个由各种创新要素组成的多维结构，由多种组织机构与多重因素共同驱动。牛津大学教授西米（J. Simmie）在其主编的《创新型城市》一书中提出城市创新源于四个方面：第一，与典型的集聚经济相关，成为内部范围效应；第二，与同一部门的企业空间集聚相关；第三，城市化经济与创新进程有很强的相关性；第四，与其他更为高级的实际出口市场的联系，即全球化效应。他认为创新能力能够为城市竞争带来绝对优势，与国际市场的联系是竞争力和成功的关键。俄罗斯学者塔赫马克西普（Tahtmaxep）在《城市创新角色的研究》中提出城市居民具有形成创新角色的潜力，运用城市社会经济发展的观点揭示了"创新潜力 - 技术结构 - 城市居民生活方式"链条各环节的联动关系，提出了按照创新角色的城市分类法，讨论城市创新发展的生态空间。

辜胜阻等人（2016）认为创新型城市是以创新为核心动力驱动城市经济发展，通过技术、制度、文化等各方面的创新，创造新知识、新技术、新生产组织方式等，形成新的产业增长极。张剑等人（2017）指出创新型城市是一个由多元创新主体（企业、高校、科研机构、中介组织等）共同组成的复杂系统，其发展有赖于创新资源（人才、资金、技术、信息、基础设施等）与创新制度（激励、评价、监督等）的支撑。杨建仁（2017）认为创新型城市就是一种以科学技术、知识资本、智力资本、文化资本及体制等创新要素作为核心动力，推动经济社会发展的城市发展新形态。陈曼青等（2016）指出创新型城市是城市发展依托诸如人力资源、文化、科技、体制等内源性要素驱动，对所在区域具有高端辐射与引领作用，由此实现创新发展的城市发展模式。邹乐乐等（2013）认为创新型城市与传统工业城市有显著的差异，创新型城市是以创新驱动为社会经济发展动力，以知识、高素质人才、信息及信息网络为基本生产要素，以第三产业为主导，以高新技术产业与经过技术改造而成为现代高效化的传统产业为主体，以脑力劳动者为主，更多地进行非物质性产品生产。邹燕（2011）指出，创新型城市是一种创新驱动的城市发展模式，具有创新资源集聚、科技作用突出、创新系统完备并运转有效、经济社会可持续发展水平高、区域集聚辐射作用显著的特点，是知识创新、技术创新和产业创新呈现出密集性和常态化特征的城市形态。综上所述，创新型城市是以创新为核心动力驱动城市经济发展，以科学技术为根本支撑，以高新技术和知识密集型产业为发展方向，集聚与配置人才与资本等创新要素，是向周边区域辐射创新成果、引领科技潮流、深度参与国际合作的城市发展形态。

（二）创新型城市特征

创新型城市有各种类型的发展模式，但总体而言具备以下特征。

第一，资本市场是创新活动的重要支撑。技术创新需要大量的研发投入、人力资本投入和物资投入，且面临技术风险、市场风险等不确定因素，需要金融创新提供融资服务，分散创新风险。通常，创新型城市拥有完善的金融创新体系，健全的多层次资本市场，创业投资、风险投资、私募投资等活动兴旺，为创新活动提供坚实有力的物质支撑。在政府驱动的创新城市模式下，政府会积极设立创新引导资金，引导更多资本流向创新领域。

第二，具有高度开放的创新创业环境。开放性是创新型城市能够持续发展的根本动力。从资源集聚的角度上讲，创新型城市能够让人才、资本等要素自由流动与聚集；从政府治理角度上讲，创新型城市通常具有较为宽松的创新创业环境，面临较少的政府监管，拥有较为优厚的政策条件；从文化思维的角度上讲，创新型城市推崇敢于冒险、追求成功的创业者精神，同时对失败有着较高的容忍度，有良好的试错机制。

第三，广泛合作性。其一是区域间合作，创新型城市的辐射力与连接力进一步加强，成为带动区域创新发展的引擎和创新资源配置的中枢，可更广泛地参与国际交流与竞争。其二是学术机构、产业、政府三方的合作。三重螺旋理论（The Triple Helix thesis）指出，在知识社会中创新与经济发展更依赖与于大学、产业和政府相互作用下催生的新型制度、生产形式以及知识转换。创新型城市通常形成以政府为引导、以企业为主体、以市场为指向的政产学研一体化的模式。其三是产业内的合作，创新型城市以产业园区、价值园区的形式使上下游企业高度集中集聚，优化产业资源配置，完善产业价值链条，加快产业信息流动，从而促进整体产业的良性发展。

二 2017年广州创新型城市发展的主要亮点

2011年，广州发布了《广州国家创新型城市建设总体规划（2011～2015年）》，明确提出以科技创新、产业创新和企业创新为重点，建设国家创新型城市。该规划实施以来，广州城市创新功能不断完善，创新环境不断优化，自主创新能力不断增强。2017年，广州创新型城市建设主要呈现出以下五大特征。

（一）创新要素加速集聚

1. 高端人才集聚态势明显

2017年，广州市委组织部联合多部门出台《广州市高层次人才认定方案》《广州市高层次人才服务保障方案》《广州市高层次人才培养资助方案》，5年内将投入约15亿元，为高层次人才提供住房保障、医疗保障、子女入学、创新创业、资助补贴等。2017年，广州人才绿卡项目共发放人才绿卡3300张，引进创新创业领军团队21个、各类领军人才58人；5位创业人才入选第14批国家"千人计划"创业人才项目，入选人数与上海并列全国第一。在穗工作的诺贝尔奖获得者 6 人、两院院士 79 人，"千人计划"专家 281 人（新入选 65 人）、"万人计划"专家 95 人。① 综上所述，2017 年广州出台相关政策，大力吸引高层次人才，国内外高端人才正加快向广州聚集，为广州创新型城市建设奠定了坚实的基础。

2. 金融体系日趋完善

2017 年，广州通过《广州市科技成果产业化引导基金实施方案》《广州市科技成果产业化引导基金管理办法》，将设总规模 50 亿元的科技成果产业化引导母基金，并通过设立"母子基金"架构，吸引社会资本加入，带动超过 1000 亿元的社会资金投入科技成果产业化及科技企业孵化。2017 年广州还成立了重点产业知识产权运营基金，共配套 1.2 亿元作为基金的财政引导资金，重点投向信息技术、生物与健康、新材料与高端制造、新能源与节能环保等战略性新兴产业的专利组合运营。同年广州新增各类股权投资机构超过 2000 家，管理规模达 7300 亿元，股权投资市场迅速发展，支撑更多的企业创新发展。2017 年，广州市股权交易中心新增挂牌企业 1472 家，累计有挂牌展示企业 4326 家，规模占全国同类市场的 10%，综合实力位居前列②；新增新三板挂牌企业 116 家，累计 465 家。不仅如此，2017 年广州相继设立人工智能产业基金、生物医药产业基金、新一代信息技术产业发展基金等三个百亿级产业基金，将为广州"IAB 计划"提供强有力的资金支持。由此可见，2017 年广州逐步完善了促进科技成果转化到重点产业发展的金融体系，有力地支撑了广州创新型城市建设。

（二）科技创新态势良好

1. 知识成果受到国际关注

2017 年，广州发表 SCI 论文 24349 篇，同比增长 14.85%（见图 1），

---

① 《2018 年广州市政府工作报告》。
② 《广州市新三板企业协会成立大会暨第一次会员大会正式召开》，http://www.gz.gov.cn/GZ55/5/201710/eb4e38e4f6f14f85b673a09f4d554cfc.shtml，广州市人民政府网站，2017 年 10 月 30 日。

高于香港（14965）、新加坡（15345）、以色列（19255）、悉尼（19402）①。华南理工大学、中山大学的 6 名材料、化学领域科学家入选全球"高引科学家"。在 Nature 出版集团发布的 2017 自然指数排行榜②（Nature Index 2017 Tables）中，广州的加权分值计数法（WFC，weighted fractional count）指数为 225.36，位居全国第四。2017 年中国工程院院士、中国南方电网公司专家委员会主任委员李立涅主持完成的"特高压±800kV 直流输电工程"获得国家科技进步奖特等奖，华南农业大学罗锡文院士等完成的"水稻精量穴直播技术与机具"获国家技术发明奖，暨南大学叶文才主持完成的"中药和天然药物的三萜及其皂苷成分研究与应用"等三项成果获科学技术进步奖。总的来看，广州知识创新不仅走在全国前列，部分成果还达到国际先进水平，在全球范围内发挥了一定影响，将为广州技术创新带来不竭动力。

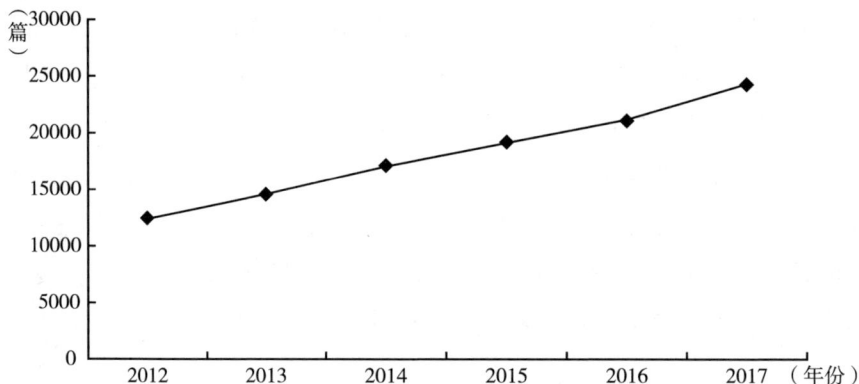

图 1 2012～2017 年广州 SCI 论文数量

资料来源：Web of Science 核心数据库。

① 各地发表 SCI 论文数量从 Web of Science 核心数据库可检索得到，2018 年 1 月 16 日。
② 自然指数的分析是基于前一年各科研机构在 *Nature* 系列、*Science*、*Cell* 等 68 种自然科学类期刊上发表的研究型论文数量进行计算和统计的，它追踪了约 6 万篇优质科研论文的作者单位信息，涵盖全球 2 万多家科研机构。

2. 专利成果高速增长

2017 年，广州专利申请量为 118332 件（见图 2），同比增长 19.4%。其中，发明专利申请量为 36941 件，同比增长 16.0%，比全国高 1.8 个百分点；专利授权量为 60201 件，同比增长 24.6%，其中发明专利授权量 9345 件，同比增长 21.9%，比全国高 13.7 个百分点，比深圳高 14.8个百分点；PCT 国际专利申请 2441 件，同比增长 48.7%，比全国高 36.2个百分点。广州专利申请量与授权量的高速增长显示广州技术创新发展态势良好。

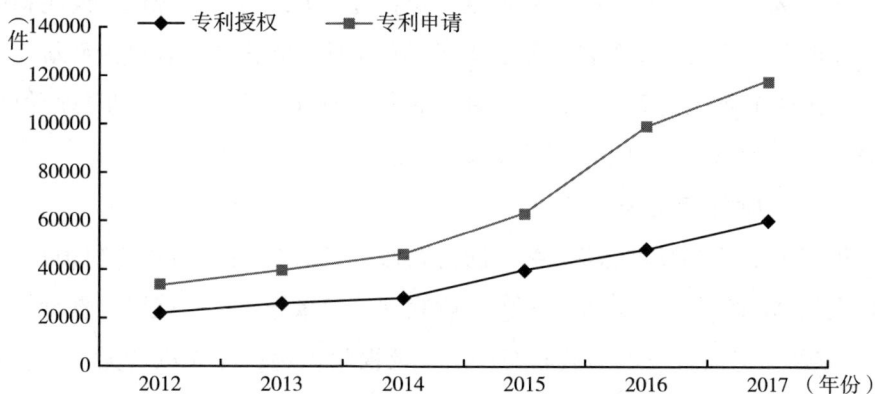

图 2　2012～2017 年广州专利授权量与专利申请量

资料来源：广州市知识产权信息网。

3. 技术研发体系更加完备

2017 年，广州新增省级工程技术研究中心 288 家、省级重点实验室 13家、市级重点实验室 9 家，累计省级工程技术研究中心 946 家、国家级重点实验室 19 家、国家级工程技术研究中心 18 家、省级重点实验室 213 家、市级重点实验室 156 家，新增省级新型研发机构 8 家，总数达 52 家，数量居全省第一。4318 家企业享受研发费用税前加计扣除，减免税收 33.77 亿元；4045 家企业享受研发投入后补助 15.3 亿元，全社会研发投入增长超过20%，占地区生产总值的 2.5% 左右。

4. 科技孵化体系渐成

2017 年，广州共有科技企业孵化器 261 家，其中国家级孵化器新增 5 家，总数达到 26 家；共有众创空间 164 家，其中国家级众创空间 53 家；孵化总面积 987.6 万平方米。孵化企业（项目）累计超过 1.1 万家（个），新增毕业企业超过 230 家。其中，45 家众创空间获批纳入国家级孵化器管理支持体系，57 家孵化器被省科技厅认定为试点单位，数量均居全省第一，国家级孵化器获评优秀数量连续两年居全国前三。在国有孵化器的引导下，民营孵化器蓬勃发展，现已占全市孵化器的 80%。其中，达安创谷创新孵化模式，整合现有的创新链、企业链、资金链，通过自由资源优势向生物医药产业链上下游挖掘新项目，截至 2017 年 10 月，孵化了具有自主创新能力的生物医药企业超过 200 家，进入新三板的企业 10 家，投资企业总产值达 60 多亿元，投资企业总估值达 200 多亿元。

5. 技术协同体系日渐完善

2017 年，广州新增备案 54 家创新联盟，共有各领域创新联盟 140 家，包括大数据、宽带通信与新型网络、物联网、卫星导航、互联网、新型显示等 44 家新一代信息技术领域联盟；语音及视频识别、无人机及无人船、智能制造及工厂、机器人、智能家居等 13 家人工智能领域联盟；新药创制、精准医疗、第三方检验检测、医药研发外包、医疗器械等 34 家生物医药与健康领域联盟。广州产学研协同创新联盟成员单位已超过 1800 家，包含各领域的龙头企业、上下游配套企业、高校及研究机构、中介及投资机构等。

（三）企业创新百花齐放

2017 年，广州新增科技创新企业 4 万家，总数达到 16.9 万家；新增高新技术企业超过 4000 家，增量居全国第二位，总数达到 8700 家，是 2015 年的 4.5 倍[①]。2017 年中国德勤评选的高科技高成长 50 强企业中，广州占 13 席，

① 《去年广州日均诞生高新企业近 11 家》，http://www.xxsb.com/findArticle/24719.html，信息时报网站，2018 年 3 月 16 日。

数量位列全国城市第一。11家企业入选《快公司》发布的"2017年中国最佳创新公司50强",比上年增加2家,仅次于北京。京信、南方电网等四家企业入选科睿唯安(Clarivate Analytics)发布的2017年中国大陆创新百强。

1. 企业研发平台持续增长

2017年,广州新增市级企业研究开发中心890家,累计市级企业研究开发机构达到2624家。规模以上工业企业设立研发机构比例提升至40%,年主营业务收入5亿元以上企业设立研发机构比例提升至100%。一批龙头企业牵头建设国家、省级研发中心,例如金发科技设立国家先进高分子材料产业创新中心,聚华显示设立省印刷及柔性显示技术创新中心,广汽集团设立省智能网联汽车创新中心,国机智能设立省机器人创新中心等。总的来看,企业增设研发机构、研发平台,更加重视创新。

2. 一批技术创新型企业成为行业领导者

2017年,广州核岛主设备自主研制和批量制造能力全国领先;广州亿航智能技术公司自主研制出全球第一款可载客的无人驾驶飞机;广州明森机电设备有限公司开发的高精度制卡装备和模块设计制造达到国际领先水平;世达密封研发生产的橡塑、橡胶密封件主要与全球500强企业配套供应;广州数控研发生产的数控系统连续14年列全国第一。总的来看,一批广州本地企业正在通过技术创新,成为行业领头羊。

3. 企业商业模式创新推陈出新

企业积极整合新技术与原有业务,由单纯的生产者升级为提供全套解决方案的服务商,形成新的商业模式。例如,广州无线电集团邀请到院士担任集团院士工作站顾问,成立广电研究院、广电平云资本等平台,通过校企联动,推进"产学研"合作,助力广州"IAB"计划的有效落地。广钢集团(广钢新材料有限公司)运用"品牌+"和"互联网+"思维,从传统制造企业向建筑钢材资源整合者和运营商转型,专注品牌运营、设计开发和市场推广等高附加值业务。瑞松科技为客户提供一整套柔性化、智能化系统整体解决方案,其控股的瑞松北斗汽车装备公司是国内最具规模的汽车智能装备技术研发制造商。广电运通通过融合区块链跨机构积分交易平台,推出国内第一台云智能共享柜台机，综合实力全球第四。嘉诚物流主推"嵌入式"联动服务，将物流服务嵌入制造企业生产经营流程中，为松下电器、日立冷机、广州浪奇等世界五百强企业及大型制造企业提供全程物流服务，成为广州首个主板上市的物流企业。

4. 大型企业积极布局创新领域

2017年，广州的大型企业积极布局科技创新，不但利用自身的资本优势加大研发投入，更与国内外科技巨头、高端科研机构进行战略合作。例如，广汽集团成立新能源汽车公司，首期投资47亿元，后续将陆续投入450亿元，预计产能达到每年20万辆；开展与腾讯在车联网服务、智能驾驶等领域合作，发布iSPACE智联电动概念车；与科大讯飞在人机交互技术、车载智能化等领域展开合作。又如，广药集团已形成诺贝尔奖得主2人、国内院士和专家15人、博士及博士后近百人的强大高层次人才队伍，积极研发内外首创、国家一类生物制品新药治疗性双质粒乙肝疫苗；联手赛莱拉干细胞、美国斯坦福大学、广州生物医药与健康研究院、粤港澳中枢神经再生研究院等国内外机构，在新型疫苗、干细胞、精准医疗、溶瘤病毒、蛋白类药物以及医疗器械等方面进行布局。

（四）高端产业快速发展

1. IAB/NEM产业进入高速发展阶段

在传统产业亟须转型升级与科技创新日益成为经济发展引擎的双重背景下，广州采取"非对称"策略，着力发展新一代信息技术、人工智能和生物医药产业（简称"IAB"）与新能源、新材料（简称"NEM"）。目前，全市IAB领域共有国家级工程中心（实验室）3家，国家级工程技术中心1家、省级工程技术中心19家、市级工程技术中心29家，企业技术中心国家级9家、省级71家、市级96家，形成了较为完善的技术创新体系。2017年1~6月，富士康10.5代显示屏全生态产业园、韩国LG的8.5代液晶面板项目三期、亚信全球数据总部、微软云、思科智慧城、中电科华南电子信息产业园、阿里云、华为云、蓝色光标天地互联等新一代信息技术产业项目，包括新松机器人南方总部，海尔"智造大脑"COSMOPlat工业互联网平台，科大讯飞华南地区总部，小马智行总部的人工智能产业、赛默飞、冷泉港、GE生物科技园，百济神州生物产业园等生物医药项目落户落地广州，合计投资总额近1000亿元。在NEM产业领域，广州已具备一定的产业优势。以黄埔区为例，目前全区新能源产业规模以上企业82家，行业整体营业收入超过260亿元，集聚了广东省电力设计研究院、协鑫集团南方总部等行业龙头，以及三晶电气、科力新能源、迪森热能、高澜股份等创新标杆企业。同时，该区已形成了以新型高分子材料等先进基础材料为主导，新型能源材料、电子信息材料等关键战略材料为发展新动能的环保新材料产业体系，国内市场占有率高达11%。其中，以金发科技为龙头的新型高分子材料产业是基地的第一大主导产业，集聚了250多家优秀企业。可见，全球IAB/NEM企业正加速集聚广州。

2. 知识密集型服务业新增市场主体快速增长

2017年1~9月，广州知识密集型服务业新登记各类内外资市场主体（不含农民专业合作社、常驻代表机构、在穗从事生产经营企业）达7.20万户，同比增长47.2%，比全市新登记各类内外资市场主体增速高21.0个百分点。其中，金融业新登记市场主体1298户，同比增长191.03%；教育业新登记市场主体1807户，同比增长113.59%；科学研究和技术服务业新登记市场主体25650户，同比增长50.2%。2017年，广州知识密集型服务业固定资产投资602.1亿元，其中，金融业同比增长21.3%，信息传输、软件和信息技术服务业同比增长23.3%。总的来看，越来越多的市场主体进入知识型密集型服务业，显示出知识密集型服务业具备快速发展的潜力，而金融业、信息传输、软件和信息技术服务业的固定资产投资高速增长，则说明金融业与信息传输、软件和信息技术服务业在短期内将保持快速增长的势头，并带动整个知识密集型服务业平稳增长。

3. 高新技术产业稳步增长

2017年，广州先进制造业和战略性新兴产业增势良好，增加值分别增长11.5%和10.0%。广州数控、广州启帆2家工业机器人制造企业入选"中国机器人TOP 10"，8家企业成为省首批机器人骨干企业，占全省的1/3。全年规模以上高技术制造业增加值为705.75亿元,同比增长6.2%,占规模以上工业增加值的比重为12.2%,同比提升0.2个百分点;其中,医药制造业增长3.5%、航空航天器制造业增长4.5%、电子及通信设备制造业增长10.1%、医疗设备及仪器仪表制造业增长18.8%。2017年,广州规模以上高新技术产品产值9929.7亿元,同比增长9%,高新技术产品产值占全市规模以上工业总产值的47.0%,同比提高1.0个百分点。总的来看,高端制造业和高新技术产品保持稳步增长的势头(见图3)。

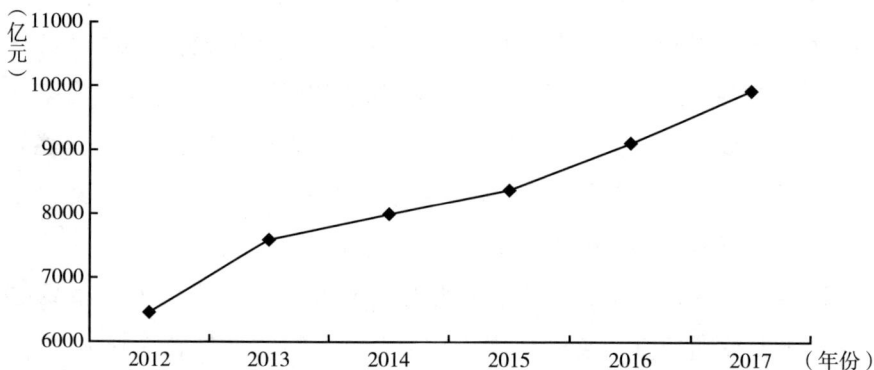

图3 2012～2017年广州规模以上高新技术产品产值

资料来源:广州统计信息网,《2018年广州市政府工作报告》。

4. 大数据应用快速推进

2017年,广州出台《广州市关于促进大数据发展的实施意见》,明确提出通过整合政府及社会数据资源,逐步推动大数据与产业发展、政府治理及科技创新的紧密结合,争创具有国际竞争力的国家大数据强市。目前,广州大数据应用服务已覆盖交通、金融、制造、教育、商业、医疗、农业、天气、电商物流、市民生活等多个领域。2017年"天河二号"用户总数已突破了2500家,较上年增长56.26%①,机时合同则比上年提升超过30%,用户遍布全国26个省份。国内卫星应用领域龙头企业北斗科技、全国首个全

① 《携手天河,共创未来——2017"天河二号"超算用户年会盛大揭幕》,http://www.nscc-gz.cn/newsdetail.html? 7785,国家超级计算广州中心,2017年12月18日。

息全程健康医疗数据库以及应用项目碳云智能科技等正式入驻，腾讯、阿里巴巴、粤科金融、科大讯飞等大数据产业链及其应用行业龙头企业也相继落户广州。

（五）区域创新精彩纷呈

1. 广州开发区：推动经济高质量发展

2017年，广州开发区出台"风投10条"政策，从聚集风险投资机构落户、经营贡献上进行供给侧结构性改革，力促科技和金融结合，集聚风险投资机构累计300家，资金管理规模超700亿元。[①] 不仅如此，还针对人才、知识产权的2个"美玉10条"政策，设立50亿元"黄埔人才基金"，成立广州开发区人才工作集团，为人才提供全国首创的全链条一站式服务。2017年新增"千人计划"人才14名，累计达76名，全区高层次创新创业人才超300人；新增高新技术企业585家，增幅50%；新增上市企业5家，累计达到49家，位居全市第一；111家企业入选科技部评选出的瞪羚企业，位居全国高新区前列。获批国家知识产权服务业集聚发展试验区，专利申请量达1.6万件，增长42%；专利授权量超8000件，增长28%；获中国专利奖18项；获国家科学技术奖6项，占全省的1/6。2017年，广州开发区相继引进美国通用电气在亚洲建设的首个GE生物科技园和被专家誉称为中国"基因泰克"的百济神州生物制药项目，已建成3家国内先进的肿瘤医院、两个质子治疗中心，百度风投将设立规模高达20亿元的人工智能专项风投基金，并与区域伙伴共建AI（人工智能）创业中心区、全球技术转化区、产业智能化示范区等。作为国内高新技术园区生物医药产业的第一梯队，广州开发区已聚集生物医药领域企业600多家，各类研发机构580多家，占广州全市的50%以上，形成了较完整的生命科学产业链和生物产业集群。

2. 南沙：新兴产业集聚发展

2017年1~11月，南沙注册新设企业数达到20083家（其中注册资本1

---

① 《广州黄埔区2017年多项经济指标领跑全市》，http：//economy. southcn. com/e/2018 - 02/08/content_ 180747331. htm，南方网，2018年2月8日。

亿元以上的企业 366 家），同比增长 57%；新增注册资本 4244.2 亿元，同比增长 206%。同期，南沙全区新增外商投资企业 338 家，同比增长 28.52%，实现合同利用外资 40.95 亿美元，同比增长 36.42%，实际利用外资 10.4 亿美元，同比增长 77.7%。广州国际人工智能产业研究院正式挂牌运营，成功引进微软广州云暨移动应用孵化平台、中国电子国家健康医疗大数据中心产业园、云从 AI 视觉图像创新研发中心、"小马智行"全国总部和启明星辰南方总部等 30 多个项目，初步形成了人工智能产业集聚效应。北京精雕高端数控机床研发生产基地项目、海尔双创园和海尔 COSMOPlat 工业互联网平台、中国邮政智能物流分拣设备研发及生产基地项目、联瑞制药生产基地等一批行业领军企业已落户。南沙 2017 年引进了南航、昆仑、交银等融资租赁项目，目前已集聚超 400 家融资租赁企业，累计业务合同金额超 1500 亿元。南沙正与海尔集团合力共建海尔全球产业金融中心，与中国风险投资研究院共建国际风险投资中心，引入了国新央企投资运营基金（501 亿元）、广州广新资本投资基金（100.02 亿元），目前已集聚超 600 家私募基金，注册资本超 1900 亿元。

3. 番禺：双创体系助力转型升级

广州大学城－国际科技创新城是广州纳入广深科技创新走廊规划的四个平台中面积最大的一个，聚集 12 所高校，20 多万师生，1300 多名院士、博导等高层次人才，拥有国家重点学科 44 个、国家重点实验室 7 个、省部级重点实验室 77 个，通过"高校平台、众创空间、孵化基地"双创体系，构建多层次创新平台。2017 年，番禺新增国家级科技孵化器 1 家，国家备案众创空间 3 家，全区"国"字号科技企业孵化器和众创空间总数达 8 家；新增孵化面积 27 万平方米，总数达到 109 万平方米。思科将全球除美国之外的最大 IOT 研发中心放在番禺，并计划把上海、合肥、大连的研发资源向番禺转移，该研发中心将围绕广东产业转型升级，带动一批制造业转型升级。

4. 海珠：全力打造广州"中关村"

2017 年 1~6 月，琶洲互联网创新集聚区累计实现营业收入 28.7 亿元，同比增长 232%，腾讯、小米、国美、复兴、科大讯飞等企业已展开业务。

海珠区与腾讯微信共同打造"琶洲移动支付智慧岛"项目，目前区域内以微信支付为核心的智慧生活体验已经实现全面覆盖，未来将升级形成琶洲"互联网＋大数据＋人工智能"智慧生活圈。广州创投小镇、M＋创工场、洋湾创新岛等一批主题产业园区、特色化产业园区已逐步成型，累计建筑面积超120万平方米，入驻企业超3000家，累计年税收超10亿元。风投板块已吸引IDG资本等十余个风投、金融机构入驻，预计3~4年内资金管理规模达300亿~500亿元，孵化创新型企业达100~250家；科技产业与时尚生活板块集聚了广晟新材料研究院等近百家人工智能、大数据的新业态企业。

5. 天河：继续领跑科技创新

2017年，天河区新增科技类企业1.6万家，增长24.1%，累计达到5.8万家，占全市31.9%；新增新三板挂牌企业32家，新增股权交易中心挂牌企业424家，全区发明专利申请量和授权量连续16年取得全市第一，全社会R&D经费投入100亿元，增长30.6%。广州天河基金和天河一号、二号基金正式运行，累计投资创新创业项目8个，撬动社会创投资金近8亿元。设立全国首座风投大厦，出台专项扶持政策，全区集聚风投创投机构319家，占全市47.3%。建成各类科技企业孵化器、众创空间128家，遍布全区21条街道，形成完整的"创业苗圃－众创空间－孵化器－加速器－科技园区"全链条企业育成体系。2017年，在硅谷、波士顿、特拉维夫等地建立了近30个实体孵化器的太库科技落户天河，将带动全区孵化器和众创空间向国际化、专业化、标志化发展。

三 2017年广州创新型城市发展存在的问题

（一）对青年人才吸引力有待增强

有报告显示[①]，上海大学生留沪比例达到70%，北京为60%，而广州

---

① 《哪些城市最能吸引大学生：广州较多毕业生外流》，http：//gd.sina.com.cn/news/m/2017－10－17/detail－ifymviyp1870789.shtml，新浪广东，2017年10月17日。

的本地就业吸引力指数为45%，约有27%的大学生选择前往其他一线城市就业。在2017全国城市年轻指数排行榜①中，广州仅得74分，全国排名仅为第35位，远低于排名第一的深圳（87分），亦低于生活成本更高的北京（77分）、上海（76分）。可见，广州对年轻人的吸引力不够，缺少创新的有生力量。2017年，广州已发放的3300张人才绿卡中，年龄在35岁以下的不到50%。同期，深圳共引进人才10万余人，35岁以下引进人才占总数的90.35%；其中，引进留学人员18307人，同比增长74.2%，94%的年龄在35岁以下。对年轻人吸引力不够一方面是广州的薪酬水平相对偏低，以互联网产业为例，广州的平均薪酬不仅落后与北上深，甚至排在杭州之后；② 另一方面是广州的人才政策门槛相对较高，普惠性偏低。以留学人员回国创业启动支持为例，深圳的补贴办法分为三个等级，准入条件较为宽松；而广州的补贴办法则在学历、专利上做了硬性规定，容易将有潜力但尚未取得成果的青年人才排除在外。又如广州的住房补贴政策普遍聚焦于领军人才、杰出人才等高端人才，对青年人才的支持不够。

（二）风险投资仍显不足

2017年广州在集聚风险投资资本上取得长足进展，但资金规模仍然较小、投资活跃度相对较低。2017年，国内私募创业投资、股权投资机构达1.3万家，投资总规模达8.7万亿元，同期广州的风险投资规模只有7000亿元，仅占全国数量的8%，规模相对较小。根据清科数据③，2017年广州总共发生投资465起，不到深圳（1173起）的一半，仅约为北京（2044起）的1/5；广州投资金额约816亿元，仅约为北京（4245亿元）的1/5。清科评选出的30家2017年最佳早期投资机构广州无一家上榜；2017年中

---

① 由腾讯发布，以QQ登录用户中16~35岁年轻群体为基础，根据现有城市年轻人口占比波动、2016年全国城市年轻指数等多项数据加权计算得出。榜上排名越靠前的城市，年轻人口越多。

② 《2017互联网人才趋势白皮书》，https：//www.sohu.com/a/215858970_ 209208，搜狐科技，2018年1月10日。

③ https：//www.pedata.cn/invest_ count/list.html。

国创业投资机构百强中，广州仅有 2 家机构上榜。风险投资不仅能为科技创新带来雄厚的资本支持，还能为初创企业提供更完善的创业指导和市场信息，更有利于打破传统投资中规避风险的桎梏，更好地对接科创企业高投入、高风险、高回报的发展模式，已经成为推动科技创新的主要驱动力量之一。目前，广州风险投资规模较小、活跃度较低、顶尖投资机构较少，创新资本支撑不足，势必影响广州创新型城市建设。

（三）产业转型任重道远

首先，虽然近年来广州陆续引进一大批创新型工业大项目，但多数仍处于投资建设的初期阶段，目前工业发展仍存在许多不利局面。2017 年 1～9 月，全市新注册制造业大中型企业有 47 家，注册资本达 323.7 亿元，企业数和注册资本数分别仅占全部大中型企业的 4.3% 和 4.8%。其次，传统行业占比仍然较高，而且持续低迷，饮料、纺织、服装、石化、钢铁等传统行业合计占工业的 18.8%，产值均是负增长。再次，新兴行业虽然产值增长较快，但规模较小，尚未形成有力支撑。以 2016 年为例，广州新一代信息技术产业规模仅为深圳的 14.3%，只有新型显示产值超千亿元；广州的生物制药产值仅为上海的 25.8%。总的来看，全面转型升级还有待提高。

（四）创新服务亟待提升

高端服务机构汇聚了科技创新企业发展所需的资源，是创新型城市建设不可缺少的环节。广州缺乏高端服务机构，特别是掌握丰富的市场信息、专业知识技能，拥有广阔人脉关系的高端服务机构严重缺乏。据统计，在全球知名的咨询公司中，没有一家在广州设立总部，只有一家在广州设有办公室。路透汤森评选出的中国三十大国内律师事务所中前二十名无一家总部位于广州。与此同时，广州还存在科技服务体系发展滞后、科技服务机构不专业和服务质量不到位等问题，将难以满足企业的创新需求，影响创新资源的有效集聚。

四 2018年广州创新型城市发展展望

（一）外部环境分析

1. 主要创新国家加速推进重大技术领域创新

2017年，欧盟发布面向2018~2020年的"地平线2020"工作计划，在信息与通信技术领域重点布局欧洲数字工业技术、欧洲数据基础建设、5G、下一代网络等技术研究领域。英国发布《下一代移动技术：英国5G战略》，旨在尽早利用5G技术的潜在优势，塑造服务大众的世界领先数字经济。日本发布《航天产业展望2030》，确认利用卫星大数据和ICT技术开展创造新服务的产业发展方向。美国国家科学基金会（NSF）发布2018年研究与创新新兴前言项目指南，重点支持"染色质和表观遗传工程"与"连续性、柔性和可配置的软体机器人工程"这两大新兴领域的研究。美国NSF发布第三期日美网络联合研发计划，将重点研发针对智能互联网社区的可信网络，将围绕可信的物联网（IoT）和网络物理系统（CPS）与可信的光通信及网络展开。由此可见，主要科技创新国家纷纷在生物、通信技术、大数据、人工智能等方面布局，这些领域将成为未来世界科技竞争的关键领域。

2. 世界新兴技术向深度发展

Gartner 2017年发布的新兴技术成熟度曲线显示出未来新兴技术发展的三大主要趋势：一是无处不在的人工智能，二是透明化身临其境的体验，三是数字化平台。人工智能刚刚跃过曲线高峰，正处于狂热时期，未来十年将成为"最具破坏性"级别的技术；数字平台在曲线上处于快速上升期，其中量子计算和区块链将在今后5~10年带来变革性的影响；涉及透明化身临其境体验的人本技术（如智能工作空间、互联家庭、增强现实、虚拟现实、脑机接口）是拉动另外两大趋势的前沿技术。区块链、商用无人机、软件定义安全、脑机接口这四项明显右移的技术领域是优先关注的重点。5G、通用人工智能、深度学习、深度强化学习、数字孪生、边缘计算、无服务器PaaS、认知计算八项技术被新纳入 2017 年曲线，802.11ax、情感计算、语境经纪、手势控制设备、数据代理 PaaS、微数据中心、自然语言问题回答、个人分析、智能数据发现、虚拟个人助理这十项技术被剔除出曲线（见图 4）。

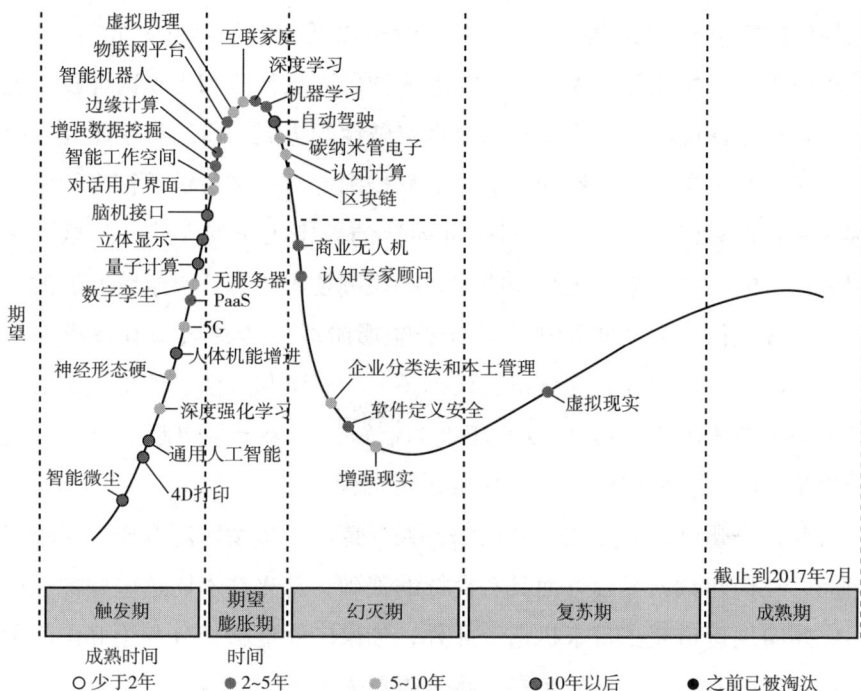

图 4　Gartner 2017 全球新兴技术成熟度曲线

与全球的报告不同，2017 年的中国报告加入了机器学习、区块链、低功耗广域技术、窄带物联网等内容。窄带互联网领域，由于政府和运营商的推动，中国会走在世界前列。机器学习领域，中国和全球都处于期望膨胀的高峰期。5G 技术领域，在全球和中国都尚处于科技诞生触发期，进入成熟期需要 5～10 年的发展。无人驾驶技术领域，在全球的报告中已经进入期望膨胀期，而在中国则处于技术的促动期，国内法规和相关制度较为落后是阻碍该项技术在国内发展的主要原因。报告中的大多数新兴技术，中国和全球的差距大概是一个周期，即落后 1～2 年，且中国在技术方面的追赶速度极快。

麻省理工科技评论（MITTechnology Review）发布2018年十大全球突破性技术，给所有人的人工智能（云端AI）、人工智能技术的对抗性神经网络、人造胚胎、基因占卜、传感城市、巴别鱼耳塞、完美的网络隐私（基于区块链的零知识验证技术）、材料的量子飞跃、实用型3D金属打印机、零碳排放天然气发电等十大突破性技术入选。人工智能和生物医药技术愈发成熟，在理论深度与应用广度上都取得突破性的进展，将给科学研究和社会经济领域带来更深入且广泛的影响。信息技术方面，区块链所衍生的突破性技术—零知识验证（zero-knowledge proof）的新密码协议入选，凸显了区块链相关技术的讨论已进入更强调能够让区块链技术生态环境永续发展的关键性技术（安全隐私）发展阶段。尚处于雏形阶段的传感城市有望成为未来智慧城市的大型试验场，为城市建设提供新的思维与方法。值得注意的一点是，突破性技术的成熟期在2018年大为缩短，如果不尽快赶上全球科技发展的脚步，将很容易被竞争对手抛离。

目前，广州已经重点在信息技术、人工智能、生物医药方面进行重点战略布局，在构建数据平台方面具有良好的基础，新兴技术向这些领域深度发展为广州实现弯道超车带来机遇。此外，如果广州能够充分利用好国际和国内技术发展的时间差，抢先布局，将获得重大的发展机遇。最后要密切关注并谋划5G技术、区块链、信息安全等，以期抢得先机。

3. 区域间的竞争更趋不确定性

2017年中国西部偏远地区一度聚集了超过70%比特币全球算力，成为区块链实践最密集地区。铺设线路成本低、要电方便、噪音污染影响小等因素是比特币"矿场"选址偏远山区的最主要原因。虽然有关部门已经出手对"矿场"进行关停整改，但这一现象表明新兴技术对环境的需求瞬息万变，颠覆性技术还可能会对发展环境提出颠覆性需求。又如苹果公司投资十亿美元在贵州设立iCloud，凉爽的气候条件及丰富的电力资源，使贵州在大数据产业发展上具有得天独厚的优势。因此，如何发挥好自身优势、降低不确定性，以适应全球科技发展成为广州建设创新型城市的重大挑战。

4. 粤港澳大湾区合作将进一步加强

粤港澳大湾区城市人口超过 6600 万，经济规模超过 1.4 万亿美元。随着粤港澳大湾区城市群发展规划的研究制定以及《广深科技创新走廊规划》的出台，粤港澳大湾区城市间的融通融合将得到强化，资本、技术、人才等要素流动将大大加快，广州和深圳适度错位的"双引擎"作用将得到更好的发挥。不仅如此，南沙新区将对深化粤港澳深度合作进行探索，推动粤港澳专业服务集聚区、港澳科技成果产业化平台和人才合作示范区建设，引领开放合作模式创新与发展动能转换；创新与港澳在资讯科技、专业服务、金融及金融后台服务、科技研发及成果转化等领域合作方式，推进服务业执业资格互认，吸引专业人才落户；完善"智慧通关"体系，构建国际国内资源双向流动的投资促进服务平台。这些都将促进南沙及广州进一步集聚国际创新要素，抢占关键核心技术制高点，培育具有国际竞争力的创新型企业。

（二）内部因素分析

1. 新兴产业聚集趋势愈发明显

近年来，广州加大力度布局新兴产业，明确重点发展智能装备及机器人、新一代信息技术、生物医疗与健康医疗、智能与新能源汽车、新材料、新能源、都市消费工业、生产性服务业等领域，并设立广州"中国制造2025"产业基金，向市场发出强烈信号，将大规模带动资本、人才等创新要素往 IAB、大数据、新材料、新能源等产业聚集。与此同时，通过打造富士康、思科、通用医疗、百济神州、广汽智能网联产业园、琶洲互联网创新集聚区等价值创新园区，集聚科研、生产、生活、生态等高端要素，完善城市服务、交通、教育、环境等配套建设，以形成"有产有城"相对完整的产业生态群落，产生聚合放大效应，带动更多新兴产业聚集广州。

2. 创新环境日趋完善

当前我国经济已经转向高质量发展阶段，将着力构建市场机制有效、微观主体有活力、宏观调控有度的经济体制。将以深化党和国家机构改革为契机，全面推进体制机制创新。总的来看，广州将在系统推进全面创新改革试验的基础上，进一步完善政府创新管理机制，构建多元化知识产权保护长效机制，构建市场导向的科技成果转换机制，营造开放、宽松、自由的创新生态，将有利于激发企业创新内生动力，激发全社会的创新活力。

3. 国际影响力日益增强

全球化与世界城市研究组织 GaWC 公布了 2016 年世界城市体系排名，在入选的 361 个世界城市中，广州位列第 40 位，首次进入世界一线城市行列。2017 年《财富》全球论坛在广州成功举办，同时，广州成为财富国际科技头脑风暴大会永久举办地。国际金融论坛（IFF）第 14 届年会在广州举办，并宣布永久落户广州。更多高层次、高水平、国际化的全球性会展、会议的定期举办，将极大地提升广州的国际知名度和影响力。广州作为全球创新思潮的碰撞交融平台，将更多地聚焦全球商业界目光和汇集顶尖创新智慧，聚集与配置国际创新要素，无疑将推动广州创新型城市建设。

4. 适宜居住的城市环境

根据麦肯锡报告[①]，与国外大都市相比，广州的空气质量处于中游，优于北京和上海，与首尔相当，广州房价/收入与巴黎相当，优于北京、上海。从生活成本来看，广州在全球 133 个城市中居于第 69 位，与国内外大城市相比，处于较低水平。总的来看，广州生活成本不高，空气质量较好，是全球适宜居住的城市之一，这将有利于吸引国内外人才来广州创新创业。

（三）发展态势展望

1. 从创新链前端看，创新资源集聚精尖化发展

2018 年，广州将更深入推进创新型城市建设，汇集全球最高端最精尖的创新资源。将以"高精尖缺"为导向吸引包括诺贝尔奖获得者、两院院士等顶尖人才支持广州重点产业领域建设。以"海交会"和"红棉计划"

---

① McKinsey&Company. *The China Effect on Global Innovation*, http://mckinseychina.com/the-china-effect-on-global-innovation/.

为契机，吸引具有国际商务经验、掌握世界尖端技术的海外人才来穗创业、工作。广汽等大型企业将继续全球招揽精英员工的行动，在美国、欧洲等地挖掘业界高级人才到广州企业工作。资本方面，随着金融政策的日益完善、创投小镇的深入建设，广州将以更大力度的落地奖励、更优越的投资环境吸引优质风投机构、股权投资机构、私募基金投资机构入驻；通过政策引导和思维碰撞，将会有更多的传统大型企业加大在科技创新方面的投入；通过自身已积累的经验和技术实现投入资本的有效利用。企业集聚方面，将加快推进复星南方总部等30个项目建设，通过总部经济的带动作用集聚上下游优秀企业，构建完善的、高附加值的产业链及创新链。将积极引进更多世界五百强企业到广州投资项目、设立分支机构，以内部化的形式带来最新技术和商业模式。总体看来，2018年广州创新资源在加速集聚的同时，还会逐步调整优化，向更高端、精尖的方向发展。

2. 从创新链中端看，科技创新能力将在合作交流中进步

2018年，在粤港澳大湾区和广深科技创新走廊建设的背景下，广州一方面将不断增强自身科研实力，推动国家重点实验室、国家工程技术研究中心、国家企业技术中心等一批高水平科技创新平台建设，发挥高校、科研院所集聚的优势，向整个区域输出科学研究和技术成果，为整个区域的高新技术发展提供创新理论基础，还将加强区域间科研合作，特别是与全球排名前一百名的香港高校深入交流，输入前沿科学理念与思想并结合区域实际情况内化成科研科技成果，向珠三角区域甚至全国扩散。同时，积极吸收全国智慧，积极将中国科学院大学广州学院建成面向前沿科学和技术的研究型大学；办好财富国际科技头脑风暴大会和国际金融论坛，真正发挥广州国际创新枢纽作用。鼓励企业进行科技创新，推动全市主营业务5亿元以上工业企业实现研发机构全覆盖，完成技术改造及产业转型升级。实力雄厚的传统企业将顺应科技潮流，加强与国内知名院校、研究机构、新兴技术企业的战略合作，增强市场竞争力，实现核心技术与商业模式的双升级。将以国家知识产权局专利局专利审查协作（广东）中心和专利导航产业发展实验区为重点，打造越秀区和广州开发区两个省级知识产权服务业集聚发展试验区，在

中新广州知识城起步区高标准规划建设知识产权服务园。建立层次知识产权流转体系，把广州建设成为创新要素集聚、转化运用流畅、保护制度完善、服务体系健全、高端人才汇聚的知识产权枢纽城市。预计2018年广州专利申请量将保持高速增长，达到150000件，增长率约为26%（见图5）；专利授权量保持稳步增长，达到73000件，增长率约为20%（见图6）。

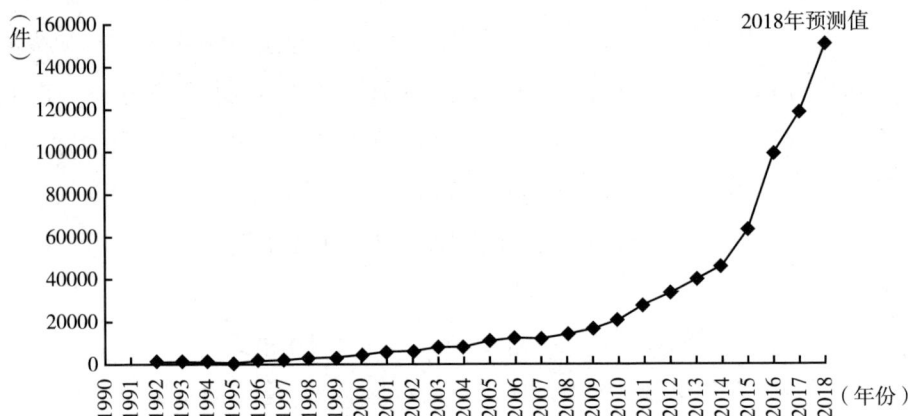

图5 广州专利申请量走势及2018年预测

资料来源：广州市知识产权信息网。

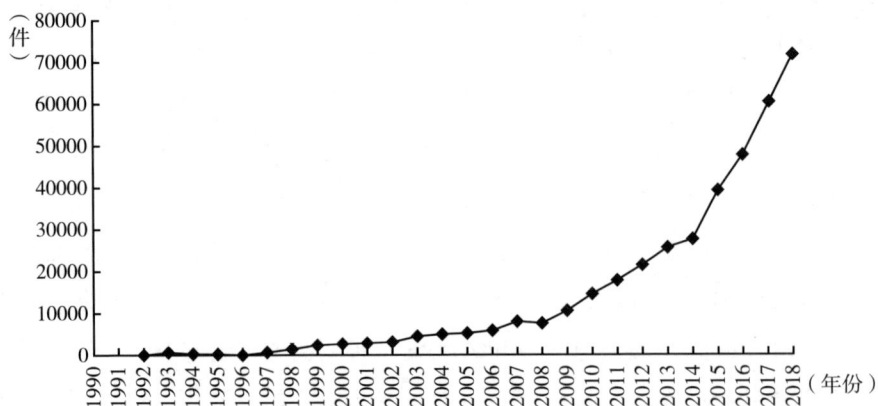

图6 广州专利授权量走势及2018年预测

资料来源：广州市知识产权信息网。

3. 从创新链后端看，创新型产业将较快成长

2018年，在政策与资本的双重推动下，新一代信息技术、人工智能、生物医药这三个被重点关注的产业发展将会极速发展。大数据、新材料、智能与新能源汽车等发展基础较为坚实的产业也会取得一定发展，但资源投入可能会被政府和资本市场瞩目的 IAB 行业分流。区块链技术将是 2018 年发展最不确定的一项新兴技术，科技发展对去中心化和数据安全的强烈需求和市场的高度关注让区块链存在极速发展的可能，但政策上的不确定因素将成为阻碍。虽然广州黄埔区已经率先在全国出台鼓励区块链技术发展的相关政策，但目前其最成熟的应用虚拟货币受到极大限制，关于区块链技术的资本炒作也受到严厉监管。2018年，科技成果转化机制将更加成熟，多层次资本市场体系更加完善，通过股权交易、技术入股、天使投资、风险投资、私募投资等多种市场化操作将科技成果转换为生产力。抓住沪深两大交易所明确表示积极拥抱新经济推动创新创业企业上市的机遇，鼓励有实力的企业在主板上市，形成科技创新蓝筹产业，关注长期发展。2018年广州高新技术产品产值将接近 10000 亿元，增长率约为 4.9%（见图7），知识密集型产业服务业增加值将达到 6000 亿元，增长率约为 9%（见图8）。

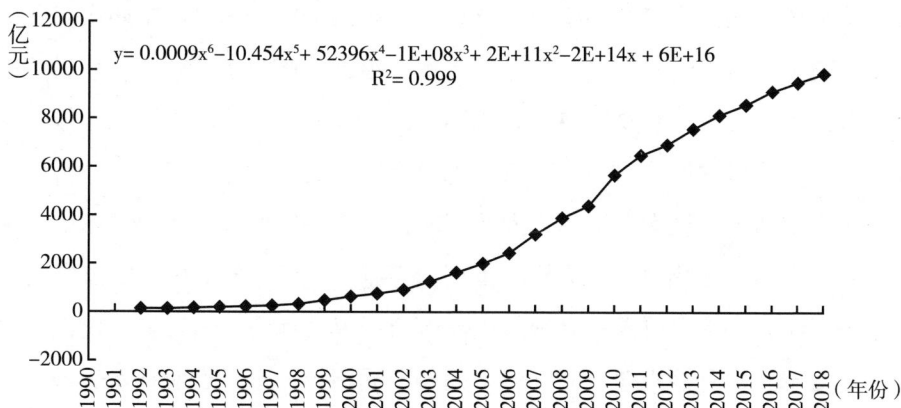

（亿元）

$y= 0.0009x^6 - 10.454x^5 + 52396x^4 - 1E+08x^3 + 2E+11x^2 - 2E+14x + 6E+16$
$R^2 = 0.999$

图7　广州高新技术产品产值走势及预测

资料来源：广州统计信息网。

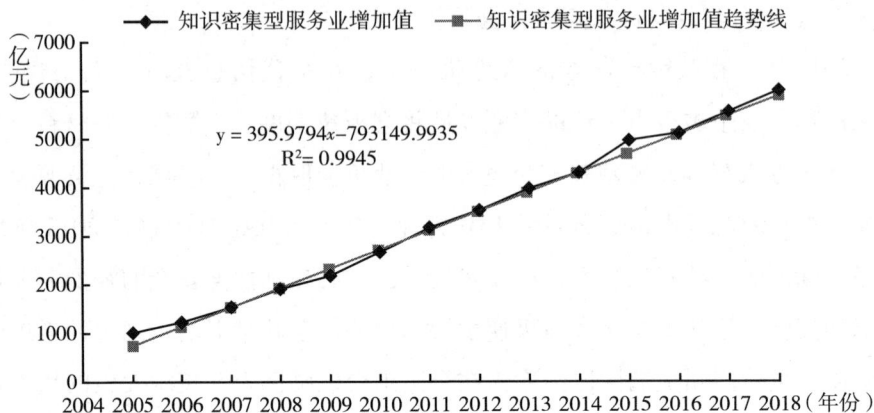

图8 广州知识密集型产业服务业增加值走势及预测

资料来源：广州统计信息网。

五 广州创新型城市发展的对策建议

当前，全球技术创新活动呈现出以"群体突破、协同进化、学科融合"为特征的发展态势①，技术知识以几何级数速度积累，关键核心技术不断突破，前沿技术和系统集成持续产业化应用。在始于发达国家的第四次工业革命过程中，包括中国在内的新兴经济体积极跟进和奋力超越，通过移动互联网、云技术、大数据、物联网、区块链、人工智能等技术的普适和扩散，彻底颠覆传统技术发展方向和生产组织以及生活方式。

作为集知识、技术、资本和人才资源优势于一体的国家重要创新中心城市之一，广州在强化国际"航运、航空、科技创新"三大枢纽建设参与全球竞争合作过程中，可以更好地发挥高端资源集聚优势，通过抓住此次技术和产业变革的历史性机遇，明确城市创新发展路径，选择产业技术突破和变革方向，加大技术知识产生和技术组织创新方式引入力度，重点布局 IAB/

① 路甬祥：《创新的启示》，中国科学技术出版社，2013，第65页。

NEM（新一代信息技术、人工智能、生物科技/新能源、新材料）产业，加快其产业技术创新和扩散速度，为市场消费新需求提供高质量的产品和服务，催生新技术、新产品、新业态、新模式等全方位谋篇布局，完成新一轮经济高质量增长的引擎转换。

（一）精心打造创新型产业

1. 把握数字经济崛起的机遇

《中国互联网发展报告2017》蓝皮书指出，2016年中国数字经济规模总量达22.58万亿元，跃居全球第二，占GDP比重首次超三成。广州作为最具数据经济发展潜力的国家重要中心城市，又是全国电子商务交易规模领先的城市，数字生态资源基础雄厚，创新应用能力极具优势，需要将大数据经济发展提升到战略层面，培育新增长点、形成新动能。一是要对重点数据中心、工业云、互联网和大数据平台给予政策扶持，布局一批行业性数据中心，为企业云计算服务提供支撑；二是实施一批大数据应用示范工程和重点示范应用项目，给予专项资金支持；三是推进工业互联网建设，提供基于行业和区域的"工业云"服务，鼓励企业运用平台资源，推进基于互联网的协同制造，促进信息化和工业化的深度融合。

2. 强化 IAB/NEM 产业技术外溢

要有全球视野，在立足于国内市场消费需求背景下，广州亦选择有效供给不足的行业细分领域，提前布局产业技术"先发性"创新。重点关注那些新产品新技术研发周期短、以人力资本投入为主的知识密集型产业，主要是以互联网为代表的新一代信息通信技术创新，正处于跨界融合和群体突破，颠覆性技术不断涌现，技术创新活力和应用潜能裂变式释放。广州的IAB/NEM计划，是与全球主要经济体同时布局的新兴产业，特别需要通过产业内技术链传导实现技术扩散，形成创新型产业集群。如思科智慧城、GE国际生物园、第10.5代显示器全生态产业园总部等创新集聚区，着力点应体现在产业内的技术关联和技术外溢上。大力推广广州无线电集团"院士＋资本"的研发创新模式，即以广电研究院对接新产业板块的培养、孵化与加速，以平台云资本承载新领域或新产业板块的资本投入、收并购，两大平台统筹开展产业相关的技术研究和成果转化，投资孵化培育，加速新兴产业成长。

3. 尽快改变技术路径依赖

在可预见的未来，从供给侧发力，打造动能转换新引擎，重点是制造业的脱胎换骨。但是，广州同国内其他城市一样面临自主创新特别是原始创新能力不足、关键领域核心技术受制于人的困境，依然存在技术创新路径依赖问题。广州与国内其他城市情况一样，大体上对外技术依存度高于40%以上，离国际上普遍认为创新型国家对外技术依存度指标一般在30%以下有很大差距①。本质上，这是一场技术和知识创新资源"白刃化"争夺的博弈。一方面，我们迫切需要打破全球技术贸易壁垒，汇聚全球更多高端技术创新资源，实现更多的高技术产品产出；另一方面，逆全球化浪潮折射出技术研发创新外部化的获取难度愈来愈大，通过并购、合作等方式获得和吸纳先进技术的门槛越来越高。因此，广州要大力推动《广州制造2025战略规划》与"互联网＋"的计划实施，积极构造工业互联网等大数据平台，提升企业数字化管理能力和先进经验的积累，引入柔性化设计、分享式制作、工艺流程再造等先进管理方式，满足品牌建设和消费需求，走"专精特新"发展道路。

4. 强化产业技术创新联盟公共属性

产业体系的共性关键技术，受多个行业内向关联和外部扩展制约，也是这些行业的共享技术，具有准公共产品特性。在新技术革命冲击和竞争加剧背景下，技术密集型企业，如通信、计算机、生物技术、制药、新材料等，更倾向于从外部获取技术和服务，以实现成本节约和效率提升。因而更需要行业技术创新联盟提供精准公共产品和服务。广州在已成型的产学研协同创新联盟框架下，需密切跟踪技术热点，实现技术和市场的互动，逐步完成面向产业重大技术需求和战略性新兴产业发展的技术领域布局，通过共建研发机构以及委托研发、技术转让、联合承担重大科技项

---

① 潘教峰：《中国加速迈向世界创新中心》，《参考消息》2017年3月16日。

目、共同创制先进标准、共性技术研发平台建设等多种模式，建立起高效的协同创新网络。

5. 催生新商业模式、新业态

商业模式创新作为非技术创新的一种重要形式，是企业根据自身特点采用了不同于现有商业模式的一种新模式，其中可能是对现有商业模式中的物流、信息流和资金流的一项或者几项进行了改变，从而使企业获得了竞争优势①。广州因为传统商业发达、经商意识浓厚，故企业和企业家们的创新方式更具有商业模式创新优势。某种意义上说，广州企业在商业模式创新方面更易配置创新要素，提升国际市场竞争力。当然，在这些新商业模式、新业态初现期，比如电子商务、物流供应、O2O、互联网金融等迅猛发展，政府需要为这些新业态发展提供准确、及时、有效的国家产业政策和行业标准，对那些涉及个人隐私、知识侵权、道德风险高发、跨境电商税赋、行业标准模糊、行业准入政策等方面，要强化监管、政策引导、风险预期和标准化管理。另外，还需要努力构建商业模式创新的微观基础。大力扶持包括巨杉数据库、多益网络、花镇、极飞科技、考拉先生、筷子科技、名创优品、尚品宅配、亚洲吃面公司等行业领跑者。

（二）大力培育创新型企业

1. 增强企业技术预见能力

从全球科技竞争来看，科研投入的真正风险在于原始创新的风险。广州的企业到了一定的规模以后，始终无法超越美国甚至国内的相关大型企业，这需要加强广州企业在投资方向和技术发展方向上有更高、更准的判断能力。鼓励和支持有条件的企业，在产业技术创新战略联盟的框架下，与它的合作伙伴甚至竞争对手，联合开展战略性技术路线图的研究制定工作。

2. 引导企业营建创新生态系统

鼓励广州制造企业强化研发设计与技术整合能力，实施开放式创新和嵌

---

① 柳卸林：《技术创新经济学》，清华大学出版社，2014，第6页。

入式创新。广州制造企业要改变传统工业的制造模式、过于强调生产制造过程的规模效应,将大多数生产环节内置在企业内部,充分利用广东乃至全国、全球的创新资源和生产要素,建构起面向全球市场的企业创新生态系统。财政的科技投入应着眼于支持企业的创新生态系统,让企业能够在全国乃至全球范围内比选最优秀、最合适的机构进行创新合作,通过整合各种创新资源,建立起自己的创新生态系统。

3. 激励企业增加研发创新投入

新技术革命背景下,企业应成为技术创新主要驱动力,要持续不断地对新技术进行投入,要不断地在企业层面进行研发创新,解决技术问题。企业大量的研发投入不仅构成持续创新的重要基础,也是吸收外来技术的重要保障。广州要引导企业增加研发投入,提升其研发能力和水平。在传统行业,研发经费占销售收入的比重应达到3%以上,解决贸易企业研发费用的投入补贴问题;在高新技术行业,研发经费占销售收入的比重应达到10%以上;鼓励企业拿出更多的钱来研发新产品、新技术,要培育出像华为、中兴等拥有自主知识产权的创新型骨干企业。

4. 提升企业专利产出质量

要引导企业按自身条件组织创新资源,理解技术创新活动过程中的策略选择。这些可供选择的新技术研发创新策略包括内部研发实验室、技术外包、某一技术领域的研发中心、技术联盟和研发型合资企业以及最终的购并[①]等。所以,广州要着力引导社会研发创新资源向企业集聚,把不断开发新产品作为其生存发展之本,产品创新既要注重其功能、外观,更要注重质量和安全,创造和培育知名品牌。要提高企业专利申请质量,特别是专利申请量中的发明专利申请量占比要大幅度提高。要推动国企建立研发投入、专利产出和技术创新等活动的长效机制。同时在引进人才、企业孵化、创业资金等方面,重点向广州视源电子科技股份有限公司那样的专利申请大户倾斜。

---

① 〔意大利〕克瑞斯提诺·安东内利:《创新经济学:新技术与结构变迁》,高等教育出版社,2006,第32页。

（三）全力推动创新活动

1. 增加技术供给源

创新经济学认为，一个经济系统的构造和新技术的引入所造成的结构变迁对系统的整体绩效有重要影响。这也是经济学家们高度关注利用各类创新资源创造新技术快速提升经济增长率的理论预期。从全球化和比较利益角度看，广州要打破新技术进入壁垒，把握创新全球化趋势，积极利用全球创新资源扩展研发行为，获取全球知识。目前主要是利用跨国公司来华设立研发中心（目前超过 1500 个）的有利时机，引入符合产业技术需求的外资研发机构、跨国公司的研发中心落户，争取更多的技术溢出效应；同时要大力发展具有实体化、资本化、国际化的新型研发机构，搭建国际创新合作平台，参与全球科技项目研发攻关，建立有效的跨境、跨城创新合作协调机制，建立面向全球的创新生态圈。

2. 激活技术供给源头创新

根据广州地区高校和科研机构创新要素高度集中、技术知识生产密集的特点，加大基础研究投入力度，前瞻性地配置技术知识生产资源，将技术创新要素集中在核心关键技术的研发上。重点支持广州地区科研机构和大学实验室，特别是对那些"换不到""买不来"的关键核心技术，从技术知识生产的前端入手，在战略性、基础性和前瞻性技术创新方面，超前部署一批符合广州未来创新发展需求的重大科技攻关项目，积极争取国家级重点实验室以及大科学装置等落地扎根，推动以科学发明和前沿技术为目标的颠覆式创新突破。

3. 精准配置创新资源

在应对当前全球技术进步和创新环境愈加复杂的背景下，特别是发达国家设置的贸易壁垒，政府要积极借鉴美、法等国再制造业化实施"购买本国货"策略，采取研发补贴、政府采购、支持国内市场等有针对性地的政策，为新兴和初创企业提供前导性市场。同时要大力推进企业、大学和研发机构结成深层次的技术联盟，尤其是要针对广州产业链亟须攻关突破的应用研究和试验开发,将研发创新资源集中配置到那些可以对接产业化的核心关键应用技术上,提升广州关键产业技术领域,如大规模集成电路、高端芯片、汽车发动机及整车集成、液晶材料、量子通信等方面的技术供给能力。

4. 建设重大创新平台与载体

集中创新资源,着力提升高精尖领域研发创新能力,加快新技术的产出和扩散。要加快国家级产业创新中心、中新国际联合研究院、清华大学珠三角研究院、中国(广州)智能装备研究院、中乌巴顿焊接研究院、香港科大霍英东研究院、广汽研究院、中科院广州生物医药与健康研究院、华为软件开发云广州创新中心、科大讯飞华南人工智能研究院、美国冷泉港实验室落户广州,推动广州广电研究院、广州国际人工智能产业研究院、北昊干细胞与再生医学研究院等各类重大创新平台和国际科技合作基地建设。

(四)持续吸引全球创新人才

1. 加大柔性引才力度

要秉持"不求所有,但求所用"的观念,吸引世界著名创新创业中心的人才来穗开展创新创业的交流与合作,加速广州和世界创新创业中心之间的理念、商业模式、人、信息、技术、资金等创新要素的流动。要积极探索柔性引才新模式,尝试面向全球发布广州重大建设项目、重大科研项目,推进实施留学人员短期人才回国服务项目,推行"外籍留学人才孵化工程",积极争取在广州国家自主创新示范区和南沙自贸区设立离岸创新创业基地,进一步鼓励企业建立海外研发中心等。

2. 提供更加便利的生活条件

要积极探索实施国际人才安居工程,为国际人才量身解决"住房难"问题。加快推进海外医疗保险结算平台建设,要针对国际人才,建立基本医疗保险制度,探索建立商业化补充医疗保险,为国际人才提供优质、便捷的医疗服务。统筹规划、合理布局国际学校,提高国际学校质量,满足国际人才子女获得优质国际教育的需求。

3. 进一步简化出入境手续

争取公安部支持，出台更开放的出入境政策，并积极开展外籍人才管理改革试点。第一，针对外籍高层次人才、创新创业外籍华人、创业团队外籍成员和企业外籍技术人才、外国青年学生、一般外籍工作人员等多类外籍人才群体，提供签证、长期居留、永久居留等方面的便利化服务，并放宽其配偶或家庭成员的准入政策。第二，拓展中美、中加、中澳的商务、旅游、探亲活动十年多次往返有效等政策，探索中欧及其他发达国家商务、旅游、探亲等活动十年多次往返签证。第三，向外籍、本科以上学历的留学人员试行"侨胞证"或"华裔卡"，允许不限次出入境、不限期限在华居留，鼓励留学人员回国学习、工作、生活和为国服务。第四，设立专门针对中国香港和台湾及亚裔（印度、马来西亚、新加坡等）国际人才居留计划。

（五）促进发展科技金融

1. 完善创业投资基金

建议广州探索成立市属国有资本创业投资基金，尽快出台针对早中期企业的创业投资基金，完善创业投资基金相关制度规定。建议借鉴北京经验，创业投资引导资金参股比例上限提高至30%；同时，针对专门投资天使期、初创期企业的创业投资机构，参股比例上限提高至40%。

2. 加快培育天使投资

第一，政策法规方面，借鉴上海经验，出台天使投资引导基金及其风险补偿金实施细则，明确天使投资引导基金及其风险补偿金的运作规范，明确天使投资风险补偿界限与具体补偿标准。第二，平台载体方面，为了解决天使投资机构及商业伙伴间信息交流不畅、交易费用高等问题，美国联邦政府建立了全国性天使投资网络平台 ACE-Net，欧洲成立了商业天使网络平台 EBAN，建议广州借鉴其经验，组织构建天使投资网络平台。第三，建议广州借鉴深圳经验，将引导基金不超过50%的净收益作为天使投资机构的效益奖励。第四，借鉴美国对天使投资个人损失从个人所得税中扣除的做法，探索市财政按个人所得税额度补贴天使投资人个人损失。第五，借鉴深圳经验，建议将广州开发区促进风险投资发展的做法推广到市级层面，在落户奖励和税收优惠的基础上，按照股权投资基金对地方财政的经济贡献给予奖励，对股权投资基金企业租赁和购置办公用房给予补贴，给予股权投资基金企业高级管理人员人才奖励、配偶就业、子女教育、医疗保障等方面的优惠政策。

3. 推进知识产权质押融资

广州要出台知识产权质押评估实施细则，明确知识产权质押评估技术规范。要引进具有权威性的高资质知识产权评估机构，建立健全知识产权评估、转化机制。以国家专利技术（广州）展示交易中心、广州产权交易所集团、知识城知识产权交易中心等知识产权交易市场以及各种技术转移孵化机构为基础，整合各类产权交易服务机构，建立知识产权质押融资服务平台，为知识产权质押融资提供支撑。

（六）积极纳入国际创新网络

1. 对接粤港澳大湾区建设

抓住粤港澳大湾区建设上升为国家战略的重要机遇，充分利用广州高校、科研院所知识产出密集优势，担负起湾区内新技术和新知识产生、扩散、转化枢纽作用，要聚焦重大前沿科研领域，主动对接国家大科学基础设施和大工程建设项目，提升关键产业核心技术研发水平。在创新创业生态、全社会研发投入、专利数量、科技企业孵化器、众创空间数量、高端人才引进和储备、创新型产业集群、高新技术企业、高新技术产品产值占规模以上工业总产值比重等综合指标方面达到领先水平，成为全国乃至全球具有影响力的区域创新中心、科学技术重要发源地和新兴产业策源地，初步形成创新型经济格局，增长动力实现根本转换。

2. 推进广深技术创新合作

根据珠三角创新资源主要聚集在广州和深圳的区域创新特点，在广深科技创新走廊建设过程中，探索双方优势互补、协同创新的深度合作模式。美国《福布斯》杂志认为"深圳和硅谷正在迅速合并成一个巨大的跨太平洋制造商中心。在加州研发理念，在中国制造产品。这里说的不是生产线，而是模型、蓝本和概念论证"[①]。广州与深圳的科技创新走廊建设，要找准各自切入点，发挥各自优势，在创新生态圈、知识产权、金融创新、技术研发与市场准入等方面，特别是在高新技术企业培育、科技成果转化、新型研发体系和孵化育成体系等方面深入合作。

3. 加快区域创新资源高端融合

要深刻理解"珠三角国家自主创新示范区"建设以及广东打造国家科技产业创新中心的重要意义，重点是融合以广州和深圳为创新中心，发挥国家超级计算广州中心、国家级和省级重点实验室、中试基地等试验平台作用，联合开展产业重大共性科技攻关，构建资源共享政策互惠的珠三角自创区协同发展机制。探索穗港技术创新合作新模式，积极开展两地技术交流活动。加大穗港澳共建重大科研平台的资助力度，鼓励和支持穗港澳和其他境外企业、高校、科研院所等联合组建产学研合作基地，共建创新平台和产业园区。

4. 深化国际技术交流与合作

要努力在全球创新链中爬升，拓展国际创新合作新空间。鼓励高校和科研院所探索先进的国际合作模式，构建科研组织和研究机构。积极推动中美、中欧、中新、中以、中乌及"一带一路"沿线国家科技创新合作。支持建设包括广东省农业科学院国际科技合作基地、中国电器科学研究院国际科技合作基地、暨南大学—香港中文大学再生医学联合重点实验室、广东省干细胞与再生医学国际科技合作基地等具有代表性的国际科技合作基地。发挥好广州技术创新的集聚辐射和带动作用，积极引入符合广州产业技术需求的外资研发机构、跨国公司的研发总部或研发中心落户。充分挖掘中新知识城、中以生物产业基地、中欧生命科技园、中瑞生态医药健康产业基地等国

---

① 《参考消息》网：《中美创新中心正在逐渐融合》，2017 年 11 月 24 日，http：//news. china. com/domestic/945/2017/123/31703132. html。

际创新合作平台潜力。鼓励广州本土企业"走出去",在世界各地先进技术创新集聚地,包括硅谷等地设立多种形式的研发中心。

参考文献

Costello G. J. , Donnellan B. , Gleeson I. , et al. The Triple Helix, Open Innovation, and the DOI ResearchAgenda [M] // Organizational Dynamics of Technology-Based Innovation: Diversifying the Research Agenda. Springer US, 2007: 463 – 468.

Chesbrough H. W. Open Innovation: The New Imperative for Creating and Profiting fromTechnology [M] . 2003.

张剑、吕丽、宋琦等:《国家战略引领下的我国创新型城市研究:模式、路径与评价》,《城市发展研究》2017 年第 9 期,第 49～56 页。

陈曼青、张涛:《创新型城市研究的历史追溯》,《当代经济》2016 年第 6 期。

辜胜阻、杨嵋、庄芹芹:《创新驱动发展战略中建设创新型城市的战略思考——基于深圳创新发展模式的经验启示》,《中国科技论坛》2016 年第 9 期。

邹乐乐、伏虎、皮磊等:《海外创新型城市构建中的治理转型及对我国的启示》,《中国软科学》2013 年第 10 期。

邹燕:《创新型城市评价指标体系与国内重点城市创新能力结构研究》,《管理评论》2012 年第 6 期。

综 合 篇

Comprehensive Reports

B.2

关于中国开发区未来发展空间创新的思考

李耀尧[*]

摘 要： 中国开发区形成了集聚发展模式，但由此产生的产城分割、创新不可持续问题比较鲜明，需要借鉴世界创新经济地理的新模式——创新城区，实现开发区发展转型，应该在新型城市化进程中完成国家创新使命，使创新城区成为新一代开发区发展的指向

关键词： 创新城区 中国开发区 发展指向

　　党的十九大报告指出，创新是引领发展的第一动力，是建设现代化经济

---

* 李耀尧，经济学博士，广州开发区政策研究室主任，研究方向为区域经济、产业经济发展。

体系的战略支撑。在中国特色社会主义进入新时代后,中国国家级开发区如何清晰地把握定位,在改革开放创新和实现高质量发展中引领时代潮流,已成为开发区发展战略的核心问题。本文从把握中国开发区演变脉络出发,以广州开发区为案例,就国家级开发区创新城区定位进行初步分析,以探索开发区新的发展战略与路径。

一 从开发区发展模式反思产城分割问题

站在中国改革开放 40 周年的新起点,中国开发区在庆贺纪念之际,不免要赞美开发区、追忆开发区乃至考量开发区。在改革开放的大潮中,国家级开发区遵循怎样的逻辑演变规律,又是如何延伸自己的发展方向和历史使命,这需要在新的发展环境中不断反思。既要把握开发区发展模式规律,也要反思这一模式的不足之处。开发区的发展既是一个空间经济问题,也是一个经济发展模式问题,就模式而言就是集聚发展模式。设立开发区本身就是一个创新,而另一方面集聚发展又是开发区的本质特征。34 年前的中国开发区演绎着集聚发展的逻辑轨迹,实现了从比较优势集聚向竞争优势集聚转变,目前朝创新优势集聚转化。

(一)比较优势集聚——中国开发区发展的逻辑起点,区域特征是单一的产业及科技功能区

开发区是空间经济集聚载体,由此获得发展的集聚效应。中国开发区首先推动比较优势集聚,逐步形成了许多比较优势和发展条件,这些比较优势基本上包括区位优势、基础设施优势、园区服务优势以及相关的政策优势。在比较优势集聚发展框架下,开发区需要解决的问题是,如何在现有约束条件下实现自身成本的最小化。考察开发区发展的初期阶段,一般都经历过从土地出让到要素集聚,再到出口创汇取得绩效的发展过程。根据国家有关资料的统计,1995 年,32 个国家级开发区实现工业总产值 1429 亿元、税收95 亿元、出口创汇 67 亿美元,环比增长速度均保持在 50% 以上;合同利用

外资 110 亿美元、实际利用外资 37 亿美元，利用外资占全国比重超过 10%，经济带动与辐射作用显著。

（二）竞争优势集聚——中国开发区发展的路径导向，区域特征是城市化的经济及科技功能区

竞争优势内生于比较优势，本质上是动态化的比较优势。从 1996 年起，国家对开发区政策有重大调整，从而使开发区的政策比较优势开始削弱，进而使开发区有可能成为发展中的"孤岛"。如何走出"孤岛"，或者说走出"比较优势陷阱"，变比较优势为竞争优势，需要开发区做出选择。许多开发区纷纷谋求自身竞争优势，着眼于如何实现开发区在发展过程中市场需求的最大化，如何以更大的市场占有率谋求开发区发展绩效，这就是竞争优势集聚需要考虑的核心问题。这个集聚产生的突出绩效是开发区产品竞争力强、产销率高、工业经济效益非常好，工业结构实现初级加工档次向高技术产业转变，由单纯的工业园区、科技园区向产城融合发展的综合型区域转型。国家级开发区的工业增加值从 1998 年的 757 亿元增长到 2009 年的 12827 亿元，增长了约 15 倍，形成了竞争力很强的电子信息、汽车、装备制造、化工等支柱产业，支柱产业占开发区工业总产值比重达 70%。

（三）创新优势集聚——中国开发区发展的飞跃阶段，区域特征是创新型的现代市辖城区

党的十九大提出创新是引领发展的第一动力。发展的持久动力必须依靠创新优势集聚与推动，开发区一旦获得了竞争优势，势必进一步要把竞争优势转变为创新优势，使得各种创新型要素优化配置和集聚。开发区创新优势集聚阶段要考虑的是如何提高全要素生产力，实现开发区产业及其产品技术含量的全面提升，以取得更大的核心竞争力。为此，开发区必须全方位实施高新技术产业发展战略，大力建设高科技产业服务园区、高端产业"发动机"园区以及高技术极化核心园区。国家级开发区、高新区也由单纯的工业园区、科技园区向产业新城转化，有的直接实现行政区化或者两者合署发

展。国家级开发区、高新区科技创新能力进一步提升，已成为国家重要的高新技术研发与成果转化基地。目前，国家级开发区绝大部分正在加快推进创新优势集聚的发展，任务仍然非常艰巨。

虽然中国开发区用集聚发展模式取得巨大成功，经济发展的总体水平和效益比较高，但是面临的产城分割及可持续创新发展问题仍然突出。第一，缺乏高端的城市基础设施。也就是说产城分割还比较明显，新型城市化进程较慢。许多开发区仍然是"太阳经济"，"月亮经济"还不发达，为产业配套的各类条件不足，例如，开发区的地铁、轻轨和主干路网以及购物、医院、学校等配套设施建设不够，还难以满足和解决开发区许多公共服务需求，还是传统的单一功能园区，缺乏经济发展的活力。第二，缺乏高质量的创新载体支撑。开发区发展到今天，尽管各类开发区设立时功能定位不一样，有的是发展工业，有的是发展高新技术产业，还有的是发展保税服务业，但是所有开发区都需要朝创新的方向发展，即发展指向都应该是创新，唯有创新才能实现高质量发展，而创新需要各类优质的创新平台和载体。许多开发区仍然依靠传统的先进制造业，没有较好的科技创新平台、科技园区以及相应的创新机构，缺少支撑技术创新的配套环境，开发区经济增长缺乏持久力量。经济发展缺乏全方位的城市支持系统，没有城市化支持的经济增长难以为继。第三，缺乏高标准的创新生活配套。围绕创新需要的高品质生活环境不优，创新发展的人才难以得到相关条件，特殊人才需要特殊环境，这些特殊的创新支持性元素显然远远不够。例如，世界先进科技园区的咖啡文化、"月亮经济"、高级购物场所等配套，在许多开发区难以配备，从创新实践看这些元素恰恰是创新区域所必需的。一些开发区仍然采用单一功能区模式，难以真正实现城市化发展。一些开发区虽然采用综合型发展模式，甚至实现了行政区化，但是创新的城市化路子难以达到。还有的开发区干脆就实行完全行政区模式，开发区已经从单纯的经济功能转向综合性的城市功能，但由此淡化和削弱了开发区的优势和特色，对发展和创新极为不利。由此需要反思开发区时代转型，可以说，国家级开发区面临着从单一功能区的"大开发区时代"，到产城融合型的"后开发区时代"，再到创新城区型的

"新开发区时代"的大转型。

（1）大开发区时代——单一园区功能型的开发区。大开发区时代是中国开发区起步阶段表现出来的强特征。一是开发区面积的大开发、大建设，不仅国家级开发区追求开发面积的无限扩大，甚至全国各个省市开发区乃至县级开发区都追求开发建设的大而全。例如，一些开发区发展的面积从一开始就很大，之后还在不断扩张，有的甚至扩展了几倍、十几倍；二是开发区资源使用的大手笔、大浪费，不仅是专业开发区而且是综合型的开发区，都舍得投入很多资源，凭借资源的投入来获得产出，这是典型的资源扩张式的增长模式，从而导致许多浪费；三是开发区产业发展的无限扩张，按照哪个产业有效益就发展哪个产业，造成许多开发区产业结构雷同。虽然一些开发区开展了城市配套建设的综合功能区发展试验，但总体意义上看仍然是典型的功能型园区。

（2）后开发区时代——产城融合驱动型的开发区。所谓后开发区时代，是指大部分开发区按照产城融合发展的要求进行一定程度的城市化建设，包括产业发展形态、城市功能提升、生活设施配套等方面，即从单纯发展某个制造业演变为向先进制造业与现代服务业并举转型；从单纯的工业经济向城市型综合经济转型，更多地关注城市服务型经济；从只注重经济发展向统筹经济社会协调发展转型。除了发展形态的转变外，部分开发区与其周边的行政区合并，实现了功能区与市辖行政区并存发展的格局，具备了产业新城的区域特色。

（3）新开发区时代——创新城区引领型的开发区。毫无疑问，在中国乃至全球进入创新发展主题的新时代，创新必须成为中国开发区发展定位调整的关键词，创新与城市互动需要有新的发展目标模式和路径。作为中国改革开放和创新的先行之区，国家级开发区理应打破单纯、单一功能区的发展瓶颈，突破单纯的产业集聚发展模式，进一步创新发展空间，从集聚发展向集约、集群式发展转型，发挥创新区域的辐射带动作用，成为真正意义上的空间创新源。在新时代发展中，国家级开发区需要发挥其品牌优势、产业优势、资本优势、人才优势和管理优势等，加速提升城市功能和创新功能，以实现区域协调发展和创新发展。新开发区时代的特点是，围绕"工业园区＋新型城市"或"科技园区＋新型城市"模式发展，显现出具有强大创新功能与城市功能双向提升、互动发展的新型开发区模式。这一现象正在发生，新开发区时代或许需要漫长发展。

二 以创新城区范式提升开发区创新空间

创新是引领发展的第一动力。根据中国国家级开发区的路径演化，如何保持开发区创新功能的发挥，同时保持发展与创新的可持续性，这就需要抓住创新这个新时代关键词，借鉴全球城市创新城区兴起的发展经验，顺势而为推动新一代开发区的创新城区定位，以实现国家级开发区创新空间再造。我们看到，在美国，以波士顿南岸区、费城大学城、北卡罗来纳州创新三角区为代表的新型区域，以超越硅谷模式形成颠覆型创新城区，为中国开发区发展提供了借鉴。

（一）创新城区内涵及其典型模式

美国有影响力的智库布鲁金斯学会对创新城区进行了权威研究。自该学会研究后，许多研究者越来越注意到一个新的有趣现象：在一个或多个大都市甚至是小城市，一种新兴城市空间模式——创新城区正在兴起。目前公认的最早的创新城区包括巴塞罗那普布诺工业区和波士顿海港改造。按照这些研究者的观察和解释，创新城区本质上是一个新型空间城市，其特征表现在三个方面。

一是具备紧凑性空间特质。这是一个信息充分、技术链接的新型空间，没有发展的割裂；具备物理空间紧凑性，表现为与传统城市大相径庭的空间结构。从创新所具备的各类要素分布来看，创新城区显示新的城市经济空间或经济地理空间，在这个空间内拥有高度集聚的高端科研院所、研发机构及创业企业、孵化器及金融辅助机构等，各个主体的创新活动旺盛，形成网络化互动发展。

二是具备便捷生活空间特质。这个空间具备优越、便利的交通和社区生活，各个创新主体能够有效联系和交流；拥有通达的公共交通，可实现公共网络分享、知识共享与技术合作；居住、办公与商业等功能混合布局，公共服务完善等，与传统的城市市辖区完全不同。此外，政府的服务水平与治理能力相当优秀，为维护创新空间提供良好的保障。

三是具备生态型空间特质。这个空间拥有优越的宜业宜居生态资源、生态设施，真正实现了工作与生活的互补共生，能够创造出优越的创新生产生活与研发生态，许多创新主体享受美好的发展环境，可以说这是离成功最近的地方，已经成为当代区域和城市创新发展的引擎。

根据当前欧美城市创新城区实践的情况，结合许多学者的归纳和概括，创新城区主要有三种典型的发展模式。

（1）"中心城区支柱枢纽型"发展模式。这一模式表现为城市支柱核心集聚，主要位于大都市区、中心城市的中心城区，核心是围绕支柱型创新机构，在周边形成大规模混合功能开发区域，包括由参与创新过程及商业化运作的全部相关机构、延伸企业、中介机构、辅助企业以及商业服务企业等所形成的综合开发格局。在这个中心城区，以大学、科研院所、研发型企业为主的核心枢纽机构，整合撬动更多关联企业、辅助企业参与创新活动进程，借助良好的城市基础设施和公共服务设施集聚创新活动及商业化过程的各主体，吸引更多高素质人才集聚，推动创新活动与传统经济活动、商业活动等共同创造创新城区。

（2）"城市化科技园区型"发展模式。这一模式表现为典型的科技园区城市化趋势，这也是目前美国较多的一种创新城区，一般位于城市远郊区，很多情况下是由科技园区演化而来。过去，科技园区基本上是一种封闭的创新系统，企业和科学家基于保密研究文化和专利政策，彼此间很少发生互动。随着更多经济资产的注入，空间资产得以改良，包括通过增大密度及融合一系列商业、酒店等功能推进园区的城市化水平，完善社区设施并提升科学园区社会联系频度和强度。典型代表包括北卡罗来纳创新三角区域、威斯康星－麦迪逊大学研发园区、弗吉尼亚大学研发园区、亚利桑那大学科技园。这种模式对于中国国家级开发区来说具有直接的借鉴意义，开发区要完成创新使命，无疑需要良好的城市功能来帮助，没有高端城市设施支持，以人才为中心的产业创新活动显然没有生命力。因此，工业园区、科技园区形态理应转化为"城市化+科技创新"型创新城区。

（3）"城市城区再造型"发展模式。这一模式表现为城市三旧及城市更新改造演化形式。对于许多城市来说，老旧的城市布局、产业、设施、道路、建筑等，已经造成了许多城市病，大量的城市老工业区、老的滨水港口工业区或仓储区、老的城市配套设施、老的产业布局等，都需要创新转型并改造成为新型物理空间，以塑造新的产业功能和城市形态。根据巴塞罗那普布诺地区及波士顿南岸滨水地区改造的经验，"城市更新型"创新城区一般是通过交通体系梳理，打通区域与城市其他活跃地区的联系，推进物理空间资产改良，吸引更多与知识、信息生产和交换等直接相关的知识技术密集型经济资产进驻，将整个区域转型为一个经济繁荣的空间。开发过程中重视社会网络关系构建，建构一个多元开发、环境平衡的空间，包括生产中心、居住、公共服务和生态休闲等，最终提升生活和工作环境品质。这种模式不仅是老旧城市发展的方向，就中国国家级开发区来说，许多开发区经历了30多年发展，产业生命周期也已经来临，也需要运用这一模式推动创新发展，打造"老工业区改造型+新型城市化"型创新城区。

（二）创新城区对于未来开发区定位的三种属性

1. 空间属性

空间是开发区发展的最重要载体，未来开发区定位必然要求地理空间的再造与创新，包括开发区本身的新型空间，也包括开发区对周边空间的辐射作用。布鲁金斯学会在其创新城区的研究报告中指出，创新空间在小的尺度上更有地理传导价值，围绕支柱创新机构而形成创新空间。功能分区是过去工业经济时代城市规划的基本思想，随着创新经济的崛起，沟通、合作、融合已经成为核心发展理念。城市空间形态（土地开发）是社会经济发展内涵的空间投影，创新经济必将重构新的空间组织模式。创新空间典型特征是混合功能开发、功能边界模糊化、等级体系扁平化等。因此，未来开发区空间的选择，不仅要重视功能的混合开发与提升，特别是突出创新空间紧凑性、重视密度和地理临近性等需求，而且要重视开发区对周边空间的辐射带动作用，要形成良好的空间联动发展格局，这对于降低交易成本以及更好地沟通、推进技术和产业融合，发挥开发区作用等都有重大意义。因此，对于新一代开发区发展，需要给予空间属性足够的认识，不仅要关注开发区自身空间创新，而且要辐射带动周边空间，否则就失去了开发区存在和发展的本来价值，这对于中国国家级开发区尤为重要。

2. 城市属性

很显然，未来开发区定位如果找准城市功能提升，要实现创新和可持续发展是不可想象的。究竟是保持单一的功能区，还是融合行政区甚至是消灭开发区，一直以来是开发区争论的重要话题，直到现在也是争论的焦点。赞成开发区的人认为，开发区的历史使命仍然未完成；反对者认为开发区浪费资源，需要行政区化改革。实际上，开发区的使命仍然光荣伟大，需要在我国改革开放 40 周年之际继续先行先试、大胆创新。因此开发区未来的关键是如何实现新型城市化，否则其产业和科技创新难以可持续。在这里，显然必须借鉴创新城区理念与思维，大力推动新型城市化建设发展，打造卓越的城市环境品质，让城市激发开发区创新发展的活力。创新空间的规划在基础设施方面必须更加重视交通组织、通信联系，同时突出制度建设、环境品质和服务水平等，一切围绕减少创新要素间的交易成本为目标，实现可持续发展。

3. 创新属性

创新对于中国国家级开发区来说无疑是生命线，没有创新开发区就会消亡。设立开发区本身就是创新，而当开发区发展到一定形态后同样需要创新，因此创新与开发区是相伴而生。未来开发区的创新属性必然表现为几个方面。一是开发区拥有创新型产业和企业，包括产业发展的创新企业、科研机构等创新活动者，这是最重要的创新主体，开发区因有了这些创新主体才能属于创新类型。二是开发区拥有高端的基础设施与新型空间，这就包括对空间规划的要求，打造高端便捷的交通、完善高端服务以推进创新要素互动，形成一个结构完整、功能完善的创新城市空间。三是开发区拥有良好的制度政策和创新环境，促使创新活动者享受良好的政策，有制度保障，有互动联系，从而提高创新效率。开发区的创新属性，不仅要有功能区本身的创新特质，而且要高于功能区空间活动，需要有超越"硅谷模式"创新空间，即创新需要的自由性、便利性、舒适性等美好品质。

三　新一代开发区发展新指向就是创新城区

在考察中国开发区集聚发展模式后，我们借鉴全球创新城区的崛起发展经验，自然地发现新一代开发区的发展指向就是创新城区，这就需要聚焦中国国家级开发区优势，创建具有创新引领型的创新城区发展标杆。

（一）开发区要肩负新时代创新空间再造使命

国家本意的开发区模式，是既有经济增长辐射带动作用的增长极发展模式，同时也要求具备示范引领的空间创新范式，在功能区与行政区合署情况下更需要创新空间模式。开发区如果没有空间上的不断再造与创新，很可能就走到了发展的边缘，甚至消亡。从现代经济理论和实践来考察，经济发展具备两个属性，一个是经济发展的时间属性，即表现为经济增长的可持续性；另一个是经济发展的空间属性，即表现为经济增长的空间地理结构。而后者主要是善于挖掘和促成集聚效应，在空间地理上尽可能形成强中心格局，发挥出中心的辐射效应。因此，在发展中要善于打破仅仅依靠区位优势的传统路径依赖，而必须造就新的区位空间优势，利用发展机遇顺势而为，形成新的"中心"发展格局。作为具备良好的空间示范效应区域，中国国家级开发和高新区应转型为新一代开发区，要在产业建设和科技创新中显现出极大的集聚效应，特别是在空间辐射、空间引领中需要发挥增长极、动力源作用、创新引领作用。

（二）开发区创新城区建设重在创新环境营造

优质的创新环境具有"洼地效应"，它能使资金、技术、人才、自然资源等生产力要素不断流入进来，汇集起来，相互组合促进不断创新，推动新的经济增长点迅速发育壮大形成规模。这个创新赖以产生的创新城区创新环境，既包括地域空间、自然资源、基础设施、产业基础等硬环境，也包括法律政策、资金、人才、社会市场环境等软环境。一方面，要求硬环境更"硬"，即以硬实力取胜。这包括高质量创新空间、基础设施和产业基础，要求有更好的硬设施、硬产业、硬科技、硬配套。开发区自然环境包括所在的区位和特点、自然地理气候和自然地理资源等。自然环境状况可直接影响园区内的产业布局、成果转化与未来发展等，对开发区创新发展起到重要作用。开发区为建立良好的创新环境而创设的交通、电力、通信、供水、工业厂房等基础设施和生活服务设施，包括道路、交通、通信等，是构成生产和再生产的投入要素，也是开发区创新发展的载体，影响经济发展。开发区产业发展中形成的各种资源，包括开发区重点发展的产业门类、发展规模、发展水平及园区企业的发展情况。通过不断壮大的以产业基础为主体的创新资源供给，可实现创新企业与产业的聚集与转型升级。另一方面，要求软环境更"软"，即以软实力取胜。开发区创新软环境主要包括政策、人才、服务、融资、孵化和社会文化环境等。政策环境、优惠政策对于开发区创新要素的聚集和创新发展有着重要的作用。人才环境是指造就人才、吸纳人才、充分发挥人才作用的各种物质条件和精神条件的总和。开发区科技创新基础在很大程度上取决于区内企业与大学、科研机构的密切联系和科技创新的人才环境。人才是创新的根基，人才是企业的核心，谁拥有一流的创新人才，谁就拥有科技创新的优势和发展的主动权。服务环境由行政管理服务和科技服务组成。创新服务体系能够有效推动企业快速发展，是开发区快速发展的重要因素。孵化环境是围绕资源组织过程的创新创业活动而提供的孵化服务。开发区孵化环境主要包括众创空间、孵化器、加速器等平台，其核心是主动向创业者提供创新创业资源要素，以提高企业的成长机会和成活率，并助其加速成长。影响创新创业活动的各种社会文化因素的总和形成社会文化环境，包括价值观念、风俗习惯、创新精神、竞争意识等。

（三）开发区创新城区应突出创新载体的建设

一是空间载体，即要建设新型空间。开发区不仅要优化自身空间，而且要辐射引领周边空间，形成区域创新空间动力源，这种空间动力源无疑是创新城区的本质要求。例如，广州开发区目前全力打造"山水新城＋两城一区一岛"创新空间，以两城（广州知识城、广州科学城）一区（黄埔临港经济区）一岛（广州国际生物岛）四片联动发展，谋求广州东南部创新带的核心区建设，并且在广深科技创新走廊中发挥核心节点作用。二是产业载体，即要建设高端产业体系。产业载体将为创新城区带来活力，没有产业再好的创新城区也等于零，产业特别是高端产业应成为创新城区非常重要的载体要素。在产业建设方面，开发区具有得天独厚的优势。例如，广州开发区以发展工业起步，从当初低级加工贸易到现在高端制造业突飞猛进，从单纯的工业经济到科技创新与第三产业发展并重，从单纯的外资企业到内资科技及民营企业，以六大支柱产业尤其是 IAB 主导产业雄踞广州市、国家级开发区之首。三是城市载体，即要建设科技园区型城市，既拥有现代城市智慧交通体系的通勤便捷性，也拥有高品质配套设施的空间紧凑性，更拥有为创新服务的大量科技孵化加速载体的立体化多样性。此外还要有高品质生活空间，这体现在各类人才特别是高端人才的高质量高品质生活设施的配套建设中，例如需要有大量高档休闲购物场所，也需要全天候的品牌咖啡厅，以满足高层次人才创新交流与生活休闲需要。广州开发区2015年与黄埔区合并后，呈现出"有山有水有风光、生产生活有生态"特色城市面貌。四是创新载体，即要拥有一大批创新载体。作为创新城区不可或缺的核心要素，体现"创新载体＋新型城市"型开发区模式，用开发区天然的创新元素与现代城市融合，广州开发区打造了"两城一区一岛"战略性创新发展平台，已建成了10个国家级产业基地、园区以及3个广东省战略性新兴产业基地，全区创新"显示度"显著提升，区域创新中心正在加速形成，必将成为广州最重要的创新引擎，未来将引领珠三角区域创新发展。

四 加快推动国家级开发区创新城区建设

从宏观政策层面上讲，对于中国国家级开发区建设创新城区，需要在国家和地方层面进行政策指导，开发区自身也要明确创新城区发展的路径，根据开发区各自实际形成创新空间特色。

（一）加快推动开发区创新城区的规划布局

按照创新功能和城市功能要求，实现两种功能互动，进一步调整优化开发区、高新区的定位和功能，对全国国家级开发区、高新区的空间布局发展重点进行统筹协调，以点带面有序发展。明确开发区管理主体的行政主体地位和管理体制，赋予高新区一定的自主规划权，对产业布局、产城一体进行高起点、高标准、高规格规划，增强发展的兼容性。鼓励有条件的开发区行政区化，以新型城市加速开发区高品质配套设施规划布局，加快促进开发区产城功能提升，优化吸引人才的创新创业环境，让优美的科技型城市化布局形成良好的环境。

（二）加快推动开发区创新城区的存量创新

目前，国家级开发区已经步入存量时代，建设创新城区的关键之举是加速三旧改造和城市更新。对于开发区与行政区合并的区域来说，旧城改造要突出历史文化特色，老城区提升改造应结合老旧城区当地文化及其所在的区域环境，以旧城历史文化遗存为载体，以科技创新、文化创意为动力，打造涵盖知识经济、现代服务、特色商贸与餐饮、民俗风情等不同功能的商业分区。在一些开发区行政区化过程中，必须正确处理开发与保护、经济与文化、创新与创意、历史与未来的关系，拉动旧城区的产业升级，赋予古建旧厂新时代使命，提升创新城区文化内涵，构建无污染、低能耗、高创意的创新生态城区。

（三）加快推动开发区创新城区的增量创新

所谓"增量创新"，就是推动开发区招商4.0发展，围绕高端人才集聚，实现"引智引资引技引市"四位一体突破。高端人才集聚到开发区后，将带来资本、技术和市场，甚至开创商业新模式，这是新开发区时代的招商4.0模式。因此，在推动创新城区发展过程中，要以招商4.0新模式实现高端要素、高端产业等价值创新，将一大批研发机构、大学创新园、战略性新兴产业吸引到开发区，实现以增量创新对创新城区建设驱动。要实施更加积极的人才政策，完善居住生活、子女教育、医疗健康、文体娱乐等配套服务政策，优化创新城区综合服务功能，吸引一大批海内外优秀人才和各类战略科学家、领军型创业家企业家来创新城区创新发展。

（四）加快推动开发区创新城区的试点试验

可以说，创新城区建设仍然处于起步阶段，国外创新城区也无标准模式，这就需要鼓励各地开发区大胆试验探索。发挥开发区集聚性经济优势，重点围绕城市城区再造型模式、城市化科技园区型模式因势利导加以推进，不断扩大开发区创新城区试点，之后逐步全面推开。在国家层面制定创新城区建设的指导意见和总体规划，研究制定创新城区建设指标体系和评价指标体系，编制和发布"中国创新城区指数"。在地方层面应规划布局开发区，引导开发区开展创新型试点城区探索，鼓励工业区和科技园区实现新型城市化，在用地指标、城市建设、人才政策等方面大胆实践、全面推开。总之，中国开发区到了创新空间提升的新时代，以"工业园区＋新型城市""科技园区＋新型城市"的空间模式，打造有中国特色的开发区创新城区品牌显得极为紧迫和关键。

参考文献

Brookings, *The Rise of Innovation Districts: A New Geography of Innovation in America*,

BROOKINGS/May 2014；

Hui Cheng，*From development zones to edge urban areas in China*：*A case study of Nansha*，Guangzhou City，ELSEVIER，cities（2017）.

李健：《创新时代的新经济空间：从全球创新地理到地方创新城区》，上海社会科学院出版社，2016。

张占斌、孙秀亭：《创新城区建设是区域创新发展的新趋势》，《学习时报》2017 年 9 月 29 日，第二版。

B.3

广州"大众创业、万众创新"平台的
空间布局优化研究

民盟广州市委会课题组*

摘　要：　目前，"大众创业、万众创新"的理念正日益深入人心，在这一背景下，广州也需要寻找创新的突破点。本文针对广州众创空间数量不足、分布零散、布局不合理的问题，提出优化众创空间体系与空间布局模式，有序、集聚发展"双创"平台，让各项优惠政策、配套设施形成合力，打造具有广州特色和竞争力的"双创"平台体系。同时本文还对广州"双创"平台的发展提出了相应的实施策略和政策建议。

关键词：　众创空间　企业孵化器　大众创业　万众创新

一　广州"大众创业、万众创新"平台的现状分析

（一）广义的"大众创业、万众创新"平台体系

2015 年 3 月 2 日，国务院办公厅发布《国务院办公厅关于发展众创空

---

* 课题组主要成员：黄雄，城市规划师，广东省城乡规划设计研究院，研究方向为城市发展研究及城市空间规划；代秀龙，注册城市规划师、城市规划工程师，广东省城乡规划设计研究院，研究方向为城市规划、村镇规划；蒋欣，高级经济师、高级人力资源管理师，民盟广州市委参政议政处副调研员，研究方向为劳动就业与社会保障、人才激励与人才政策、产学研金融合发展等。

间推进大众创新创业的指导意见》，此为国家支持"大众创业、万众创新"、支持众创空间发展的纲领性文件。根据文件，众创空间的定义为：在创客空间、创业咖啡、创新工场等孵化模式的基础上，具备市场化、专业化、集成化、网络化特点，实现创新与创业、线上与线下、孵化与投资相结合，为小微创新企业成长和个人创业提供低成本、便利化、全要素的开放式综合服务平台。实际上，只要是为创业者提供服务的传统孵化器、科技园、创业园、苗圃、加速器、创客空间，都可以视为广义上的"众创空间"。

（二）广州的"双创"平台发展现状

1. 孵化器与众创空间整体概况

目前，广州已形成了"创业苗圃－孵化器－加速器－科技园"的完整创业孵化链条。2015 年广州新增孵化器 34 家，增幅为 40%，累计达 119 家，其中国家级科技企业孵化器 18 家（包括国家级大学科技园 2 家）、国家大学生科技创业见习基地试点单位 4 家、省级孵化器 8 家、市级孵化器 21 家，孵化面积达到 540 万平方米。广州现有众创空间 41 家，其中国家级众创空间达 23 家。

2. 各区孵化器与众创空间区域分布及特征

广州孵化器及众创空间主要分布在天河区、海珠区、黄埔区、番禺区和白云区，花都区企业孵化器有 8 家，从化区企业孵化器有 1 家，南沙区企业孵化器有 4 家，缺少活跃的众创空间，反映这几个区大众型创新创业活动依然不够活跃。

越秀区有企业孵化器 5 家，众创空间数量 4 家；荔湾区有企业孵化器 8 家，众创空间数量 2 家，这两个老城区孵化器和众创空间数量中等，部分众创空间选择区内旧改园区与写字楼落地。

海珠区企业孵化器 9 家，其中"国字号"4 家。海珠区众创空间数量 10 家，空间集聚地主要为 T. I. T 创意园与中山大学区域。T. I. T 创意园为广州创意产业中心之一，中山大学区域则依托中大资源，吸引创业企业集聚。

番禺区企业孵化器有 12 家，其中"国字号"2 家。番禺区众创空间为 2 家，分布在大学城区域和石楼镇，主要依托高校科研资源。

广州开发区、黄埔区孵化器 17 家，其中"国字号"5 家。黄埔区众创空间数量 4 家，全部分布在科学城区域。

白云孵化器有 10 家，其中"国字号"3 家。白云区众创空间为 3 家，分别为创客街、TY 众创空间、广州"大智汇创客"众创空间。

天河孵化器有 23 家，其中"国字号"4 家。天河区众创空间为 16 家，分布在天河 CBD 区域和天河软件园区域。

在区域众创空间数量比较上，天河区占据绝对优势，其中天河软件园区域占 37%，海珠区（占 24%）与天河 CBD 区域（占 15%）也拥有较多众创空间。

（三）广州"双创"平台及城市空间的问题解析

目前，广州"双创"平台及城市空间与广州打造国际创新枢纽的目标还存在不小差距。广州"双创"平台及城市空间主要有以下几点问题。

1. "双创"平台数量相对北上深较少，高层次的"双创"平台不足

北京共有众创空间近 200 家，其中国家级众创空间数量 57 家；各类孵化器、大学科技园等服务机构 150 余家，其中国家级孵化器 43 家；服务企业和团队超过 1.3 万家。

深圳全市经国家、省以及本市财政资助或认证的孵化载体已达 144 家，其中国家级 12 家。深圳市众创空间有 118 家，其中国家级众创空间有 30 家。

上海市已有各类众创空间载体 450 家，其中，科技企业孵化器 139 家，新型孵化器 62 家，科技企业加速器 14 家，科技创业苗圃备案 90 家，创业服务机构备案 200 余家。成立了上海众创空间联盟，备案众创空间 147 个，并吸收联盟会员 57 个。上海高层次的双创平台较多，有国家级孵化器 35 家，20 家众创空间单位纳入国家级孵化器管理。

广州国家级科技企业孵化器有 18 家，国家级众创空间达 23 家，相比北

上深有较大差距（见表 1），与武汉、天津、南京和杭州相比也不占优势。例如，武汉已建成科技企业孵化器 214 家，孵化器场地面积达到 920 万平方米，其中，国家级孵化器 22 家，居副省级城市首位；国家级众创空间 14 家。

表 1　广州与其他城市国家级企业孵化器、众创空间的数据对比情况

单位：家

城市	国家级众创空间	国家级企业孵化器
北京	57	43
上海	20	35
深圳	30	12
广州	23	18

广州国家级科技企业孵化器数量不如北京、上海、天津和武汉，众创空间数量与北京、深圳、上海相比也有较大差距（见表 2），尤其是缺乏较高水平、具有全国影响力的品牌。相比较而言，深圳有柴火创客空间，北京有创新工场、车库咖啡，上海有新车间、飞马旅等国内知名的众创品牌。

表 2　北上广深企业孵化器、众创空间的数据比较

单位：家

城市	北京	上海	深圳	广州
众创空间	200	133	118	41
企业孵化器	150	149	144	119

2. "双创"平台空间不够集聚，规模效应不足

对于创业者而言，由于创业过程中面临不可预知的市场风险，创业者需要通过相互之间的学习、交流、流动、反馈，形成协同合作的网络。因此，众创空间往往不是单一存在，需要整合创业者、资本、媒体网络、公共资源等多种资源，建立开放、共享的生态系统。

北京中关村创业大街 200 米内，聚集数十家创业孵化器，数据显示，中关村创业大街日均孵化 1.6 家创业企业。

深圳南山区众创空间也呈现集聚态势，聚集效应让南山的创客在全市占有突出的位置。在分布上，南山的众创空间主要集中于南山大学城北部片区，以南山智园为核心，有旧厂房空间和高校智力资源做支撑；中部则集中在科技园，以创业交流和苗圃为主；南部是蛇口片区，同样有产业空间余地。

而目前广州的企业孵化器、众创空间仍以"点状"分布，各自发展，难以形成合力，众创空间的生态系统尚未建立健全。

3. 各层次的"双创"平台缺乏联系互动，资源整合度不够

大孵化体系包括了"创业苗圃－孵化器－加速器－科技园"的完整创业孵化链条。

深圳市大力推进创业苗圃、孵化器、加速器、科技园区相结合的科技企业孵化载体建设，注重完善全过程、全要素的孵化培育生态链，构建各类创新资源汇集和服务体系集成的创新创业平台。例如天安云谷、中国科技开发院形成了预孵化、孵化、加速器的全程孵化体系和全面持股孵化商业模式等。

目前广州众创空间、科技孵化器、科技园等各层级"双创"平台之间没有形成很好的互动联系机制，众创空间没有与传统科技孵化器建立联系和承接机制，在众创空间内获得成长的项目在需要进入孵化器和加速器时不能快速获得合适的科技孵化器单位来承接，基于风投基金的不确定性，优质项目有可能随投资人选择其他城市进一步孵化，造成资源流失。同时，广州大多数孵化器企业也没有与科技园、工业园建立联络和承接机制，这在海珠区表现得尤为明显。海珠区拥有4家国家级科技孵化器，但是缺少产业园区，所以海珠区的孵化器企业和单位没有与其他科技园或工业园建立输送优质新兴企业的机制，对于孵化成功的企业任其自主寻找生产基地。

4. "双创"平台分布缺乏规划引导，没有呼应城市整体空间发展战略

根据《广州市国民经济和社会发展第十三个五年规划纲要（2016—2020）》，需要重点建设国际科技创新枢纽和国家创新中心城市，其主要抓手为建设重大平台，这些重大平台主要包括广州高新区（包括广州科学城、天河科技园、民营科技园、南沙资讯园、黄花岗科技园）、中新广州知识城、广州国际创新城、广州国际生物岛和南沙明珠科技城等。目前由于缺乏有效统

筹，广州国家级科技孵化器和众创空间等"双创"平台并没有与这些重大平台相呼应。除了广州科学城、天河科技园已经形成"双创"平台与产业发展良性互动外，其他平台都缺少创新创业平台，无法集聚创新创业要素。

二 优化广州"双创"平台的空间布局的基本思路

（一）引导广州"双创"平台在空间上集聚发展

引导广州"双创"平台在空间上集聚发展是因为空间上的集聚有利于创新创业活动的效益最大化。

国内外知名的创新创业集聚区都是空间上非常集聚，形成了非常好的品牌效应和规模效应。这些创新创业集聚区已经摆脱了零散"双创"平台的不稳定性、不持续性的问题，形成了具有持久生命力的创新创业温床。因为任何"双创"平台和创业创新团队都有生命周期，只有形成了创新创业温床，人才、风投基金、产业资本、服务团队才会源源不断地持续涌入，形成可持续的创新创业集聚区。例如北京中关村，单单中关村创业大街就聚集了3W 空间、优客工场、AC 加速器、氪空间、头条号创作空间等一众知名众创空间。深圳南山区集中了 18 家国家级的众创空间，大部分是具有全国影响力的重量级选手，例如柴火创客空间、中科创客学院等。

全国其他省市已经认识到创新创业集聚区对于扩大和提升创新创业效益的重要作用，江苏省科学技术厅 2015 年下发了《关于开展众创集聚区建设试点工作的通知》。杭州市政府 2015 年下发了《杭州市人民政府办公厅关于发展众创空间推进大众创业万众创新的实施意见》。上海"科创 22 条"中也明确提出了建设科技创新集聚区目标。

广州需要打造市级的核心"双创"区域，正如北京的中关村、上海的张江科技园和深圳的南山科技园，通过信息、资金、人才、服务等创新创业要素和各种"双创"平台在空间的集聚，实现创新创业的"化学反应"，形成不可估量的新业态、新思维、新企业。

（二）通过"双创"平台的空间布局，优化带动城市新兴区域的发展

党中央、国务院大力提倡"大众创新、万众创业"，其根本目的是激发社会创造潜能，促进生产力进步和资源优化配置，从而带动经济与社会发展。对城市而言，"双创"平台培育的新兴企业，可以极大地带动城市经济发展。通过"双创"平台的空间布局优化可以带动城市新兴区域的发展。例如深圳光明新区、龙岗区和坪山新区将"双创"平台与产业升级发展相结合，把众创空间作为区域空间功能提升的一个重要推动力。

因此，广州优化"双创"平台的空间布局需要结合城市总体空间发展战略，在城市主要发展方向上选择合适的区域大力发展创新创业孵化平台，同时临近布局和串联商务园、科技园、创意园、产业园等新企业成长平台，实现"苗圃－孵化器－加速器－科技园"的全过程孵化。

（三）通过"双创"平台的优化布局，触发城市三旧空间的功能更新

在城市"进化论"的作用下，在迈向后工业化时代进程中，传统制造业的厂房及其设施大量闲置。在城市化进程中，部分工厂改造成为新兴的商业街区和住宅项目，创造了巨大的经济价值。但仍有大量区位条件优越、历史底蕴丰厚的烟囱、老厂房等工业时代"标本"得以保留，为各种新兴产业的发展提供了新的载体。

广州中心城区保留大量的旧工厂、旧城镇和旧村庄。根据《广州市国民经济和社会发展第十三个五年规划纲要（2016—2020）》，到 2020 年，需要完成城市更新规模 85 平方公里。这些三旧空间一方面承载着广州的历史和发展印迹，另一方面也某种程度地阻碍了城市的进一步升级，如何处理这些三旧空间一直是广州的难题。而这些三旧空间地处城市中心区，交通便捷，既能够享受周边完善的一线城市资源（资金、人才、信息、政策、渠道及公共服务），同时又能享受相对较低的生产生活成本（低租金、低物价），这些正是"创新创业"平台顺利发育、生长和集聚最为需要的地域特

征。所以可以将"双创"平台作为城市更新的触媒，通过"双创"平台引入新的生产模式、新的观念、新的业态，不断集聚人才、资金，带动区域城市更新。

三　优化广州"双创"城市空间体系的建议

（一）构建"双创"平台集聚的"创新创业"核心区域（平台）

建议依托五山大学城、天河软件园、天河智慧城和广州科学城连片打造广州的市级创新创业集聚区。这个区域已经聚集了 7 家国家级孵化器，11家众创空间，具有良好的创新资源和创业氛围，吸引了一批风险投资基金和天使投资人，通过进一步的政策加力和政府引导可以形成具有全国影响力的创新创业集聚区。具体做法包括四个方面。

一是规划引导。通过规划管控在本区域选择若干成片的科研用地、工业用地或者商业用地作为"双创"平台发展用地，鼓励和引进龙头骨干企业整体开发，按照市场机制引进其他创业主体协同聚集，形成以龙头骨干企业为核心，高校院所积极参与、多元市场投资主体混合经营、辐射带动中小微企业成长发展的产业创新生态群落。

二是聚力发展。通过有针对性的区域优惠政策，引导高等院校、科研院所、骨干科研企业、孵化器及众创空间服务商、创业团队等"双创"参与方在空间上集聚；同时各级政府各部门的各项"双创"扶持项目、培训计划、"双创"主题活动、资助资金、创投引导基金向本区域集聚，优先服务本区域的"双创"平台；将土地指标、重大基础设施、优质公共服务设施、政府引进的创新型科技项目优先投放本区域。

三是联动互促。大力推进科技创业孵化链条建设，促进众创空间与孵化器的融合发展，探索与区内大企业结合的孵化模式，构建"创业苗圃（众创空间）－孵化器－加速器－科技园"的联动发展机制，发挥本区域创新创业要素集聚优势，推动众创空间与科技企业孵化器、加速器及产业园等共同形成创新创业生态体系。

四是社区营造。按照"创业、工作、社交、文化、消费、居住"的六维理念，围绕"双创"核心平台，配建人才公寓（公租房）、互动交流公园、社区商业、国际学校等服务设施，打造若干个"众创社区"，建设具有市场竞争力的混业生态圈。

（二）依托片区创新资源，引导发展"创新创业"节点区域

建议白云区在白云新城外围打造白云新城创新创业集聚区。加强创新创业集聚区众创空间、孵化器与白云区外围民营科技园等产业园区的对接联动发展，通过创客生态圈的形成集聚创新创业资源，推动传统制造业升级。

建议海珠区围绕中山大学周边、琶洲互联网总部集聚区打造区域创新创业集聚区。鼓励海珠区科研院所、高校围绕优势专业领域，建设以科技人员为核心、以成果转移转化为主要内容的众创空间，为科技型创新创业提供专业化服务。同时构建海珠区"双创"平台与广州开发区的合作机制，推荐优秀孵化项目进园发展。

建议番禺区依托广州大学城、广州创新城的高等院校，集中打造1~2个集"创业、工作、社交、文化、消费、居住"为一体的"众创社区"，吸引高校科研成果在"众创社区"内孵化，吸引大学毕业生进"众创社区"进行创业，鼓励番禺区工业园区与"众创社区"建立合作联营机制，鼓励区内企业在"众创社区"内设置研发机构和设计机构。

同时建议黄埔区在中新知识城、越秀区在黄花岗科技园、荔湾区在白鹅潭滨江创意长廊、南沙区在明珠科技城规划引导1~2个集"创业、工作、社交、文化、消费、居住"为一体的"众创社区"。

通过政策、资金和用地管控等方式引导各自创新创业要素向这些"创新创业"节点聚集，同时政府配套建设人才公寓（公租房）、中小学、公共交流空间（公园）、文化体育医疗设施，提升这些"双创"节点区的吸引力，实现可持续发展。

（三）调动多方力量创造多元化可持续的"创新创业"细胞单元

中心城区可以结合广州微改造项目，引进社会资本，对三旧建筑的活化再利用，通过功能置换转化为众创空间，政府需要在用地功能调整、产权认定、产权分割等方面予以政策支持。

鼓励城市郊区低效村镇工业园引进社会资本，并将其改造为企业孵化器和众创空间，镇政府和村集体以土地入股、配套发展社区商业、人才公寓等形式获得收益。

对于全面改造的村中村项目，鼓励村集体利用留用地配建保障孵化载体建设用房和人才公寓，建成后移交政府管理或者引进孵化企业，政府通过容积率奖励或者资金回购的方式补偿村集体。

四 优化广州"双创"环境：实施策略与政策建议

（一）建设用地及办公空间保障

深圳市自 2015 年出台一系列相关政策文件以来，有效保障了新型产业用地和新兴产业用房的供应落实。广州可以借鉴其中深圳的相关做法。

优先保障新型产业用地供应。将科技企业孵化器用地纳入城市新型产业用地范畴，在符合相关规划的前提下，在全市产业用地供应计划中优先供应新型产业用地。

优先保障新型产业用房供应。公开出让新型产业用地，在出让条件上约定一定比例的创新型产业用房建成后由市、区两级政府以成本价回购等，市、区两级政府应将该类创新型产业用房优先用于科技企业孵化器、加速器等产业扶持上，且租金价格应低于产业用房市场评估价格的 60%～80%。

拓展创新型产业用房来源渠道。市、区两级政府在每年新增的创新型产业用地、用房、旧工业区改造项目中，优先保障孵化载体建设用房、用地需求。支持企业在自建楼宇中兴办孵化载体发展战略性新兴产业。在城市更新

（工业区升级改造）中，应约定一定比例的研发用房产权作为创新型产业用房，市区两级政府回购产权后优先用于科技企业孵化器。

另外对于自发完成旧厂微改造、功能已经置换为"众创空间"、经济效益与社会效益较高的创意园区，只要没有干扰城市整体发展战略，可以考虑功能置换合法化和产权确认。

（二）公共设施及公共服务保障

中共中央政治局常委、国务院总理李克强在北京出席首届"全国大众创业万众创新活动周"时表示，政府要做创业创新者的"后台服务器"，通过不断完善所需的公共产品和服务，增强创业创新者试错的底气和勇气。所以政府需要从公共设施供给和公共服务供给两个方面强化对"双创"平台的扶持。

公共设施供给主要包括推广创业公寓、创业社区。开发利用公租房配套设施等社会资源，建设青年创业公寓，为创业者提供集公共办公区、会议室、活动区和住宿区为一体的价廉宜居的创业空间。

公共服务供给主要包括政务服务、创业融资服务、资讯服务；还包括由政府组织的技术创新服务、创业融资服务、创业教育培训，建立创业导师队伍，举办创新创业活动等。

（三）扶持资金及扶持政策保障

完善政策体系，进一步加大政策支持力度。加强财政资金引导，制定多方式、跨领域、有特色的政府扶持手段，形成层次分明的政策体系。

进一步加大资金扶持力度，对创客空间给予一定的租金扶持和运营扶持，对认定的优秀创客人才给予人才津贴，并提供公租房，建立创客客栈；对每成功孵化一个种子企业给予提供孵化服务的创业苗圃和创客空间予以一定的创业孵化激励等。同时建立以风险投资基金、创新券、风险补偿等金融手段支持研发和产业化的财政支持机制。

充分调动高校、科研院所等单位专业技术人员的积极性，通过为创客提供技术支持、技术参股、离岗创业等多种形式，支持他们在完成本职工作的前提下从事科技创业。事业单位专业技术人员经批准离岗创业的，3年内保留其人事关系，其中高校、科研院所等专业技术人员可按规定延长。引导一批具有专业技术和社会资源优势的人员投身参与创业。鼓励社会资本和建设资源高效流动并对接众创空间。

（四）平台资讯及全过程孵化体系搭建

重视互联网众创空间平台的搭建。借鉴荷兰的"阿姆斯特丹创业平台"（Start-up Amsterdam）的做法，加快构建"广州众创空间创业服务平台"，基于互联网GIS技术实现对广州所有众创空间的覆盖，可以实时查询各众创空间内的企业入驻、孵化、投资等情况，并对众创空间的建设和管理进行实时监测，防止载体过剩，及时洞察潜在的不良商务模式。同时通过众创空间的互联网平台建设和资源渠道，把创业者、投资者和服务机构联系起来，在创意、人脉、资源等方面互联互通，为创业者及投资者快速、准确地提供各种创新创业服务。另外政府需要搭建"创业苗圃－孵化器－加速器－科技园"全过程孵化平台之间的交流机制和平台，实现整体创新创业生态系统良性互促发展。

参考文献

肖永红、陈建成、张万艳：《高新区创新、创业环境研究》，《山西财经大学学报》2007年第7期，第23～27页。

仇保兴：《企业集群化与科技园发展》，《规划师》2002年第12期。

胡太山：《创新聚群与地区发展——产业发展体系建构之研究》，《城市规划汇刊》2002年第3期。

胡蓓、田橙：《产业集群集聚优势与创业意向的关系研究》，《管理评论》2013年第10期。

B.4
广州初创青年创业调查报告

彭　澎　陆彬彬　李荣新　符国章　郑先统　宋文集　李英杰　关飞洲　周胜兰*

摘　要： 为了掌握广州青年创业的现实情况，发现广州青年在创业中存在的问题，分析青年创业中普遍存在的需求，本文通过问卷调查、座谈会与深入访谈法，以及文献分析法，对广州各高校青年，以及部分社会初创青年的创业情况进行比较深入的摸底。实证调查发现，广州初创青年在创业过程中具有以下特点：男性青年居多、以本科学历为主、创业动机比较理性等。而在创业实践中，广州初创青年面临着企业成长的障碍、创业和发展资金获取途径有限和获取成本比较高、人才竞争和人才留用难度比较大、对于市场的敏感程度有待提高、对于政府的优惠政策获取能力比较低，以及随着企业的成长和发展，初创青年自身的综合素养有待加强等问题。因此，为了促进年创新创业的事业有序开展，广州市需要创造良好的创新创业政策环境，为初创青年提供具有实际效用的金融、人才和税收等多方面的政策支持。

---

* 彭澎，管理学博士，广州市社会科学院研究员，研究方向为城市公共政策与管理；陆彬彬，广州市社会科学院人事处五级职员、政工师、研究生；李荣新，广州市青年就业创业服务中心书记、主任，经济师；符国章，广州青年报社总编辑；郑先统，广州市青年就业创业服务中心就业服务部副部长、创业培训讲师；宋文集，广州市青年就业创业服务中心干部、助理社工师；李英杰，广州市青年就业创业服务中心干部；关飞洲、周胜兰，华南理工大学公共管理学院研究生。

关键词： 初创青年　创业困境　创业政策需求

一　广州初创青年创业现状

在对广州青年创业情况的把握上，本课题了解到了广州初创青年基本信息（性别、年龄、受教育水平等）、青年初次创业的动机、创业行业类型、创业资金的来源，以及创业青年职业发展轨迹等现实状况的相关信息，这是广州市政府相关部门进一步做出有利于青年创业的政策决策的基础。

为此，课题组在广州部分孵化器、众创空间等创业企业聚居地，向初创类青年发放调查问卷，共发放500份问卷，回收并去除无效问卷之后，得到472份有效问卷，问卷回收率为94.4%。

（一）初创青年基本信息

表1反映的是参与本次调研的创业青年的性别比例分布。在472名创业青年中，男性青年有356人，占比75.42%；女性青年有116人，占比24.58%。总体上看，创业男青年的人数大约为创业女青年人数的3倍。

表1　初创青年性别分布

性别	人数	占比（%）
男性	356	75.42
女性	116	24.58
总计	472	100.0

表2反映的是参与本次调研的创业青年在初创企业时的年龄段比例分布。表中数据显示，青年初创企业时的年龄主要集中在30岁以下，其中23～25岁的创业青年人数最多，有168人，占比35.59%；其次是26～30岁阶段，人数为136人，占比28.81%。

表2　青年初创企业时年龄

年龄	人数	占比（%）
18～22 岁	110	23.31
23～25 岁	168	35.59
26～30 岁	136	28.81
30～35 岁	58	12.29
总计	472	100.0

表3反映的是参与此次调研的创业青年的受教育水平分布，本课题主要是通过创业青年的最终学历来衡量其教育水平。表中数据显示，创业青年的学历主要集中为本科学历，有257人，占比54.45%，超过半数；其次是硕士研究生学历，有110人，占比23.31%；而人数相对比较少的是大专以下学历和博士研究生学历。总体上看，本科学历以下，创业青年人数随着学历的提高而增加；本科学历以上，创业青年的人数则随着学历的提高而减少。

表3　初创青年受教育水平

学历	人数	占比（%）
大专以下	18	3.81
大专	75	15.89
本科	257	54.45
硕士研究生	110	23.31
博士研究生	12	2.54
总计	472	100.0

（二）初次创业动机

对于广州青年创业动机的调查方面，本课题通过青年选择创业的原因和产生创业的想法来源两个问题来体现：表4反映的是初次创业青年选择创业的原因，表5反映的是创业青年初次产生创业想法的来源。

表4数据显示，参与此次调研的青年选择创业的原因主要集中为"因为有好的商机而选择创业"、"因为有好的创意而选择创业"和"有强烈的

创业热情而创业"三个选项上面，其中选择"有强烈的创业热情而创业"的青年人数最多，有346人，占样本总数的73.31%，可见，创业热情是激发青年创业动力的关键作用。而把自己选择创业的原因归结为"为了生存，没有其他更好的选择而进行创业"、"看到别人创业也跟着创业"以及"其他"的创业青年人数则相对比较少，占比均不超过样本总数的一成。

表5中数据显示，参与此次调研的创业青年，产生的创业想法来源主要集中在"朋友的影响"、"传媒的宣传或政府政策的引导"和"学校所学的相关知识"三个方面，人数所占比例均超过了20%，其中数量最多的是"学校所学的相关知识"，有162人，占比34.32%；而创业想法来源于"家庭的支持"和"周围创业成功者的影响"等方面的人数相对比较少。由此可见，学校，尤其是高等院校的专业知识和创新创业知识的教育过程，在很大程度上能够激起青年的创业想法。

表4　初次创业青年选择创业的原因

创业原因（多选）	次数	样本总数	占比（%）
为了生存,没有其他更好的选择而进行创业	38	472	8.05
因为有好的商机而选择创业	192	472	40.68
因为有好的创意而选择创业	154	472	32.63
有强烈的创业热情而创业	346	472	73.31
看到别人创业也跟着创业	30	472	6.36
其他	12	472	2.54

表5　创业青年初次产生创业的想法来源

创业想法来源（多选）	次数	样本总数	占比（%）
家庭的支持	78	472	16.53
朋友的影响	157	472	33.26
传媒的宣传或政府政策的引导	117	472	24.79
周围创业成功者的影响	76	472	16.10
学校所学的相关知识	162	472	34.32
其他	24	472	5.08

（三）初次创业行业类型

表6反映的是参与此次调研的创业青年初次创业所属行业类型的分布情况。表中数据显示，472名创业青年中，当前创业的行业类型主要集中在互联网电子商务和商业/超市/零售等行业。其中，从事互联网电子商务行业的创业人数最多，有125人，占比26.48%。由此可见，广州青年初次创业的行业类型是以第三产业尤其是以互联网为基础的服务业为主。

表6　创业青年初次创业所属行业类型

创业所属行业（单选）	人数	占比（%）
计算机	78	16.53
互联网电子商务	125	26.48
商业/超市/零售	114	24.15
咨询/技术服务	54	11.44
其他	101	21.40
总计	472	100.0

（四）初次创业资金来源

本课题通过广州青年创业初始资金来源和企业融资途径两个方面，来了解创业青年创业资金的来源，表7反映的是创业初始资金的来源，表8反映的是企业融资途径，两个方面分别体现了青年创业的初始阶段和后期发展阶段的资金来源。

表7数据显示，在参与此次调研的创业青年中，有393人创业初始资金来源于自己的前期积蓄，占比83.26%；有312人创业初始资金来源于家庭支持，占比66.10%；有196人创业初始资金来源于朋友集资，占比41.53%。而创业初始资金来源于金融机构融资、政府资金扶持和天使投资的青年人数相对比较少，占比均不超过20%。可见，大多数广州创业青年在创业初始阶段，基本靠自己、家人和朋友，而较少依靠社会的创业资源。

表 7　广州青年创业初始资金来源

创业初始资金来源（多选）	次数	样本总数	占比（%）
自己前期积蓄	393	472	83.26
家庭支持	312	472	66.10
朋友集资	196	472	41.53
金融机构融资	79	472	16.74
政府资金扶持	53	472	11.23
天使投资	85	472	18.01

　　表 8 数据显示，在初创企业发展的后期阶段，企业主要是依靠银行及信用社贷款，以及通过亲朋借款的方式，解决企业所需的融资问题，其中通过亲朋借款方式的创业青年有 197 人，占比 41.74%，通过银行及信用社贷款方式的创业青年有 121 人，占比 25.64%。而通过民间借贷、互联网金融等方式的创业青年人数相对比较少，这说明了金融市场的完善程度在一定程度上限制了创业青年融资途径的选择。

表 8　广州青年企业融资途径

融资途径（多选）	次数	样本总数	占比（%）
银行及信用社贷款	121	472	25.64
通过亲朋借款	197	472	41.74
民间借贷	78	472	16.53
互联网金融	67	472	14.19
拖欠货款	56	472	11.86
其他	114	472	24.15

（五）创业青年职业发展轨迹

　　从创业青年初创企业时的年龄阶段来看，大部分的创业青年在毕业之后不久甚至是在未毕业时，就已经开始了创业。这部分创业青年把创业作为自身职业发展的开端，也存在部分创业青年在工作几年之后加入创业的大潮。表 9 和表 10 反映的是创业青年未来潜在的职业规划，同时也暗含着创业青年对自身创业以及所在行业的认可度。

表9数据显示,若创业失败,有286名创业青年会选择再次创业,占比60.59%;有140名创业青年选择就业,占比29.66%;而不确定未来选择的青年有46人,占比9.75%。可以看出,参与此次调研的创业青年,对于自身的创业具有比较高的认可度和热情。

表9 创业青年创业失败后的选择

选择(单项)	次数	占比(%)
再次创业	286	60.59
就业	140	29.66
不清楚	46	9.75
总计	472	100.0

表10反映的是若创业失败,创业青年是否会在该行业创业或者就业的情况,表中数据显示,80.93%的创业青年愿意在创业的行业继续创业或者就业,11.86%的创业青年则会选择其他行业进行再次创业或者就业,而7.21%的创业青年则对创业失败后的选择表示还未考虑过,不清楚未来可能的选择。

表10 若创业失败是否会选择在行业创业或就业

选择(单项)	人数	占比(%)
是	382	80.93
否	56	11.86
不清楚	34	7.21
总计	472	100.0

二 广州初创企业青年面临的困境

本文通过问卷调查法,以及座谈会和深入访谈法,对部分广州初创青年企业生存和发展中面临的问题进行了分析和总结,结果发现,对于参与此次调研的大部分的创业青年而言，此次创业属于初次创业，并且多数处于起步阶段。在该阶段，青年普遍面临着诸多的发展难题：资金获得难度大、人才获得和留用难度大、市场敏感度欠缺、获取政策能力较弱、企业管理综合素质偏弱，以及社会资源整合利用能力较弱等。上述问题的存在，成为制约众多初创企业良好持续发展的重要因素，如果解决不利，则会成为阻碍初创企业生存和发展的绊脚石。

（一）资金获得难度大

调研中发现，广州初创企业在起步阶段和稳定发展阶段，资金的获得一直是企业生存和扩大规模可持续发展的关键因素。初创企业的资金获取渠道有限，以及获取成本相对比较高，在很大程度上增加了初创企业资金获得的难度。

首先，初创企业资金获取的渠道比较有限。如前文所述，在参与此次调研的 472 位创业青年中，有 83.26% 的青年的创业初始资金来源于自己的积蓄，66.10% 的创业青年的创业初始资金来源于家庭支持，41.53% 的创业青年的初始创业资金来源于朋友集资，而来源于金融机构的只有 16.74%，来源于天使投资的有 18.01%。同时，在企业的融资途径中，来自民间贷款和互联网金融的创业企业分别只有 16.53% 和 14.19%。可见，对于市场中的融资渠道，初创企业可获得融资的机会和能力都是稍显不足的，从而带来了资金获得的难度在持续增加。

其次，初创企业的融资成本相对比较高。初创企业普遍存在的特点是规模较小、竞争力较弱，这些存在的比较弱势的特点都会增加初创企业的融资成本。由于初创企业的规模较小，市场上的信用程度较低，无法提供充足的质押，无力获得金融机构的信任和贷款，即使通过各种烦琐的流程而取得贷款，在过程中所消耗的人力、物力、财力，以及时间也都会相应地提高融资成本，并转嫁为企业的生产成本，从而降低企业在市场中的竞争力。因此，对于初创企业而言，资金的获取方式对其生存和发展具有至关重要的意义。

（二）人才获得和留用难度大

对于国家来说，现在国家间竞争的关键在于人才的竞争，对于企业亦是如此。无论是国际国内知名企业，还是初创阶段的规模较小、竞争力比较小的企业，人才的获取和留用都是备受关注的问题。哪个企业能够获得足够的人才，就能在企业的竞争中占据一定的制高点。随着人才的作用在不断提高，企业间对于人才的获取和留用的竞争也逐渐激烈化，而在此竞争中，大企业往往处于优势位置，小企业，尤其是初创型的小企业，则处于人才竞争的不利位置。

表11数据显示，在参与此次调研的创业青年中，有81.57%的创业青年表示企业在发展过程中缺乏人才，只有18.43%的创业青年表示企业不缺乏人才。所以总体上而言，初创企业在发展中普遍面临着人才缺乏的难题。

表11　初创企业是否缺乏人才

选择（单项）	次数	占比（%）
是	385	81.57
否	87	18.43
总计	472	100.0

表12反映的是初创企业缺乏人才的类型分布。数据显示，有80.08%的企业具有营销人才的需求，居于人才需求类型的首位；其次是企业管理人才，以及研发人员，而其他方面的人才需求所占比例则相对比较少。一位从事互联网电子商务的创业青年表示："从创业开始组建团队的时候，我们就基本上形成了比较完备的人员构成，尤其是核心的科研和管理人才，但是随着产品的推出和面向市场，我们发现光有技术和产品远远是不够的，只有把产品卖出去，真正走向市场，我们的创业才能够成功，但是我们发现在营销的人才储备和培养上面，存在很大的欠缺，急需此类人才

的加入，提高企业在营销方面的能力。"因此，企业会根据自身的弱势环节，通过获取相关方面的人才来进行缺陷的弥补。

表 12　初创企业缺乏的人才类型分布

人才类型（多选）	次数	样本总数	占比（%）
营销人才	378	472	80.08
研发人员	121	472	25.64
企业管理人才	167	472	35.38
外语人才	35	472	7.42
计算机人才	86	472	18.22
技术工人	82	472	17.37
其他	134	472	28.39

表 13 反映的是企业获取人才的途径分布。数据显示，有 82.63% 的初创企业通过招聘外来人才的方式来弥补企业的人才欠缺，41.53% 的企业通过培训、提拔内部员工的方式弥补部分岗位的不足。从两种方式的占比可以看出，有不少企业同时利用两种方式来获取人才，但是也有 8.26% 的初创企业对于人才的获取途径抱有无所谓的态度。

表 13　企业获取人才的途径分布

人才类型（多选）	次数	样本总数	占比（%）
培训、提拔内部员工	196	472	41.53
招聘外来人才	390	472	82.63
无所谓	39	472	8.26

（三）市场敏感度欠缺

技术转化为产品，产品走向市场，才能够形成企业生产和扩大再生产的良性循环的基础，而市场作为企业的目的和风向标，在引导企业技术变革、产品优化升级的过程中，具有不可替代的作用，所以企业应该对市场的需求保持比较高的敏感度，这也是目前多数初创企业所面临的另一个比较突出的问题。

在课题组深入广州部分孵化器、众创空间等初创企业聚居地的过程中了解到，部分初创企业在面向市场这一方面做得还不够到位，尤其是刚刚毕业的大学生的创业项目。广州某孵化器指导老师表示："我们孵化器有比较多的刚刚毕业的大学生以及在校大学生的创业项目，这些项目大多是以某一项技术为创业的关键基础，在此基础上组建团队和孵化，但是他们这些项目存在的一个比较突出的问题：学生刚从学校走向社会，或者还在学校，创业的中心都放在核心技术的开发上面，而对于产品的推广、市场的调研以及市场的扩展部分，则用力不够，这就导致产品卖不出去，资金获取不来，就会存在部分创业项目无法维持下去而失败。所以针对大学生创业的项目，我们尤其重视对他们进行市场相关知识的指导和培训。"

不仅是大学生的创业项目，部分已成立多年的初创企业，在面对市场的挑战时也会出现力不从心的现象。如前所述，初创企业相比同一行业中的其他企业，可能会存在规模上、竞争力上的不足，如果无法适应市场规律的挑战，很有可能会在与其他企业的竞争中被市场淘汰。所以对于初创企业而言，要在技术创新和企业管理的基础上，适应市场的变动做出相应的变革和应对措施，才能够在竞争激烈的市场中保持可持续的发展。

（四）政策获取能力有待提高

在促进广州青年创新创业方面，广州在中央、广东相关政策文件的指导下，制定了一系列扶持政策，但是从问卷调查和座谈会得到的数据结果显示，相当一部分的创业青年对于各级的政策文件不甚了解，一方面是由于各级政府的政策宣传工作有待加强，另一方面更为重要的是在于创业青年的政策获取能力有待进一步提高。

本课题在问卷调查中，通过询问初创青年对政府，以及共青团组织在促进青年创新创业中的优惠和扶持政策的了解程度，来评价创业青年的政策获取能力。表14反映的是参与此次调研的初创青年对政策促进青年创新创业优惠政策的了解程度。数据显示，有20.97%的创业青年对政府的优惠政策很了解，40.04% 的创业青年对政府的优惠政策较了解，而其余的 38.98% 的创业青年表示对政府的优惠政策了解一点或不太了解甚至完全不了解。由此可见，近四成的创业青年需要提高对政府政策的了解程度，以此来享受更多的政策福利。

表 14　广州创业青年了解政府促进青年就业创业的优惠政策的情况

了解程度（单选）	人数	占比（%）
很了解	99	20.97
较了解	189	40.04
了解一点	98	20.76
不太了解	63	13.35
完全不了解	23	4.87
总计	472	100.0

表 15 反映的是参与此次调研的初创青年对共青团的帮扶政策的了解程度。数据呈现的了解程度分布情况，与表 14 中呈现的了解程度保持高度的一致，有超过六成的创业青年表示对共青团的帮扶政策比较了解或者很了解，而近四成的创业青年表示对共青团的帮扶政策了解一点，或者不太了解甚至完全不了解。由此可见，无论是政府的优惠政策，还是共青团的帮扶政策，创业青年的政策获取能力都有待提高。

表 15　广州创业青年了解共青团在青年就业创业中的帮扶政策的情况

了解程度（单选）	人数	占比（%）
很了解	89	18.86
较了解	201	42.58
了解一点	92	19.49
不太了解	69	14.62
完全不了解	21	4.45
总计	472	100.0

除了调查数据显示了创业青年对政策的获取能力有待提高之外，座谈会的情况也直接反映创业青年在政策获取方面的不足。有座谈会创业代表表示，在创业过程中，团队成员都在各自负责的核心领域忙碌，而对于政府出台的相关政策，没有时间去获取和了解。也有创业代表表示，即使知道有政策的出台，但是由于对政策的理解能力有限，以及政策申请渠道比较狭窄，也很难获取到政策带来的福利。

（五）创业知识和能力有限

创业青年的自身素质，直接会影响到创业是否成功[①]。创业青年只有对自身的素质（主要包括知识储备和个人能力）有比较清晰的认识和定位，才能够通过学习等方式弥补自身的素质欠缺之处，提高自身创业的综合素质。

表 16 反映的是初创青年对自身的知识和能力的评价情况。数据显示，有 69.49% 的初创青年感到自身的知识和能力有限，自身的素质不足以支撑创业事业的需要；20.55% 的初创青年认为自身的知识和能力能够适应创业的需要；而只有 9.96% 的初创青年对自身的知识和能力没有比较清楚的认识。

表 16　初创青年是否感到自己的知识和能力有限

主观判断（单选）	人数	占比（%）
是	328	69.49
否	97	20.55
不清楚	47	9.96
总计	472	100.0

表 17 反映的是初创青年认为自身应该继续学习的内容，包括部分认为自身知识和能力足够适应于创业需要的创业青年。数据显示，有 309 名初创青年认为自己需要学习市场和技术前沿的信息，占比 65.47%，居于所有内

---

① 杨坚守：《高校大学生创业存在的问题与对策探讨》，《山西科技》2018 年第 1 期，第 83 ~ 85、99 页。

容的首位。有45.55%的初创青年需要学习与自己现在创业相关的知识和技术，29.24%的初创青年需要学习创业的相关知识，包括创业的途径以及青年创业的相关优惠政策。由此可见，初创青年需要学习的内容都是跟自身创业事业密切相关，且比较重要的方面。

表17 初创青年认为自己现在需要学习的内容

学习内容（多选）	次数	样本总数	占比（%）
创业的相关知识,包括创业的途径以及青年创业的相关优惠政策	138	472	29.24
与自己现在创业相关的知识和技术	215	472	45.55
基本的文化知识	46	472	9.75
如何运用计算机上网搜寻有用的信息	23	472	4.87
市场和技术前沿信息	309	472	65.47
其他	112	472	23.73

三 广州初创青年创业优惠政策需求

由于青年在初次创业过程中可能面临种种难题，包括自身能力的限制、外在资金、场地、人才等方面的资源获取等，针对创业青年可能面对的创业难题，国家层面、广东省和广州市层面都出台了相关的政策予以帮扶。通过调研发现，广州初创青年在创业过程中对金融、人才、税收等方面的优惠政策有比较强烈的需求。

（一）金融政策

如上所述，广州初创青年的创业资金来源主要依靠自己的积蓄和亲朋好友的支持，企业发展中的融资途径主要依靠银行及信用社贷款以及亲朋好友的借款，说明了初创青年在创业过程中面临着资金获取比较难的困境。市场中的金融机构是以营利为目的，在金融借款的过程中要采取比较严格的审批流程，申请企业贷款资格的设定条件比较高，而作为初创企业，在创业的开始阶段，一方面无力提供足够的抵押物；另一方面无法提供比较高的企业信用，因此金融机构不会轻易放贷。此外，正是由于初创企业融资的难度比较大，在很大程度上提高了融资的成本。对于金融机构而言，高风险必然需要高的回报率，这样只会是提高初创企业的融资成本。

在初创青年对创业经济环境的评价中，比较多的创业青年认为金融服务种类不足以满足青年创业的需求，在信贷市场化的程度比较低、有待加强以及资金调度自由方面也存在比较大的问题。这表明了初创青年对于当前金融方面的现状不满，以及对于金融政策的需求强烈。

（二）人才政策

调研中发现，初创青年在创业的过程中，常常会受到人才获取难和留用难的困扰。在参与此次调研的初创青年中，有81.57%的初创青年表示企业在发展过程中缺乏人才，只有18.43%的初创青年表示企业不缺乏人才。在企业获取人才的途径上，有82.63%的初创企业通过招聘外来人才的方式来弥补企业的人才欠缺，41.53%的企业通过培训、提拔内部员工的方式弥补部分岗位的不足。所以，为了弥补人才不足的问题，需要拓展和完善人才获取的渠道，需要政府相关部门在此方面给予一定的政策支持。

针对人才留用难的问题，究其原因在于一方面初创企业规模小、资金不足，无法提供相比其他企业具有优势的薪酬和福利待遇；另一方面，初创企业平台小，无法为有些志向远大的人才提供较高的施展抱负的平台。所以，对于初创企业来说，无论是人才的获取，还是人才的留用，都存在比较大的挑战。

（三）财税政策

初创企业与其他较为成熟的企业相比，最大的劣势在于规模小、生产成本高、难以在市场上形成有效的价格优势，进而带来诸多令初创企业难以维持的挑战。因此，在政策方面，需要针对初创企业的成本和价格方面的问题做出调整。而财税政策是一项能够给初创企业减免不必要开支的优惠政策，不必要开支的减少会相应地降低企业的生产成本，进一步提高企业在市场中的竞争力。

座谈会上有初创青年表示，希望能够在各级政府的政策支持下，为初创企业减免一些税收，这对于初创企业来说有着十分重大的意义，因为初创企业开始阶段对于资金的依靠程度比较高，在融资难度比较大的同时，也极为期望缩减部分开支，以此来应对资金不足的局面。而当前广州在财税方面已经有比较多的税收减免政策，可以供创业青年申请，但是有创业青年表示申请渠道不畅通，申请条件比较严格，往往会令人望而却步。因此，广州需要给予创业青年更多的财税政策，并完善获取政策的渠道。

除了上述三方面比较重要的政策之外，广州初创青年也希望政府相关部门能够在市场的准入门槛、创业专家的指导以及其他方面给予更多切实有效的优惠政策。

参考文献

陆佳媛：《初创企业融资问题的文献综述》，《经贸实践》2018 年第 3 期。

杨坚宇：《高校大学生创业存在的问题与对策探讨》，《山西科技》2018 年第 1 期。

B.5
创新人才体制机制，促进广州
发展动能转换

谌新民 *

摘　要： 面临新时代带来的一系列新挑战和新机遇，广州需要认识改
革开放以来发展动能转换的内在规律，以城市发展的战略定
位为基础，抓住创新人才体制机制这一"牛鼻子"，强化以
用为本的人才导向来创新人才激励机制，厘清政府与市场的
关系，大力发展人力资源服务业，使广州人才的数量、质量、
结构符合广州发展战略需求，为广州在新一轮跨越式发展中
提供优质的人才资源。

关键词： 人才红利　发展动能　激励机制　公共服务

改革开放以来，广州经济得到长足发展，社会治理体系日趋完善，作为
国家中心城市和华南地区枢纽，其地位日益巩固，这既得益于改革开放的政
策红利，也得益于广州充分利用了体制机制优势而获得的大量"人口红利"
和"人才红利"。面对日益激烈的区域竞争和自身聚集人才吸引力减弱的现
实，广州理应在人才体制机制方面大胆创新，重塑广州核心竞争力。

---

* 谌新民，经济学博士，华南师范大学人力资源研究中心主任、教授、博士生导师，广州市人
民政府决策咨询专家，研究方向为人力资源开发、配置与管理。

一 明晰人才发展定位，助力广州发展动能转换

广州在高速发展过程中，人才曾经发挥了十分重要的作用，不仅涌现了为人称道的"周末工程师"现象，也有全国的"孔雀东南飞"强有力地支撑，使广州在全国得到先行一步的大发展。当前，国内外人才竞争十分激烈，广州也正处在发展方式转换的关键时期，吸引人才的环境优势正在减弱，集聚人才的机制新优势尚不明显，留用人才的激励机制有待强化。经济社会发展所需的人才队伍大而不强，领军人才、高层次创新型人才不足，应用型人才也不能适应转型发展的需要，这些成为制约广州创新驱动发展的"瓶颈"。如何创新人才发展体制机制，再造广州聚集人才的新优势，成为影响广州创新发展的关键因素。

人才工作与一个区域的战略定位和发展战略高度相关，人才发展战略能否与之高度契合，将影响到发展战略实施及人才政策实施的效能。十八大以来，广州发展战略定位越来越清晰，这为广州人才发展战略指明了方向。中央对广州提出的发展要求，其中核心的一条是建设国家中心城市。中心城市所需要人才的数量、结构、变化趋势等都应该有什么特点，与其他城市有何区别，需要认真研究。

《广州市中长期人才发展规划纲要（2010—2020）》提出了广州人才发展的总体定位，特别是2016年初出台广州市《关于加快集聚产业领军人才的意见》（"1＋4"政策文件）以来，全力推进人才队伍建设，取得了可喜的成绩。然而，全国人才供求形势正在发生深刻变化，随着国家改革开放进程的深化，内地市场化、城镇化、工业化进程的加速，利用全国性人力资源以发展广州经济，以"人口红利"获得发展动能的机会正在减少，以劳动力成本获得竞争优势的时代已经过去。面对日益激烈的全球性和区域性竞争态势，广州如何再创新优势、广州进一步发展的动力源泉在哪里，为此，广州必须适时地实现发展动能的转换，从过去依靠政策优势、地缘优势、要素成本优势，实现依靠"人口红利"向依靠"人力资源红利"进而向依靠"人才红利""创新红利"转变。

二 厘清政府与市场关系，大力发展人力资源服务业

优良的政务环境是一个地方吸引人才、吸引投资、科学发展的最大优势。在人才工作中重视厘清党政部门与市场关系，实质上就是明确党政部门的主要职责是服务于人才发展，为人才充分发挥作用提供相应的环境和保障，促进市场主体充分高效地使用人才。党政部门在人才工作中不错位、不越位，才能真正做到不缺位、能补位，才能真正使人才的作用得到最大限度的发挥。

人才工作不错位就应该及时吸收人才理论优秀研究成果。近年来，国内外人才理论研究得到较快发展，在一些重要理论问题上取得进展，尤其在公共人力资源管理领域如何厘清政府与市场关系，在宏观层面促进人力资源的合理流动与优化配置，在中观层面通过系统合成提高人力资源管理效率，在微观层面通过体制创新激发人才的创新动力等。人才工作的不越位，要求党政部门处理好政府与市场主体关系；人才工作的不缺位，要求党政部门做好改善发展环境和人才服务的大文章；人才工作能补位，要求党政部门能够弥补市场自身缺陷，提供更多能够体现兼顾公平与效率的人才公共服务。

用人单位作为人才市场主体，在人才使用过程中具有直接责任，他们最了解人才的特点，最了解人才的应用价值，也是人才使用的最大获益者。当前，广州人才工作要特别强调放权松绑，遵循社会主义市场经济规律和人才成长规律，向用人主体放权，为人才发挥作用松绑，最大限度地激发人才创新创造创业活力。推动人才管理服务部门简政放权，清理规范人才招聘、评价、流动等环节中的行政审批和收费事项，消除对用人主体的过度干预。这将大大提高广州用人单位的积极性，真正体现单位用人自主权。

充分发挥人才市场主体作用，核心就是要大力发展人力资源服务业，这是广州人才发展及经济社会发展的重要支撑。当前，广州相关产业发展明显

落后于相关城市。例如，目前新三版上市的人力资源公司，北京市有 10 家，上海市有 10 家，深圳市有 5 家，而广州仅有 1 家。北京、上海、深圳均已经建设产值达几百亿甚至上千亿规模的人力资源服务园区，而广州人才服务大厦动议多年，至今还躺在员村地块晒太阳。广州人才政策中提出了大力扶持行业领军人才和领军团队，但政府部门没必要也不可以事必躬亲，具体服务工作还得靠相关专业公司来提供。要放心让相关人力资源服务公司从相关人才服务政策中获益，否则，人力资源服务业对广州人才工作促进作用的机制就会缺乏中间链条。可以预见，广州人才工作大发展之日，必定是人力资源服务业大繁荣之时。

三　强化以用为本导向，创新人才激励机制

十八大以来，中央高度重视人才工作，我们理解中央在人才工作中一以贯之的思路是以用为本。进一步强调以用为本的人才导向，才能为广州在人才工作中再创新优势明确方向。如何激发人才潜在能力服务于广州经济社会发展主战场？从提高人才激励的针对性进而提高人才产出效益方面，迫切需要提出有针对性的办法措施。

目前，广州人才使用政策方面问题，一方面是政策碎片化严重，各部门协调性不强，办事流程较烦琐，影响了政策效能的发挥；另一方面是对人才激励力度较弱，如税收优惠政策竞争力不强。在《关于广州市创业领军人才创业发展扶持办法的通知》中，规定领军人才在广州创业期间应纳税年收入 12 万元以上的部分，由市财政按其个人所得税额的在本市留成部分的 50% 补贴，每年最高补贴不得超过 30 万元，补贴期不超过 5 年。而重庆规定引进人才在本市工作并在本市缴纳个人所得税，地方留成部分实行前 5 年全额返还，引进人才在本市购买首套商品房用于个人居住的，免征契税。

广东针对科研经费"人员费"比例较低和设备采购流程复杂等问题，提出人力资源成本费一般不超过该项目经费的 40%，软科学研究项目和软

件开发类项目不超过该项目经费的 60%，劳务费预算和绩效支出不单设比例限制等利好政策，这些都是为了创造宽松的环境，使人才在实际工作中更好地发挥作用。又如通过实行科研成果股权激励、科研人员奖励性收入的税收优惠等，来保证和促进科技人才创新创业，促使他们投入经济建设主战场中。总的来看，这些政策必将为广州各类人才发挥更大的作用，提供重要的环境。

四　针对人才分类施策，关注公共服务差异化

广州在人才服务与管理方面，应将人才发展列为地方经济社会综合评价指标，实行人才工作目标责任考核，将创新人才队伍建设作为重点考核内容，考核结果作为领导班子评优、干部选拔任用的重要依据，真正将人才工程成为一号工程、一把手工程、一把手抓一号工程。在具体实施过程中又应注意到分类施策：一是既要对接中央，又要体现广州特色；二是既全市统筹，又体现区域特色；三是人才工作内容既照顾全面，又突出重点；四是人才公共服务既考虑基本公共服务均等化，又体现特殊人才服务的差异化。

广州独特的发展历程与状况，使得各区和各相关领域、行业发展存在明显差异，因而在制定人才服务和管理政策时应该承认差异，分类施策。如在人才评价激励保障方面，应该根据用人单位特性，在总量控制的前提下，大幅度下放职称和职业技能资格评审权限，推动高等学校、科研院所、新型研发机构、国有企业、高新技术企业、大型骨干企业等根据自身发展需要自主评审相应职称和职业技术资格。在企业人才股权激励和人才收入分配方面，给予用人单位更多自主权，政府并且通过税收优惠等措施给予人才实实在在的利益。

广州早于全国提出基本公共服务均等化以体现公平，但在人才公共服务方面则需要兼顾公平与效率，对于特殊人才给予适度差异化的人才政策以体现效率。既然在不同行业、用人单位和人才个体等方面存在差异，那么人才公共政策势必要有所不同。不同类型人才特点不同，目标也不同，有的更讲

求以公平为主，有的偏重效率，因而为他们提供的人才公共服务势必存在差异。

据一份关于广州人才问题调查问卷显示，人才留穗最看重的是发展机遇，多数人才之所以留在广州发展的主要原因是以个人发展前景为主，以生活服务的配套为辅。在穗高层次人才关注的生活问题，依次是子女教育、住房租房、医疗保障、配偶就业等，其中最关注子女教育问题。可见，广州人才服务的特点和亮点，应该体现差异化，将用人自主权下放到各单位后，因人施策的政策效能才能渐次体现出来。在今后的人才工作中，研究人才公共服务差异化的细致性政策，将成为重要内容之一。

参考文献

《关于深化人才发展体制机制改革的意见》，中发〔2016〕9号。
《关于进一步完善中央财政科研项目资金管理等政策的若干意见》，2016年7月中办、国办印发。
《关于我省深化人才发展体制机制改革的实施意见》，粤发〔2017〕1号。
《广州市中长期人才发展规划纲要（2010—2020）》。

B.6
激发广州民间投资活力的对策建议

广州市工商联课题组*

摘　要：　本文首先对广州历年民间投资增速进行了对比，然后分析了部分民营企业不敢投、不愿投、往外投、不懂投、没钱投、不好投、无处投的原因；在此基础上，提出促进广州民间投资的措施建议。主要建议：优化营商环境，吸引外地民企投资落户，包括优化营商环境，实施靶向招商，吸引新的民间资本汇聚落地；增强发展信心，激发本地民企投资热情，包括健全领导干部挂点联系民企制度，加强相关民间投资政策细则的推送和辅导；消除隐性壁垒，畅通民间投资渠道，包括拓宽民间资本实际进入领域，大力推动民间投资参与PPP项目，支持民间资本参与三旧改造和民生事业，凝聚共识稳步推进国企混改；推动企业转型升级，深挖民企投资潜力，包括引导民营企业在优化发展、并购重组等方面加大投资，帮助规避外地投资风险；健全保障机制，释放民企投资活力，包括进一步解决民企融资难题，强化土地要素保障，完善投资服务体系等。

---

* 本课题为广州市工商联年度重点课题。课题组组长：董延军，广州市委统战部常务副部长，市工商联党组书记、常务副主席，研究方向为非公经济发展与新形势下的统战工作；副组长：余剑春，市工商联党组成员、副主席，研究方向为民营经济转型升级。课题组成员：赵建勤，市工商联调研信息部部长，研究方向为非公有制经济；王禄超，工学博士，市工商联调研信息部副部长，研究方向为数理经济学、区域经济发展模型与创新理论；刘彩婴，市工商联调研信息部主任科员，研究方向为民营企业品牌建设与商业模式；侯雪刚，市工商联调研信息部副主任科员，研究方向为民营经济人力资源管理。

关键词： 民间投资 资本汇聚 广州

为贯彻落实党的十九大报告提出的"支持民营企业发展，激发各类市场主体活力"和"深化投融资体制改革，发挥投资对优化供给结构的关键作用"的要求，广州市工商联成立了专题调研组，了解情况、分析原因、提出对策。

一 广州民间投资下滑情况

"十二五"时期，广州民间投资呈现快速增长势头，总量达8293亿元，占全市固定资产投资的37.8%，与国有投资、外商投资相比，其规模最大、增速最快（年均增长近30%）、比重最高，快速成长为广州固定资产投资的主力军。但近一年来，广州民间投资进入了下行通道，情况不容忽视。当前，广州民间投资下滑情况表现如下。

（一）民间投资下滑的速度和幅度较大

广州民间投资增速在2015年达到峰值35.8%后，开始进入下行通道（见图1）。民间投资增速从2016年1~3月的31.4%、2016年1~4月的15.7%、2016年1~12月的5.3%、2017年1~6月的0.3%，到2017年1~9月的-1.5%，首次出现负增长。

从全市固定投资增速的贡献看，民间投资增速的下滑幅度不断扩大。2015年民间投资增速比全市固定投资增速高25.2个百分点，达到峰值。2016年上半年仅比全市固定投资高5.5个百分点，2016年全年比全市固定投资低2.7个百分点，2017年上半年比全市固定投资低8.3个百分点，与全市固定投资增速的差距进一步拉大。

（二）增速和比重低于全省全市

从投资增速来看，2017年上半年广州民间投资增速明显低于全国、全省及部分兄弟城市增速，广州的民间投资额占固定资产投资额比重为44.33%，处于中游水平（其中占比较高的有全国60.7%，广东62.0%，天津65.3%，佛山67.5%，东莞68.3%）（见表1）。

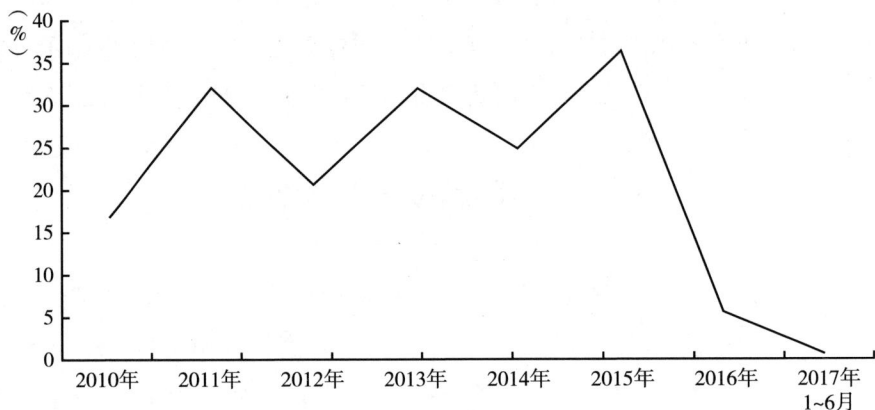

图1　2010年至2017年上半年广州民间投资同比增速

表1　2017年上半年广州与全国全省、兄弟城市民间投资对比情况

地区	民间投资额（亿元）	同比增速（%）	占固定资产投资额比重（%）
全国	170239	7.2	60.7
广东	9664	13.4	62.0
广州	1017.27	0.3	44.33
深圳	1074.90	23.5	51.9
佛山	1227.01	22.3	67.5
东莞	486.58	5.2	68.5
珠海	359.13	14.6	47.2
北京	1071.9	4.1	30.0
上海	1165.25	14	39.0
天津	4786.6	14.5	65.3
杭州	1413	10.4	55.5

（三）投资行业分布不平衡

从2017年上半年数据看，广州民间投资分布在17个行业中，其中

85%左右的投资集中在房地产业、批发和零售业、制造业（见图2）。从增速来看，房地产业增长9.5%，占全市民间投资的73.53%，增长势头尚好；但批发和零售业（-29%）、制造业（-40.6%）表现不佳。从其他行业来看，增长较快的行业有信息传输、软件和信息技术服务业（增长319.5%），卫生和社会工作（增长150%）以及公共管理社会保障和社会组织（增长122.8%），但三者占全市民间投资比重仅为4.88%，因此对民间投资拉动还不够大。负增长的行业有10个，跌幅较大的分别是住宿和餐饮业（-54.1%），租赁和商务服务业（-47.4%），电力、热力、燃气及水生产和供应业（-33.7%）。

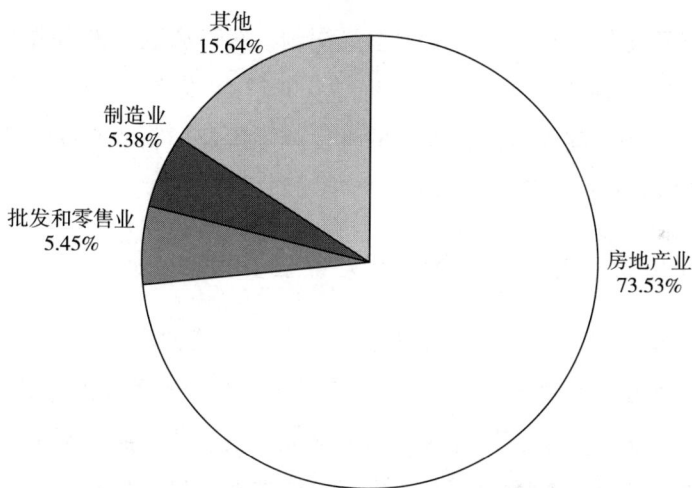

图2　广州2017年1~6月民间投资行业构成

（四）实体经济投资下降幅度较大

2016年广州民间投资的批发和零售业下降19%，制造业下降18.4%。2017年上半年，这两个主要实体经济领域的民间投资又进一步加速下滑，批发和零售业投资达-29%、制造业投资达-40.6%，实体商贸业、实体制造业等实体经济领域中民间投资的下降对广州下一步发展的影响不容忽视。

二 广州民间投资下滑的主要原因

造成广州民间投资下滑的原因是多方面的，这既与经济发展进入新常态、经济周期的规律作用、民间投资基数过大、传统产能过剩、投资机会相对较少、部分数据未能纳统有关，也与一些民营企业创新能力不强、对经济新常态适应不够有关，还与信息不对称、政策落实不到位、整体投资环境仍需改善密切相关。具体表现如下。

（一）预期存在不确定性，部分企业不敢投

民间投资主体对经济下行压力感受深刻，对市场变化更为敏锐，对经济形势和投资收益预期不明朗，趋于谨慎。2017年上半年，受实体经济不景气的影响，过去民间投资占据大头的批发和零售业、制造业投资额分别大幅下降29%和40.6%，影响了全市上半年民间投资增速。

（二）传统产业转型升级，部分企业不愿投

广州民间投资主要集中在房地产业、批发零售业和制造业等传统产业。以2016年为例，民间投资在上述三个行业的投资额占民间投资总额的82.7%。由于传统产业转型升级、新旧动能转换、社会需求不足等原因，民间资本投资传统产业的意愿不高。在部分制造业、信息传输、软件和信息技术服务业、卫生和公共事业等领域，虽然市场潜力大，社会需求旺，投资收益高，但由于存在准入门槛等因素，这些领域民间投资的潜力还未得到充分释放。

（三）承接产业转移影响，部分企业往外投

由于土地物业成本高企、人力资源费用攀升、金融与资本市场支持不足等原因，广州部分民营企业将产能外迁。一是企业将总部、研发中心迁往境内其他地区。北京、上海等地凭借新兴经济更发达、融资渠道更丰富、高端

人才更汇聚等优势，吸引了部分知名企业外迁。二是企业将生产制造环节迁往境内欠发达地区。欠发达地区的土地和人工成本优势突出，招商引资及政策优惠方面力度较大，同时还有产业园区集群规划初具规模等优势，吸引了部分民营企业将产能外迁。三是国内整体成本上升，个别企业向境外转移。客观上，国企投资、外企投资在各区年度用地指标等方面挤占了民间投资空间的情况是存在的。这种挤出效应往往会加速民营企业向境外产业布局的步伐。

（四）政策信息的不对称，部分企业不懂投

相当部分民企在调研中反映，目前政策信息不对称的问题比较突出，企业对获取政策信息的便捷程度不太满意。表面上看这是政策落地的问题，实际上是一种"双盲"，即企业不知道政府的政策是否适用于自己，政府也不知道企业的情况是否符合政策优惠的条件。目前政府支持企业发展的政策种类很多，但符合这些政策的条件比较复杂，有时要享受一项政策需要各种认定和审批，形成新的负担。信息的不对称形成"信息孤岛"效应，导致部分企业不懂得如何投资。

（五）融资难融资贵依旧，部分企业没钱投

目前，银行更愿意把资金贷给政府融资平台和国企，对民间投资主体贷款趋于谨慎。据我们对民间投资主体的问卷调查显示：绝大多数民企难以获得信用贷款，投资资金来源主要依靠自有资金、抵押贷款和民间借贷，融资要求条件较多、成本较高。民营银行在支持中小微企业方面具有天然的信息对称优势，有利于破解民企的融资困境，对拉动和促进民间投资有积极作用。但截至目前，银监会批复筹建的 17 家民营银行（15 家已经开业），广州于 2012 年计划筹备的"花城银行"仍未获批，民营银行组建之路艰辛而漫长。

（六）营商环境还需优化，部分企业不好投

过去广州的营商环境较好，但现在的优势相对弱化，营商环境改善速度

落后于一些江浙城市，在营商氛围、审批效能等方面还存在改善的空间。一是法治化营商环境还需大力营造。法治是社会主义市场经济建设的基石，是民间资本自由流动的重要保障。广州的直接生产成本虽然较高（如人工成本较高），但由于有比较完善的法治环境，交易成本可大大降低，因而可以成为吸收外来投资、吸引高级人才的热土。长期以来，市委、市政府高度重视法治化营商环境建设，但个别基层镇街、村社对打造法治化营商环境的工作重视程度不够，甚至还出现侵犯民营企业权益的情况。二是民营企业固定资产投资项目审批效率不够高。固定资产投资项目，特别是建设工程项目审批进度仍然缓慢，各部门业务系统相对独立缺乏关联。如：某项目的规划、用地等前期工作已由政府指定单位先行办理，民营企业中标后在参与投资的过程中，规划、用地批文却难以调整到民营企业名下，在报建时就出现报批主体不一致问题，产生不少麻烦。又如：项目竣工要报批，要求有一个地名，但地名的审批较其他城市复杂，资金密集型项目往往要为此付出极高的利息成本等。

（七）投资渠道不够通畅，部分企业无处投

"非禁即入"原则，在实际落实中情况并不理想，即使是现已开放的民间投资渠道也"通而不畅"。一是在吸引民间投资参与PPP项目方面还需加强。财政部2017年2月16日发布的全国PPP综合信息平台项目库第五期季报显示，截至2016年12月末，277个落地示范项目的签约社会资本信息已入库，签约社会资本共419家，其中民营企业163家，占比39%。而从广州发改部门提供的情况看，广州2016年三十几个落地的PPP项目中，民间投资的仅为两个，PPP项目偏爱国企资本的问题突出。与全国民间资本参与PPP项目的情况比较，广州在这方面的潜力还很大。二是民间资本在参与"三旧"改造方面还有较大空间。截至目前，广州已批复实施改造的城中村项目42个、用地面积21平方公里。2009年以来，仅完成城中村改造8个，尚不足20%，进度显然还不够快。同时，还普遍存在审批难、征拆难、统筹难等问题，影响了民间资本参与"三旧"改造的深度、广度和力度。三

是在办医办学等社会事业方面，民间资本准入难。医疗、教育、养老、文化、体育设施等领域，社会需求较大，民间投资热情较高。这些领域虽然未对民间投资明确设限，但由于没有具体的实施细则，企业仍然难以进入。部分企业家反映"即使要办个幼儿园也是困难重重""门槛较高的领域至少还是有一个门的，但缺乏实施细则的领域就等于连门都没有了，没有门的情况下，只能拼爬窗的本事了"等。统计数据显示，近4年来，广州卫生和教育等行业的民间投资所占比重均在1%以下，明显低于民间资本在这些领域的投资热情，民间资本在这些领域的投资困难还是不小的。

三 促进广州民间投资的措施建议

鼓励和加大民间投资对于广州建设国家重要中心城市上水平具有重要的作用，促进民间投资平稳快速发展，需要多管齐下，综合施策，在全面推动广州"民营经济20条"落实落地落细方面下功夫。

（一）优化营商环境，吸引外地民企投资落户

一是完善优化营商环境的顶层设计。建立市区两级优化营商环境的统筹协调机构，将涉商部门全部纳入其中，定期召开协调会议，对各部门已有的政策文件进行统一清理，对不符合当前实际和未来发展的部分予以废除取消。2017年省政府向广州调整下放120项行政职权事权，广州应及时组织、督促各区各部门认真承接好这些省级管理权限，加快推进相关领域的改革，推动营商环境建设迈上新的台阶。二是推动法治化营商环境建设上新水平。大力营造法治化营商环境，坚持有错必纠的原则，甄别纠正一些个案，重点解决一些反映强烈的共性问题。进一步完善赔偿、投诉和救济机制，畅通投诉和救济渠道，建立健全政府失信责任追究制度及责任倒查机制，保护民营企业的合法权益。三是推动市场化营商环境建设上新水平。以深化商事制度改革、强化事中事后监管为主线，以简政放权、放管结合、优化服务为抓手，提升市场化便利化营商环境。深化"放管服"改革，借鉴浙江"群众

和企业到政府办事最多跑一次"的理念和目标，厘清政府行政权力清单，完善各区各部门信息共享互认机制，降低交易成本，放宽市场准入条件，真正消除各种阻碍民间资本公平参与竞争的壁垒。四是推动国际化营商环境建设上新水平。建立与国际投资和贸易通行规则相衔接的制度体系，积极对接国际通行规则，在打造廉洁型、效能型和服务型政府方面不断努力，发挥南沙国家级开发区、自贸试验区等多重顶级功能区叠加的政策优势，加大供给侧结构性改革力度，扩大与大湾区城市、"一带一路"沿线国家和地区的合作，打造高水平国际化营商环境示范区。五是实施靶向招商，构建全市大招商格局。吸引更多外地民营企业来广州投资，把广州建设成为本地企业发展的沃土、外地企业向往的热土。重点瞄准知名民营企业，特别是全国民营企业 500 强和知名高新技术企业，加强与企业高层的联系和项目信息对接工作，狠抓重大项目落地，完善重大项目统筹流转和利益分享机制，落实招商引资重大项目保障机制，加快推动重大项目落地投产。实施"粤（穗）商回归工程"，以在外粤（穗）企业为主体，以"乡情、亲情、友情"为纽带，鼓励和吸引在外粤（穗）商人回乡投资创业，在产业导向、政策牵引、效益评估、乡情感召上形成独有的机制和特色，提升引资品位和实效。

（二）增强发展信心，激发本地民企投资热情

一是积极弘扬企业家精神。认真贯彻国务院《关于营造企业家健康成长环境 弘扬优秀企业家精神 更好发挥企业家作用的意见》，各级各部门要充分认识民营企业家的重要地位和突出贡献，切实找准贯彻文件精神的定位和方向，形成共识和合力，把企业家形象亮出来、把企业家精神扬起来，让企业家在社会上有地位、政治上有荣誉、经济上有实惠、法律上有保障。加强企业家教育引导，实施企业家培育工程，增强企业家扎根广州发展的信心，激发企业家创新创业热情，鼓励引导更多民间资本参与广州基础设施投资项目等方面的建设，把企业家推上新的事业高峰。二是健全领导干部挂点联系民企制度。以"强化服务措施、促进企业发展、激活民间投资"为目标，以帮助企业协调解决制约发展的困难和问题为重点，通过建立市各级领

导联系市本级民营企业制度，进一步密切与企业的联系，增强服务企业的主动性、针对性和有效性，促进民营经济平稳健康发展。各级领导通过走访、座谈等多种形式深入企业，坚持调查研究与现场办公相结合，对企业提出的合理意见和要求，能够解决的马上解决；需要转相关职能部门办理的，立即报相关领导审批后限期督办。同时加强反馈工作，及时向企业告知办理结果，争取企业的理解与支持，提振企业扩产增资的信心和决心。三是加强相关民间投资政策细则的推送和辅导。对制定出台的新政策，提高其配套性和可操作性，增强政策获得感。坚持鼓劲宣传和正面宣传相结合，集中宣传与长期宣传相结合的原则，大力宣传促进民间投资的系列政策，大力宣传各区各部门促进民间投资的好经验好典型，大力宣传民营企业家对广州促进民间投资工作的积极反响，营造良好舆论氛围。加强学习、培训，使广大干部熟悉和掌握促进民间投资政策的有关内容。进一步加强政策推送工作的精确度，送策入企、深入解读、深入开展对企业家的宣传辅导，通过宣讲、咨询、培训、提供方案建议等多种途径解读政策，帮助企业家准确理解和切实用好各项政策。

（三）消除隐性壁垒，畅通民间投资渠道

一是拓宽民间资本实际进入领域。下决心落实"凡是能够吸引民间投资来干的事情政府就应该退出"的原则，正视国企投资的挤出效应，针对相关行业和领域存在的准入难问题，尽快制定或修订鼓励和引导民间投资进入相关细分领域的方案和措施。二是大力推动民间投资参与PPP项目。要求相关行业主管部门积极探寻植入PPP模式，创新进入途径，采取股权出让、组建投资基金、项目业主招标、特许经营权转让、统一规划项目分解、综合补偿、合理确定PPP项目规模、邀请民营企业界共同参与PPP项目前期策划设计等办法，畅通民间资本进入渠道，重点推进交通领域、市政公共设施领域和社会事业设施领域开展PPP项目合作。加强PPP模式顶层设计，加快特许经营立法的进程，规范PPP模式推广应用及监管制度，构建合理有效的投资回报机制，吸引民间投资广泛参与公共产品、公共服务等领域的

建设运营，大力推动方便民间资本参与的 PPP 项目落地。制定一系列配套扶持政策，明确 PPP 项目经认定后可进入"绿色通道"，按规定享受优先审批等政策；明确符合现行政策的 PPP 项目公司，享受广州总部经济的优惠政策，并优先上报争取中央资金投入等支持；明确在融资方面，全面支持 PPP 项目与银行、担保机构的合作，支持项目公司采用股权、债券等多种融资方式，并且支持 PPP 项目公司利用国际金融组织、外国政府贷款，以及全国社保基金、保险资金等；明确经本级政府批准，PPP 项目特许经营权可用于向金融机构进行质押融资等。三是支持民间资本参与"三旧"改造。通过科学编制和有效实施"三旧"改造相关规划，加快"城中村"改造步伐，推动干净整洁平安有序城市环境建设；进一步简化手续、减少环节，加快改造进度；支持民企在符合规划的前提下，对其自有旧厂房进行改造和开发，需要改变土地用途的，也给予一定的优惠和让利。四是鼓励民间资本参与医疗、教育、养老等民生事业。加大土地、税费等扶持力度，尽快出台鼓励和引导民间资本参与医疗、教育、养老、旅游等融合发展的措施细则和实施方案；进一步放宽准入，对社会领域民办服务机构实行并联审批，不得互为前置；用好国家关于"旧厂房、仓库改造为文化、健身场所的，可在五年内享受按原用途和类型使用土地"；"社会领域民办服务机构享有水电气热收费和税收优惠"等新政策。

（四）推动企业转型升级，深挖民企投资潜力

一是引导民营企业在优化发展方面加大投资。鼓励和引导民间投资积极参与新兴产业发展，在用地、融资、人才等方面给予更大支持，支持民间资本参与广州各类产业基金的设立，鼓励民营企业加大产业升级和技术改造力度。对于已经引进的重点民营企业，鼓励其加快增资扩产和并购重组，加快提升企业总部职能。二是引导民营企业在集聚发展方面加大投资。提高民间投资集聚发展水平，鼓励民间投资向各类园区集聚，引导民间投资围绕特色产业、优势项目加大投资力度，在园区内形成要素互补、产学研互动、上下游配套的联动发展格局。对到集聚区投资的民营企业，产业发展引导资金优

先支持，项目用地优先纳入土地利用年度计划。三是引导民营企业在创新发展方面加大投资。鼓励民营企业投资加大自主创新，培育更多的科技型、创新型民营企业。鼓励民营企业加大研发投入，科技创新专项引导资金给予倾斜，推动民营企业在相关领域掌握一批拥有自主知识产权的核心技术。鼓励民间资本投资建设各类研发机构，集聚创新资源，增加技术储备。支持民营企业进行科技成果转化，加快创业孵化、科技咨询等科技服务机构发展，为民营企业科技成果转化提供支持。加强产学研联合，支持民营企业充分利用各类技术转移和科技成果对接平台，加快科技成果转化与产业化。鼓励民营企业投资开发新产品，加快实现产品更新换代。四是引导民营企业在并购重组方面加大投资。鼓励有条件的民营企业，充分利用自身品牌、技术及管理优势，采取兼并收购、战略联盟、相互持股等多种形式，对技术落后及经营困难的企业进行并购重组。支持民间资本以股权认购、参与改制重组、开展合资合作等方式参与混改，支持有条件的市属企业在母公司层面引进民间资本。五是帮助民营企业在外地投资中规避风险。支持民营企业特别是上市企业，通过资本市场募集资金，抄项目底、技术底、企业底，围绕产业链上下游开展并购，加快向高科技和第三产业领域进军。有关部门要及时预警去产能和去库存领域的风险，规避外地投资的不确定性；争取国家有关部委支持，减少海外投资纠纷与摩擦，增强民营企业海外维权能力，建立行之有效的民营企业海外维权援助机制。

（五）健全保障机制，释放民企投资活力

一是进一步解决民企融资难题。把大力解决民企融资难题摆到突出位置，充分发挥财政资金的带动和放大作用，完善中小微企业融资机制，建立政府、银行、保险公司、企业多方合作的风险补偿机制，引导银行机构加大对中小微企业的信贷支持，多措并举帮助民营企业解决融资难、贷款难问题。引导金融机构开展金融产品创新，增加民营企业贷款种类，提高大中型银行对民营企业的信贷比重。市属金融机构要对参与重组的民营企业在发行股票和企业债券、票据融资、贷款授信等方面给予支持，对不良债务回购等

予以优惠。对于具备能力、符合资格的民营企业等大型骨干企业，鼓励他们尝试设立各类金融机构，推动和支持"花城银行""花城创投""花城保险"等系列项目尽快落地。二是强化土地要素保障。抓好土地规划等的衔接，为长远用地奠定基础；继续深入开展闲散土地整治，争取一批土地开发整理项目，拓宽用地思路，拓展用地空间，寻求增加建设用地途径，谋划一批大项目、好项目，争取"戴帽"用地指标。对民间投资战略性新兴产业、总部经济、城市综合体等项目用地，优先纳入年度土地供应计划。三是完善投资服务体系。加大对投资项目的服务工作力度，按照改扩建项目与新建项目区别对待的原则，结合不同行业企业情况，改进环评管理，简化环评内容或降低环评类别，完善改扩建项目环评管理。以更大力度优化投资项目审批，按照"流程最优、环节最少、时间最短、服务最佳"的要求，简化审批手续，提高行政效率，建立健全民间投资服务的长效机制。

B.7
增城区创新驱动发展报告

杨超伟　刘镇坤　朱建辉*

摘　要： 随着国家创新驱动发展战略的深入实施，珠三角国家自主创新示范区、粤港澳大湾区、穗莞深科技创新走廊等重大战略全面部署，广州加快建设国家重要中心城市、"三中心一体系"与"三大枢纽"，增城区在构建开放创新生态、实现转型升级方面将迎来多重战略机遇。本文重点分析了增城区创新驱动发展的主要成效、存在问题以及面临的战略机遇，结合了增城区发展实际提出创新驱动发展的对策建议。

关键词： 创新驱动　区域创新生态　增城区

前　言

随着国家创新驱动发展战略的深入实施，珠三角国家自主创新示范区、粤港澳大湾区、穗莞深科技创新走廊等重大战略全面部署，广州加快建设国家重要中心城市、"三中心一体系"与"三大枢纽"，增城区在构建开放创新生态、实现转型升级方面将迎来多重战略机遇。富士康第10.5代显示器全生态产业园区、中国汽车技术研究中心华南总部基地等一批高端、高质、高新

---

* 杨超伟，广州市增城区发展改革和金融工作局，副主任科员，研究方向为区域经济学；刘镇坤，广州市增城区发展改革和金融工作局，副主任，研究方向为产业发展；朱建辉，广州市增城区发展改革和金融工作局，总经济师，研究方向为产业经济学。

项目顺利推进，地铁 13 号线于 2017 年 12 月成功通车，地铁 21 号线、广州东部交通枢纽等重大基础设施建设提速，为增城区进一步深化创新驱动发展带来多重利好。但不可忽视的是，增城区企业主体创新能力薄弱、创新资源缺口较大、创新环境不够优化等问题依旧突出。为进一步推进创新驱动战略的实施，今后必须牢牢把握新机遇，厚植特色优势，加快围绕新一代信息技术、汽车及零部件等重点产业，引进与培育创新型企业主体，集聚人才、资金等资源要素，优化创新支撑环境，构建充满活力的开放式区域创新生态，力争打造广州东部创新驱动发展的主引擎，努力建设成为穗莞深科技走廊上的关键节点。

一 创新驱动主要措施和成效

近年来，增城区高度重视创新驱动发展，坚持把创新作为引领发展的第一动力，按照省市部署要求，认真学习上级有关文件精神，积极研究，主动谋划，围绕广州建设国家重要中心城市、"三中心一体系"、"三大枢纽"等战略部署，加快推进创新驱动发展战略，大力引进培育高新技术企业，加快国家自主创新示范区广州增城分区建设，推动科技与平台、产业、人才、金融结合，不断优化创新创业环境，促进全区经济社会持续健康发展。

（一）创新驱动发展政策不断完善

在全面落实国家、省、市创新驱动发展政策的基础上，出台"1 + 4"科技政策和"1 + 3"人才政策，涵盖企业创新能力、科技成果转化、源头创新、创新创业环境四大板块，对高新技术企业培育、创新平台建设、孵化器发展、科技金融结合、专利资助、引才育才、聚才用才等多方面给予大力扶持，加大财政科技经费投入，激发创新活力，进一步集聚创新要素，优化创新创业环境。

（二）高新技术企引进扶持力度加大，创新型产业集群加快培育

近年来，增城区高企引进扶持力度不断加大，出台了《增城区科技创

新资金管理办法》，2016 年全区新认定的高新技术企业达到 80 家，同比增速高达 135.6%，达到 139 家；新增市级科技小巨人企业 44 家，比 2015 年翻了一番，达到 77 家。2016 年成功引进先进制造业项目 30 项，计划总投资 797 亿元，特别是随着富士康第 10.5 代显示器全生态产业园区、中汽研华南总部基地、珠江科技产业园、华电冷热电三联供、宝盛视光科技产业基地等优质项目的落地建设，科技创新动能、后劲明显增强。通过加快培育创新型产业集群，抢抓粤港澳大湾区城市群和广深科技走廊发展的重大历史机遇，积极对接广州"IAB"和"NEM"产业的招商规划，依托富士康科技小镇，加大对新一代信息技术产业项目招商力度，打造新一代信息技术千亿级产业集群。

（三）科技服务机构、创新人才加快集聚，知识产权工作不断优化

大力开展"科技＋"促进工程，集聚新一代信息技术、汽车等产业领域研发机构 364 家，其中省工程技术研究中心 5 家。成立南粤基金、华侨华人创新创业引导基金、增城区科技企业孵化器天使投资引导基金、广州珠江基金等四大风险投资基金。建设了广州中小微企业金融服务区，累计引进 70 多家金融机构进驻；建设了高层次人才引进服务中心、高层次人才创新创业基地等发展平台，出台了《增城区关于加快产业集聚高层次人才的实施意见》等"1＋3"系列政策，累计引进院士 2 人，"千人计划"专家 7 人，国家杰出青年科学家 1 人，广州市高层次人才 3 人，拥有各类区级优秀人才 40 余名；出台了《增城区知识产权专利发展资金管理办法》，加大对专利资助的力度，构建国际华侨华人知识产权投融资服务中心，2016 年全区申请专利 2293 件，其中发明专利 522 件，增速高达 113.8%，位居全市第一；获授权专利达到 1068 件，同比增长 35.7%。

（四）孵化载体建设步伐加快

截至 2016 年底，增城区建成科技企业孵化器 4 家，总孵化面积达到 16 万平方米。此外珠江国际智能产业园、宝盛视光科技产业园等 12 家创新平

台正加快建设。同时，加快国家级增城侨梦苑发展，围绕打造"苗圃—孵化—加速—产业化"全链条的创新创业服务平台，建设了8000平方米的华侨华人创新创业孵化总部基地，其中1000平方米为综合服务中心。

（五）打造广州国际汽车高端零部件产业基地增城园区

以汽车产业生态化、技术创新产业化、品牌全球化为主要目标，致力于将广州国际汽车高端零部件产业基地增城园区打造成发展创新型的汽车零部件产业基地。园区依托广汽本田增城工厂、北汽广州公司两大整车厂，围绕产业链条、新业态、新服务、新模式，引进高成长性优质汽车零部件项目。

二　创新驱动存在的主要问题

近年来，增城区加快推进创新驱动发展战略，在集聚高企和科技服务机构等创新主体、吸引人才等创新资源、优化知识产权、创业孵化等创新环境方面取得较大进步，但由于在创新驱动发展方面起步相对较晚和历史科技投入不足等方面原因，增城区创新驱动发展仍处于相对落后的阶段。

（一）创新主体活力不活跃，成为制约创新驱动发展的最大瓶颈

一是龙头企业、科技型企业少，无法有效引领产业创新发展。上市企业和龙头企业数量少，带动能力弱。截至2016年底，增城区拥有上市企业5家，全区产值超过百亿元企业仅有2家，其中，江铜铜材技术创新能力较弱，近两年没有专利产出。广本汽车的核心零配件依赖日本进口，不能有效带动增城区汽车零配件产业高端化发展。二是高新技术企业数量少，现有企业对研发重视程度低。目前，增城区拥有高新技术企业139家。2016年全区建立研发机构的企业仅占15.4%，不仅远远落后于广州开发区的44.1%，也低于全市28.8%的平均水平。三是科技中介服务体系建设滞后，国家级研发机构仍为空白。目前，增城区拥有省级以上研发机构20家，拥有市级及以上企业研发机构90家，仅有2个公共技术服务平台。

（二）支撑产业发展的创新人才缺乏，创新投入、科技金融机构少

一是各层次的创新人才都相对缺乏，创新型人才、高技能人才占比较低，难以适应产业创新升级发展要求。2016 年，增城区共引进院士 2 名、国家杰出青年科学家 1 名、"千人计划"专家 7 名、广州市高层次人才 3 名。目前，就业人口中以中低端人才为主，2015 年增城区每万名从业人员中 R&D 人员数量 73.96 人，远落后于全市平均水平（147.87 人/万人）；2016 年全区拥有技能人才 20 多万人，但高技能人才仅占 2% 左右。二是创新资金投入少，科技金融机构少、服务体系尚不完善。2016 年，增城区全社会 R&D 投入额为 22.81 亿元，占 GDP 比重为 2.18%，企业 R&D 经费支出 21.98 亿元；现有基金规模、金融机构数量跟广州开发区相比存在较大差距。目前，增城区成立了四大风险投资基金，在广州中小微企业金融服务区集聚各类金融机构十多家。而广州开发区备案的股权投资机构近 60 家，基金管理规模达到 200 亿元。

（三）产业核心竞争力不强，创新型产业规模较小

一是产业核心竞争力不强，专利总数、技术市场成交合同额低，创新型产业产值小。2016 年增城区申请专利 2293 件、授权 1068 件，其中发明专利的申请、授权数量分别仅为 522 件、84 件，2015 年增城区实现技术市场成交合同金额 0.12 亿元，远低于广州开发区的 53.84 亿元、南沙区的 0.4 亿元。

二是新一代信息技术、装备制造业、大健康、新材料等创新型产业规模较小。2016 年共实现工业总产值 249.3 亿元，占全区规上工业总产值的 16%，对全区的产业规模贡献较小。其中，2016 年新一代信息技术产业、装备制造产业、大健康产业分别实现规上 37.20 亿元、122.95 亿元、43.48 亿元，富士康第 10.5 代线项目怡翔制药和博济医药等重大项目正处于建设期，尚未发挥产业带动效应。

（四）创新支撑体系基础薄弱，开放式创新能力亟须加强

一是创新政策相对不完善，政策覆盖面较窄、针对性弱、支持力度小。增城区出台"1＋4"科技创新政策以及产业高层次人才"1＋3"政策，而广州开发区（黄埔区）形成了"1＋7"科技创新政策和"1＋9"人才支持政策，南沙区也出台了4个主要科技创新政策、1个人才政策和"1＋1＋10"产业政策。在政策兑现方面，增城区政策兑现采用一事一议的方式完成，而广州开发区先后建立了政策兑现服务"一门式"办理流程、政策兑现服务微信公众号等。二是针对新兴产业领域的专业性孵化器空缺，现有孵化器运营水平低。在增城区现有4家市登记孵化器中，没有一家是新一代信息技术、大健康等战略新兴产业领域的专业孵化器。孵化器以提供厂房及办公环境、配套设施、商务服务等基础服务为主，缺乏创业辅导、投融资对接、资源链接等深度孵化服务，在孵企业数量、毕业企业数量等指标也不能满足国家级和省级孵化器培育、认定标准。三是开放式创新水平低，缺少与创新高地的资源对接。增城区缺乏与深圳、中关村、张江等国内创新高地之间的常态化交流合作机制，对尖端技术、领军人才、国际资本等高端创新资源的链接和配置能力有待加强。创新资源导入手段有限，缺少产业联盟、新型研发机构、技术转移机构等市场化、社会化的资源对接平台和创新平台。

三 增城区实施创新驱动发展战略的机遇与优势

粤港澳大湾区、穗莞深科技创新走廊建设等国家、省市重大战略的深入推进，为增城区推进创新转型，提高发展质量和效益带来难得机遇。

（一）在创新驱动发展重大战略中抓机遇、求作为、寻动力

国家深入实施创新驱动发展战略，"中国制造2025""互联网＋""大众创业、万众创新""一带一路"等重大战略举措成为我国经济转型和保增

长的新引擎。增城区应主动在国家重大战略中抓机遇、求作为、寻动力，加快链接全球高端资源，依靠创新驱动打造发展新动能、培育新的经济增长点。

（二）创新驱动发展战略为增城区开展区域协同创新开辟新空间

粤港澳大湾区上升至国家战略，穗莞深科技创新走廊深入推进，为增城开展区域协同创新开辟新空间。2017 年 4 月，习近平总书记对广东提出"四个坚持、三个支撑、两个走在前列"要求，省委、省政府把创新驱动发展作为转型升级的核心战略和总抓手，围绕国家科技产业创新中心的总定位，持续深入推进高新技术企业培育等重大举措，建设珠三角国家自主创新示范区，打造粤港澳大湾区。省第十二次党代会明确提出，要完善区域协调创新体制机制，打造穗莞深科技创新走廊，完善区域协同创新体制机制。今后，增城区有望成为穗莞深科技创新走廊上链接港澳、深圳等地创新资源的门户高地，在跨区域协同创新方面做出新探索、开辟发展新空间。

（三）广州"IAB"计划加快增城区创新型产业集群培育

围绕建设国家重要中心城市，广州提出建设"三中心一体系"的发展定位，举全市之力打造国际航运枢纽、国际航空枢纽、国际科技创新枢纽三大战略枢纽，实施"枢纽＋"战略，建设枢纽型网络城市，构建多点支撑的创新发展格局，提升城市吸引力、创造力、竞争力；大力推进"IAB"计划实施，着力积蓄产业发展动能，加快构建高端、高质、高新的现代产业体系，培育新的发展动力源和增长极。增城区应充分发挥交通区位优势，主动对接广州"三大枢纽"与"IAB"战略，壮大战略性新兴产业集群，打造成为广州东部创新驱动发展主引擎。

（四）优越的区位条件、发展环境促进增城区创新型产业集群建设

增城区位于珠三角东岸经济带"黄金走廊"，是连接广州、东莞、深圳、香港等发达城市群和产业带的重要节点，拥有产业承载空间相对充足、

生活成本较为低廉、生态环境优质宜居等特色优势。随着地铁 13 号线通车运营，广州东部交通枢纽中心、广州铁路枢纽东北货运外绕线增城货运站、地铁 21 号线、穗莞深城际轨道、新白广城际轨道等重大基础设施项目相继动工建设，增城主城区至广州中心城区的东部快线、北部地区直达广州中心城区的快速轨道交通抓紧启动，增城区与中心城区的联系将更加紧密，加快融入广州枢纽型网络城市发展格局。此外，富士康第 10.5 代显示器全生态产业园项目等一批高端项目加快推进，未来将带动增城区进一步壮大创新型产业集群，加快对接中心城区的产业、创新、人才、科技金融资源，推动实现创新驱动发展。

四 创新驱动发展的有关建议

加快推进创新驱动发展战略的实施，一是要发挥区位优势，对接广深科技创新走廊，建设创新平台，链接创新高地，集聚创新资源。二是要发挥腹地优势，对接广州"IAB"计划，着力引资引智引技，培育超千亿创新型产业集群，提升区域主导产业的创新发展水平和核心竞争力。三是要发挥低成本高品质的生态宜居城市优势，主动承接粤港澳大湾区城市群高成长性创新性企业，实施更有吸引力的创新创业政策，吸引更多的高端人才到增城区创新创业，招引更多的先进技术和创新成果到增城区转化。具体而言，要推进以下几个方面的工作。

（一）制定创新驱动发展路线图

立足增城区产业基础和发展条件，围绕打造新一代信息技术、汽车及零部件两大创新型产业集群，制定创新驱动发展路线图，按照"短中长期结合"原则，分阶段、有侧重地推动创新生态营建工作。初期阶段，集聚创新资源。对接广深科技走廊规划，充分发挥腹地优势，推动协同创新，主动承接广州开发区、深圳等高地的科技创新成果转化，建设科技成果转化基地，依托富士康项目、广本研发中心、中汽研华南总部、工信部电子五所总部新区等项目，引进与培育一批 8K 内容、传输等创新型企业与支撑产业创新发展的高端资源，加快培育高新技术企业集群。中期阶段，完善创新生态。形成新一代信息技术、汽车及新能源汽车两大千亿级产业集群，聚集一批具备较强核心竞争力的创新型企业，创新的制度环境、市场环境和文化环境基本完善，创新型经济格局初步形成。远期阶段，强化自主创新。创新型产业集群引领区域自主创新能力进一步提升，要素集聚、功能完善、创业活跃的创新生态进一步提升，在珠三角国家自主创新示范区建设中发挥更大作用。

（二）优化创新资源布局

主动对接穗莞深科技走廊、广州科技创新走廊，统筹区域创新资源配置，打造创新格局。一是突出以增城经济技术开发区为核心载体，发挥富士康 G10.5 代显示器全生态产业园项目、国家侨梦苑等对创新资源的吸引力，集聚创新型企业、众创空间、专业孵化器、研发机构等各类创新要素，打造成为全区创新资源集聚区和创新驱动发展核心引擎。二是以荔新大道、广汕公路为轴线，加快沿线重点产业平台建设，强化与周边区域的联动发展，吸引重点企业、高端项目集聚，打造创新型产业集群。其中，包括沿荔新大道串联增城经济技术开发区、广本研发中心、广州东部交通枢纽、珠江国际智能科技产业园等重点平台；沿广汕公路串联中新科技创新产业园、工信部电子五所总部新区、富士康科技小镇、北汽华南生产基地、东区高新科技园等重点平台。

（三）壮大科技型企业群体

一是大力引进与培育科技型企业。依托富士康项目、广汽本田、北汽等重大项目与龙头企业，吸引与集聚一批液晶面板显示器上下游企业、汽车零部件细分领域科技型企业。以广州开发区、深圳等地的孵化器、技术转移机构、行业协会联盟、中介机构为节点开展科技招商，重点引进孵化器毕业的科技型创业企业。制定科技型中小企业精准培育计划，重点聚焦装备制造领域，支持博创智能、华研精机、西力机械等企业做强，培育一批细分行业的"单打冠军"和"工匠企业"。二是壮大高新技术企业集群。围绕打造新一代信息技术、汽车及零部件两大创新型产业集群，建立健全异地高新技术企业迁入绿色通道与服务绿色通道，重点引入一批创新能力强的高新技术企业。开展高新技术企业培育专项行动，建立高新技术企业培育后备库，在新一代信息技术、汽车及零部件等重点发展产业领域中遴选一批优质潜力企业入库。通过实施广州市科技"小巨人"培育和高新技术企业培育计划，加大对中小型科技企业的扶持力度，不断推动拓宽"科技创新小微企业—科技创新小巨人企业/高新技术企业培育—高新技术企业"的发展路径。三是加强企业创新能力建设。实施规上工业企业研发机构倍增计划，重点推动主营业务收入超5亿元的大型工业企业实现省级以上研发机构全覆盖，支持有条件的规上工业企业建立企业研发机构，实现"从无到有"的突破。四是大力发展科技企业孵化器。大力推进侨梦苑、电子五所、低碳总部园、珠江智能科技产业园等科技企业孵化器项目建设，推动孵化器构建创业培训、投融资对接、人力资源、企业管理等孵化服务体系，提升孵化器专业服务功能。通过开展各类孵化器考核及对其提供运营补贴等方式，鼓励支持孵化器大力引进优质项目或团队，促进其孵化出一批创新能力强、发展前景较好的优秀科技企业，为高企培育提供原动力。

（四）加快研发机构建设

一是提升研发机构水平。开展企业研发机构升级认定工作，引导各类企业研发机构进一步完善功能，支持博创智能、索菲亚、华南农大生物等企业的省级研发机构申报成为国家级研发机构，支持创新型领军企业创建国家级企业研发机构。二是建设新型研发机构。围绕富士康第10.5代线8K超高清显示技术发展的需求，以龙头企业为核心，建设新型研发机构，开展8K技术研究及相关新产品研发。依托工信部电子五所总部新区、碧桂园华南设计院总部等大型总部项目建设一批新型研发机构。支持广本、北汽、江铜等龙头企业联合高校、科研院所资源在增城区建设新型研发机构。出台支持新型研发机构的专项政策，重点对新型研发机构初期建设、研发投入、仪器购置及骨干团队引进等方面给予重点支持。三是构建企业主导的产学研合作体系。推动富士康、北汽、博创智能等新一代信息技术、汽车及零部件、装备制造、大健康等重点产业领域的骨干企业联合中山大学、华南理工大学等高等院校、科研机构、上下游企业，共建研发平台和技术创新战略联盟，联合承担国家、省市科技专项项目。

（五）集聚产业紧缺人才

一是建立产业紧缺人才目录。围绕新一代信息技术、汽车及零部件等产业集群创新发展需求，梳理建立产业紧缺人才目录，针对性的引进一批行业领军人才、技术型人才、高技能人才、企业管理经营人才等多元化、多层次创新人才。做好广州市人才项目申报和增城区人才项目工作。继续加强经营管理人才培训，鼓励行业协会搭建交流平台，举办讲座、培训等，在企业人才培养方面发挥积极作用。充分利用各种平台资源，加强创新人才及高科技项目的引进。二是开展"订单式"技能人才培养。与广州的大学和高职院校开展技术人才联合培养计划，吸引职业院校在增城区挂牌成立分校或实训基地，立足新一代信息技术、汽车及零部件等重点产业，促进职业院校的专业设置与企业岗位对接、教学过程与生产过程对接，培养满足企业发展的技术技能人才。四是打造宜居生活环境。围绕人才生活需求，加快实施人才安居工程，规划建设一批现代化人才公寓。对接省内外高端、优质的医疗教育资源，加快落实广东外语外贸大学附设增城区实验学校、美国 UCLA Health 广州国际健康中心等项目建设，提升公共服务水平。

（六）增加创新投入资金

一是充分发挥财政资金的杠杆作用。适度提高财政科技支出在一般预算支出的比重，利用南粤基金、华侨华人创新创业引导基金、科技企业孵化器天使投资引导基金、广州珠江基金等撬动社会资本，促进初创企业发展。通过购买服务、特许经营、股权合作等方式与社会资本合作，优化公共资源开发利用模式。二是鼓励企业加大研发投入。鼓励企业建立研发准备金制度，加大对企业研发经费支出的后补助支持力度，通过事前备案、事后补助的方式予以补贴。三是推动金融与产业融合发展。加快完善广州中小微金融服务区建设，探索与广州开发区科技金融中心建立常态合作机制，充分利用广州的各类金融资源，争取科技金融机构对创业创新活动给予信贷支持，降低创业企业贷款成本。利用财政投资引导资金，引导社会资本成立创业投资、股权投资等基金，扶持初创型科技企业发展。发展科技银行、担保机构、小额贷款公司等科技金融服务机构，建全科技金融服务体系。推动区内科技企业在全国中小企业股份转让系统（即"新三板"）或广州市股权交易中心挂牌交易。建立增城区科技企业上市后备资源库，在研发资助、科技申报、技术开发等方面对后备上市企业予以支持。筛选一批发展前景较好的高成长性中小微高新技术企业，加强对企业的金融支持，推动企业形成独特竞争优势，鼓励企业增资扩产，扶持其发展壮大。

（七）完善创新支持政策

一是加快现有政策落地兑现。加大科技财政投入力度，抓好广州市"1+9"系列科技政策和增城区"1+4"系列科技政策的落实。对现有产业、企业、创新、人才等政策进行梳理，着手制定现有政策相应的实施兑现细则，设立"投资政策服务"和"政策兑现"窗口，为企业提供政策咨询和兑现服务，推动政策落地兑现。二是制定新一代信息技术、汽车及零部件产业专项政策。围绕新一代信息技术、汽车及零部件两大重点产业领域的发展需求，制定涵盖面广、针对性强、操作便捷的专项产业政策，在项目落户、企业经营贡献、高管人才、资金配套、产业联动发展等方面给予重点支持。

参考文献

吴兆春：《借势粤港澳大湾区加速广州创新驱动发展研究》，《特区经济》2017年第9期。

陈贝：《创新驱动广州经济发展的路径研究》，《探求》2017年第1期。

马蓉蓉、周凤婷：《广州实施创新驱动发展战略的几点思考》，《探求》2016年第2期。

科 技 篇

Science and Technology Reports

B.8

广州促进"双创"成果转化和交易的研究[*]

郭 俊 魏东原 黄敏聪 周舟宇 王 燕 赵 晖 王春明 祝 林 张丽佳 曾 敬[**]

摘 要： 本文分析广州"双创"成果转化和交易现状，同时归纳总结
国内外科研成果转化与交易的先进经验，从而在人才、技术、
环境、资本等四个层面对比广州与国内发达城市在"双创"
支撑要素上的差异性，提出加强广州"双创"成果转化和交
易的对策与建议。

---

[*] 本文系2016年广州市政府决策咨询课题"广州市促进'双创'成果转化和交易的研究"的研究成果。

[**] 郭俊，广东省科学院研究员、博士生导师，研究方向为科技创新政策研究；魏东原，博士，
广东省科技信息与发展战略研究所研究馆员，研究方向为科技政策研究；黄敏聪，广东省科
学院粤创中心馆员，研究方向为科技战略情报研究；周舟宇，广东省科学院研究员，研究方
向为科技管理；王燕，广东省科技信息与发展战略研究所副研究馆员，研究方向为科技文献
分析；赵晖，广东省科学院业务主管，研究方向为科技管理；王春明，广东省科技信息与发
展战略研究所研究员，研究方向为科技情报；祝林，广东省科学院粤创中心副研究馆员，研
究方向为技术情报分析；张丽佳，广东省科学院粤创中心副研究馆员，研究方向为专利情报
分析；曾敬，广东省科技信息与发展战略研究所馆员，研究方向为专利竞争情报分析。

关键词： "双创" 成果转化和交易对策 广州

一 前言

"大众创业、万众创新"是国家实施创新驱动发展战略的重要举措，同时也是我国在新常态下实现经济结构转型的重要抓手。广州作为我国"一带一路"建设的重要中心城市，在"十三五"规划期间提出了建设国际科技创新枢纽和国家创新中心城市的宏伟目标，该目标的实现有赖于创新要素的集聚、创新人才的汇聚以及创新成果的转化，而"双创"战略的实施及其成果转化则是实现上述目标的有效方式之一。基于此，推进"双创"成果的转化与交易对广州未来的产业结构转型以及提升广州在粤港澳大湾区中的核心地位具有重要的战略意义。在"十三五"期间，国家明确了广东省作为国家科技产业创新中心的核心定位，而广州必须在引领科技产业创新中扮演更为重要的角色。基于此，本课题对"双创"成果转化与交易的研究重点集中在基于科技创新链下的创业成果转化与交易，分析该过程所需要的基本要素与环境要素。基础要素主要涵盖人才资源、创新平台、技术积累等。环境要素主要涵盖政策环境、考核机制、激励政策以及保障体系等。立足上述要素的比较，课题将从完整科技创新链的视角分析广州"双创"成果交易与转化现状，并通过对国内外科研成果转化与交易的成功经验归纳，提出广州加强"双创"成果转化和交易的对策与建议，以供决策参考。

二 广州"双创"成果转化与交易现状

（一）广州推进"双创"成果转化与交易的实施现状

1. 市场主体快速增长，创业带动就业增长

2017年2月，广州新登记各类商事主体达23.2万户，增速同比稍有回

落，但仍高出全国水平①。其中，租赁和商务服务业、住宿和餐饮业、科学研究和技术服务业、建筑业、教育、卫生和社会工作6个行业商事主体数占比持续上升，其中占比上升较为明显的是租赁和商务服务业、住宿和餐饮业、科学研究和技术服务业。租赁和商务服务业占比连续8年平稳上升，从2008年的占比5.64%持续上升至2016年的7.79%，占比上涨了2.15个百分点，该行业商事主体数在广州19个行业中排名第三。住宿和餐饮业在"互联网+"的推动下得到快速发展，10年中有7年商事主体数占比有所提升，平均每年占比提升0.35%，是所有行业中提升速度最快的，2016年商事主体数占比达7.74%。科学研究和技术服务业商事主体数占比连续8年平稳上升，从2008年的3.50%持续上升至2016年的6.20%，占比上涨了近3个百分点。② 同时，广州已初步建立了覆盖全市的中小微企业创业就业服务体系网络，扶持创业带动就业孵化器基地260余家，累计进驻企业2万余家，带动就业15万余人。

2. 双创孵化育成体系不断壮大，开展"双创"示范基地建设

截至2017年10月，广州有高新技术企业19857家，科技孵化器212家，其中国家级孵化器18家，国家级孵化器培育单位（省级孵化器）18家，孵化器总面积达860万平方米，在孵企业超过11000家，众创空间139家，2017年上半年，仅新增毕业企业就超过230家。广州的孵化器发展质量和水平不断提升，国家级孵化器获评优秀数量连续两年居全国前三，实现科技孵化器数量、面积、在孵企业数连续倍增目标，而广州科学城也获批国家首批"双创"示范基地。③

3. 专利授权与技术市场交易明显增长，企业主导作用明显

2017年，广州专利申请量首次突破10万件，达11.83万件，同比增长

---

① 《上半年广州经济凸显六大亮点》，http://www.gzaic.gov.cn/zwgk/gkml/gzdt/gsxw/201608/t20160802_670370.htm。

② 《广州商事登记主体报告（2017）》，http://www.gzass.gd.cn/contents/110/8305.html。

③ 《广州众创空间2018年将达到150家》，http://epaper.oeeee.com/epaper/A/html/2017-09/28/content_74065.htm。

33.3%，其中发明专利申请量超过 3.5 万件。与此同时，2016 年广州输出技术交易合同成交金额为 544.7 亿元，同比增长 102%（见表 1）；吸纳技术交易合同成交金额为 168 亿元①。广州输出技术合同交易额占 GDP 比重持续增加。此外，广州也建成了科技成果数据库。

表 1　2010~2016 年广州输出技术交易合同金额情况

单位：亿元

项目	2010 年	2011 年	2012 年	2013 年	2014 年	2015 年	2016 年
国内生产总值	10748	12423	13551	15420	16707	18100	21500
输出技术交易合同成交额	115	132	186	210	241	270	544.7
输出技术交易合同成交额/国内生产总值（%）	1.07	1.06	1.37	1.36	1.44	1.49	2.53

从技术成果领域分布来看，在广州技术交易市场上，生物与新医药技术和电子信息是主要的科技成果来源领域，占比分别为 34% 和 28%②（见图 1）。

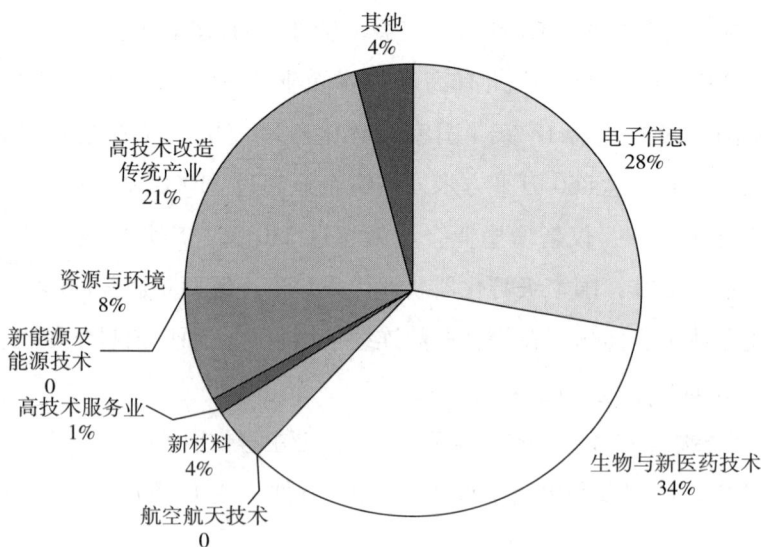

图 1　广州技术交易市场各类技术占比情况

---

① 《2017 年全国技术市场统计年度报告》，http：//www. jsbi. cn/Item/3118. aspx。

② 《广州科技成果库》，http：//cgk. gzstp. cn/portals/achievements. html。

2010～2016年，企业法人输出和吸纳技术居各类交易主体首位。输出技术成交额占全市技术合同成交总额的比例保持在85%以上；吸纳技术成交额占广州技术合同成交总额的比例也保持在80%以上①。

4. 中小企业快速成长，社会载体培育作用显著

截至2017年12月，全市新三板挂牌企业累计453家，募资总额近120亿元，总市值超过1200亿元，其中56家进入创新层，45家处于待审查或待挂牌阶段，在穗各类新三板市场服务机构近百家；广州股权交易中心挂牌企业规模占全国同类市场的10%，综合实力位居前列。② 同时，广州也设立了国内首个青年创业板，为全国青年和大学生创新创业项目提供各项综合金融服务的资本市场平台。此外，广州成功举办了创客创新和留学人员创业成果交流现场会以及全国2016创新创业成果交易会，推动41项科技成果对接成功，投资合作金额140亿元，着力培育中小企业的成长载体。

（二）广州"双创"成果转化与交易的特点

1. 运用市场化机制引导各类主体建设孵化器和创客中心

广州科学城"双创"示范基地已建成40家孵化载体，其中80%以上是由社会资本、民间资本建设和运营的。另外，广州科研项目经费中由企业牵头承担的项目经费占80%以上，政府用于后补助的项目经费占整个财政总扶持经费的比例超过80%。这些举措，都是充分借助市场的力量来配置资源，推动"双创"发展。

2. 围绕深化改革构建完备的政策体系与知识产权保障环境

广州围绕创新创业的人才、成果转化和商事制度改革，先后出台了"1+9"科技创新支持政策和"1+4"创新人才支持政策。在全国率先对创客项目给予支持，创新团队和个人可申报的财政支持为每项20万元。同时

---

① 《广州市统计年鉴2011-2016》，http：//www. gzstats. gov. cn/tjgb/qstjgb/。
② 《广州新三板企业今年新增18家》［2018-4-17］，http：//finance. sina. com. cn/stock/thirdmarket/2017-11-02/doc-ifynmzrs5980228. shtml。

实施最严格的知识产权保护政策，将知识产权保护作为保障创新创业成果的重要抓手。在"双创"示范基地设立广州知识产权法院，2015年该院全年受理各类知识产权案件4940件，其中专利案件2612件，占总量95.22%，专利行政执法办案量全国第一。①

3."双创"与国际科技创新枢纽城市建设互动融合发展

积极拓展国内外的创新合作新空间，更好集聚高端创新要素。在"双创"示范基地等创新区域建立了中新知识城、中以生物产业基地、中欧生命科技园及中瑞生态医药健康产业基地等平台，以构建国际合作新格局，推动众创、众包、众服、众筹等"双创"支撑平台发展。

（三）广州推进"双创"成果转化与交易的主要障碍分析

1. 输出、吸纳技术的能力与第一梯队仍有明显差距

广州的技术输出交易金额在全国各大城市中排名第7位，但技术输出的合同数已经跌至第11位。值得注意的是，2015年与2014年相比，广州技术输出合同数大幅下降了24.99%。在技术吸纳层面，广州吸纳技术成交合同数居全国第5位，但是吸纳技术的成交额仅为第8位，单项合同成交额居第10位。这说明，广州吸纳技术的单项技术质量与领先城市还有差距。同样，与2014年比，广州吸纳技术合同数也出现了大幅下跌，跌幅为20.71%。

从上述数据的变化趋势来看，广州无论是内生技术需求或外生技术溢出均与第一梯队城市存在明显差距，这也造成了广州目前"双创"成果转化的困局。与之对比的是，虽然深圳市的吸纳技术金额排在第六位，但其发明专利量呈现快速增长的趋势，这表明其技术需求已可由城市内部的企业或科研机构供给，而且深圳市从2013年起国外引进技术交易额爆发性增长，这表明其对国内低端技术的需求逐步下降，开始转向国外高附加值技术的引

---

① 《全国"双创"发展形势及示范基地政策实施情况解读》，http://www.scio.gov.cn/34473/34515/Document/1488630/1488630.htm。

进。同时，从 2011 年起，其国外技术输出力度稳步增长，显示其内生技术逐步提升全球竞争力（见表 2）。

表 2 国内部分发达城市吸纳与输出技术交易现状

单位：亿元

	吸纳技术			输出技术	
	合同数	成交额		合同数	成交额
北京	50140	1147.53	北京	72306	3453.89
南京	9439	648.16	上海	22119	663.78
上海	3023	510.13	西安	21395	657.82
武汉	2028	361.96	天津	12449	503.43
天津	14625	330.71	武汉	15096	440.93
深圳	6482	301.34	深圳	10290	372.16
西安	2186	195.34	广州	5881	269.52
广州	9515	192.6	成都	9791	236.33
重庆	6295	184.34	南京	25351	198.33
成都	11104	170.36	沈阳	4216	153.45
沈阳	3340	86.01	大连	6447	65.27
杭州	7338	83.92	重庆	2638	57.24
大连	9356	61.14	杭州	8001	50.76
厦门	22689	33.6	厦门	2551	33.42
长春	5184	26.02	长春	1934	24.46

2. 技术中介机制不够健全

目前，广州全市共有国家级技术转移服务机构 12 家，省级技术转移服务机构 58 家。而北京、上海及深圳市的国家级技术转移服务机构分别达 58 家、26 家和 10 家。广州现有技术中介和技术交易中心等机构还存在体制和机制不完善、不灵活等问题，这是影响广州技术交易市场发展的一个重要因素。同时，广州技术交易中介机构从业人员数量少。高素质中介专业人才缺乏，取得技术经纪人资格证书的人才所占比例小，难以胜任技术交易市场中的服务工作，这直接影响到技术交易市场的发展。相反，2007年3月皖、沪、江、浙三省一市共同组织编写《长三角技术经纪人执业培训教材》[①]，上海市技术转移协会自2004年底启动至今，已培养技术经纪人5292名，培育技术转移服务机构128家。2003年，深圳也正式实施《深圳市技术经纪人资格认证暂行办法》[②]，加大技术经纪人培训的力度，截至2014年底，已培育了771名技术转移专员。而广州尚未建立起成熟的技术经纪人培训体系。

3. 专利技术转移实施率仍有提升空间

广州发布的统计数据显示，"十二五"期间，广州三家知识产权交易平台各类专利运营业务2015年总金额约5.6亿元[③]。业务量增长较快，但是总额还不高。另据《广东知识产权年鉴2016》，2015年广州专利实施许可合同备案数量为334件，技术交易合同数为5881件，专利实施许可合同占技术交易合同的比例为5.7%。广州知识产权相关的技术交易比重偏低。

另外，根据Incopat数据库提供的专利法律状态，2001年以来，在北上广深四个重要城市中，广州累计转让专利数量、许可数量均居第4位，转让和许可的专利数量占有效专利的综合比例为8.42%（见表3）。相较于发达国家10%~15%的专利转移实施率来看，广州还有提升空间。另外单个专利权人的专利转移实施也存在较大的提升空间。华南理工大学，2015年其发明专利申请受理量为2068件，发明专利授权量为871件，分别在全国高等院校中排名第4位和第7位，但是其尚未进入全国高等院校输出技术成交额前20位。

---

① 皖、沪、江、浙三省一市共同组织编写《长三角技术经纪人执业培训教材》，http：//www. most. gov. cn/dfkjgznew/200703/t20070307_ 41955. htm。

② 《深圳市技术转移及服务机构发展研究报告》，http：//szjssc. org. cn/upfile/downloads/1611290904510. pdf。

③ 《促使专利实现价值提升专利申请意愿》，http：//weibo. com/ttarticle/p/show？ id ＝2309040402031566601386&mod ＝zwenzhang？ comment ＝1#_ loginLayer_ 1489477656679。

表3　北上广深专利转让与许可情况（2001～2016年累计数据）

	转让专利数量(件)	许可专利数量(件)	（转让＋许可）/总有效专利数(%)
广州	15716	2661	8.42
北京	65408	9683	10.90
深圳	38777	9029	10.20
上海	45832	4126	11.76

数据来源：incopat专利分析系统，转让专利与许可专利存在部分重叠。

4. 孵化器对"双创"企业的专业支撑性不足

孵化器建设同质化严重，选址不合理。由于没有足够的资金支持，一些孵化器中的收入甚至无法抵消成本，更谈不上盈利。由于缺乏孵化器经营管理及相关从业人才，孵化器最终仅能为创业者们提供办公场地和有限的资源，据近期一项调查显示，广深孵化器的房租收入比例仍然在六成以上[①]。此外，由于孵化器入孵门槛较低，资源分散，入孵企业存活率偏低（全国创业失败率近80%，中小企业存活寿命仅2.5年，广州的情况稍好），而美国的小微企业平均存活期长达8年。

5. 产学研优势在"双创"战略推进中未充分发挥作用

据不完全统计，截至目前，共有来自全国高校及科研院所的6571名企业科技特派员入驻广东省各个地市的企业开展工作。其中，入驻广州地区企业的科技特派员数量超过1200名，占比约为18.26%，居广东省第一位。在共建研发机构方面，广东2/3的"双高"高校位于广州。拥有丰富科教资源的广州具有先天的产学研以及"双创"战略中技术供给的先天优势，但是从技术交易以及转化数据看，这一优势尚未发挥作用。究其原因主要在于：一是政策保障体制不健全，特别是转化收益与激励体制；二是院校考核与人才考核标准有待改进。虽然国家、广东省以及广州近年来都出台了相应的法规推动科研成果转化，但是在具体细则与操作层面没有具

---

① 《广深孵化器调查：不能承受的租金之重》，http://www.oeeee.com/html/201604/28/391601.html。

119

体化，这种模棱两可的局面严重制约了科研院校以及技术人员在成果转化中的积极性。

三　国内外科研成果转化与交易的先进经验

（一）国外科研成果转化与交易的先进经验

各国由于国情不同，在科研成果转化与交易及创新创业模式上都具备鲜明特色。本文拟对美、英、日、德四国 2010 年后在科研成果转化与交易及创新创业模式上的特征进行分析。

1. 美国，构建创新创业与技术转化的生态闭环①

（1）重视创新创业群体的培育。据调查，美国创新者的中位年龄是 47 岁，其主要来源于大型企业中层、科研机构技术主管等。这些人不但有管理经验以及技术背景，而且也具备一定的资源（资金、人脉）等基础。因此，美国政府很多创新创业政策主要服务于上述人群，而不是大学毕业生。同时，美国 35.5% 的创新创业者不是美国出生，17% 的创新者不是美国公民，出生于欧洲或亚洲的移民做出创新成果的概率是本土出生的美国公民的 5 倍。这些移民创新者的平均受教育程度也较高，其中 2/3 以上拥有 STEM（科学、技术、工程与数学）博士学位。美国开放式的移民政策对创新创业群体的培育起了重要的推动作用。

（2）政府投入与支持是创新转化技术供给的重要来源。据调查，美国 20% 的创新是多家机构合作的产物，其中一半是公司伙伴关系（一方是私企，另一方是大学或政府所属的研究实验室）的产物。政府实验室参与了 13% 的创新，大学参与了另外 7%，合计占 20%。在雇员少于 25 人的小公司中，有一半获得过公共经费支持，包括来自国防部、能源部、国立卫生研

---

① The Demographics of Innovation in the United States ［EB/OL］．［2016 － 12 － 01］．www2. itif. org/ 2016 － demographics － of － innovation. pdf.

究院的经费，还有来自"小企业创新研究计划"的资助。以上表明最终进入市场的创新成果与政府的资助（尽管并未直接资助大学和政府实验室搞产业化）是分不开的。

（3）重视教育，特别是理工学科的人才培育。据调查，美国80％的创新者拥有至少一个高级学位，55％拥有STEM博士学位。90％以上的创新者本科专业是STEM，一半创新者本科读的是工科。创新集中的区域是东北地区（麻省理工学院所在地）、加州和公共教育研究经费支出较多的其他地区。

（4）重视科技转化与创新过程中知识产权规范的培育。自1980年《拜杜法案》实施以来，通过政府放弃科研技术成果专利所有权形式，大学及科研院所的创新成果转化得到极大提升。通过近20年的发展，美国已在国内建立科技转化与创新相对完善的知识产权规范，保证了科研成果转化各方利益。同时，美国政府相继出台了《优化知识产权资源与组织法案》等政策，促进信息技术对科研成果转化的推动作用。

2. 英国，构建全国技术转化创新体系①

虽然英国拥有一流的科学基础研究体系，研究实力仅次于美国，但往往存在技术由英国发明，产品由美国实现的现象。基于此，2010年，英国政府委托Hermann Hauser教授对该现象进行研究，并根据其建议，建立了英国的新型技术创新与转化模式，其中关键点之一是七大技术创新中心的建立。2014年末，评估报告指出，技术创新中心在4年时间内发挥了巨大的作用，极大提高了英国技术转化效率和规模，有效地搭建了科研机构与企业间的桥梁，并建议继续追加投入（每年4亿英镑）及建立覆盖更多高附加值产业的技术创新中心网络（17个，2025年）。此外，英国近年在科研成果转化上还具有以下特点。

（1）科研成果转化成绩在高等院校教育评估中的比重加大。英国高校

---

① The Current and Future Role of Technology and InnovationCentres in the UK［EB/OL］.［2016 - 12 - 01］. http://www. earto. eu/fileadmin/content/Website/Hermann_ Hauser_ Report_ 2010. pdf.

和国立科研机构的经费拨付主要依据定期（5年）的评估结果而定。2010年前，成果转化和对社会的影响只在该评估系统中占5%的比例，但从2014年起，机构研究成果对经济、社会、公共政策、文化产生的影响将在评估系统中占25%，从而推动高校实施科研成果转化。

（2）构建政府级产业转化投资基金。英国建立了面向创新型中小企业的"企业资本基金"和"英国创新投资基金"，成立商业银行等。英国技术战略委员会将在未来3年投资12亿英镑支持以企业为主体的创新活动，其中包括用于建设弹射中心的2.5亿英镑。近期还将由生物医学促进计划再投资5000万英镑支持生物医学成果转化。

3. 日本，大型企业集团主导下的官产学研成果转化体系①

日本科研成果转化模式明显的特点是官产学研联动密切，其中大型企业集团是核心关键。日本大型财团之间交叉持股现象非常明显。日本六大财团内部平均持股比率为55%左右。在人事制度上，六大财团还存在系列融资和人事派遣等特征，大型综合商向各大企业派遣高级职员，如银行向其融资数额和持股份额高的企业派遣职员担任企业的重要职务。这种互派人员的方式，使大型集团间的技术转化非常迅速，且因相关持股比例高，因此减少了集团间利益纠纷，一些跨领域的技术能快速转化（见图2）。此外，日本的科研成果转化还有以下特点。

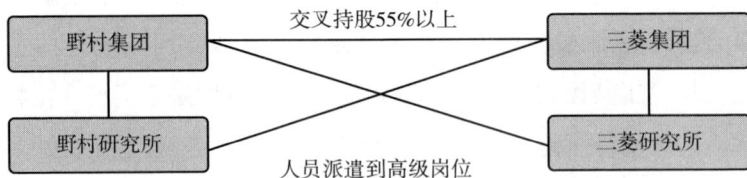

图2　日本大型财团交叉持股和人员互派示意

---

① 《日本技术转移机构的政策导向及其运行模式》，http://www.chinatorch.gov.cn/jssc/gjjy/201312/6353c3e7 a29741e784abb2ae77ff8e55.shtml。

（1）日本科学技术振兴机构的纽带作用非常明显。日本科学技术振兴机构是隶属于文部科学省的公立科技中介机构。通过"委托开发"或者"开发斡旋"的方式，该机构委托企业完成各类新技术开发，并提供所需费用。开发成果归国家所有，参与的企业享有优先使用权。该机构每年通过互联网等渠道公布技术委托开发项目。据统计，每年该机构可以通过各种渠道把上百项重要科研成果成功转化为产品。

（2）高校科研机构的转化自主性强且与企业联系密切。日本高校科研机构主要通过下属的科技转移机构（企业性质）实现技术转化，政府对转化成功的技术成果进行补贴。日本学界和企业界的人员交往非常频繁。大学教授常与企业技术人员一起参加某领域学会，在学术活动中，教授可以与企业建立人际关系，更好地了解产业需要，并根据产业需要开展相关研究，避免重复劳动和各自为战。

4. 德国，以企业为主体的创新体系保障了成果的转移转化①

德国拥有欧盟最大的科技创新体系以及完备的产学研创新链，尤其是拥有一大批具有国际竞争力的制造业公司，以企业为主体的科技创新体系保障了科研成果的转移转化，支持德国出口导向型经济的发展。德国的科技成果转化主要有以下两大特点。

（1）企业研发投资占比高，促使了科技成果的转移转化。据世界经合组织（OECD）资料显示，德国全社会研发投资占 GDP 总量的 2.82%，而过去 5 年间以 3.7% 的增幅增长，联邦政府和州政府教育与科研投资达 GDP 总量的 10%。从科研经费的投入来源看，政府投资占全社会研发投资的 30%，境外研发投资占 4%，而由企业资本进行的科研投资占比 60%，这种以企业为主体的创新体系，保障了科技成果的直接应用与转化。

（2）完善的政策和强大的研发基础促进成果在国内外转移转化。德国支持创新发展的政策持续稳定，为进一步促进创新发展，近年来还制定了 2020 高技术战略和工业 4.0 等，明确在未来 10 年间将建设影响社会发展的

---

① OECD Science, Technology and Industry Outlook 2014［M］. OECD,2014:324 - 327.

前瞻性研发创新体系，改善科研与产业之间的联系，提高国家的创新能力。德国拥有强大的科研基础，通过"2010研究与创新协议"，政府向弗朗霍夫协会、赫姆霍兹协会、马普学会、德国研究实验室、莱布尼茨协会、德国研发基金会等国家研发机构的研发投入从3%增加至5%。

德国政府通过直接支持而不是税收减免方式支持研发创新。为解决中小企业融资难问题，德国出台了中小企业中央创新计划，2011年该计划提供11亿美金以促进中小企业发展。在成果转移转化方面，2011年政府投资15亿美元支持领先优势集群竞争、卓越集群、研发校园与研究奖金等计划。德国科技成果和知识产权的国际转化也十分突出，已出台科研国际化战略、欧洲之星德国研究等计划促进了德国企业与其他国家间的协作与成果转化。

（二）国内发达城市推进"双创"成果转化的基础要素比较

1. 科研成果管理政策

2008年，财政部发布了《中央级事业单位国有资产管理暂行办法》。该办法将科技成果纳入国有资产管理，并有严格的审判程序。问题因此产生：对完成人及单位来说，名义上已获得职务科技成果授权，但实际上没有处置权，更没有收益分配权。科技成果转化陷入了一个不转化没有责任，转化就必须承担国有资产保值增值、负有国有资产不能流失的责任。

2015年，国家出台《深化科技体制改革实施方案》。该方案在健全促进科技成果转化的机制方面，明确将职务发明成果转让收益在重要贡献人员、所属单位之间进行合理分配，对用于奖励科研负责人、骨干技术人员等重要贡献人员和团队的比例，可从现行不低于20%提高到不低于50%。目前大部分省份都与国家政策同步执行。山东、湖北、河北、四川等省份比例规定不少于70%，不高于95%。此外，各省科技成果处置政策均包含两方面内容：一是科技成果转移转化收入全部留归单位，纳入单位预算，实现统一管理，处置收入不上缴国库，二是人员奖励不纳入绩效工资总额计算。国内部分省份成果转移转化政策对比如表4所示。

表4 国内部分省份科技成果转移转化政策与亮点

省份	文件	时间	主要亮点
江苏	《关于加快推进产业科技创新中心和创新型省份建设若干政策措施》	2016.08	成果转化收益比例不低于50%,且不纳入单位工资总额基数,不计入绩效工资。鼓励科研院所、高校技术人员经批准可离岗创业
北京	《关于大力推进大众创业万众创新的实施意见》	2015.06	科技成果转化收益70%归科研人员。设立了科技成果转化岗,并兼有职称评审权
上海	《关于进一步促进科技成果转移转化的实施意见》	2015.09	主要特征:将成果处置权下放到团队或个人,加大对科研团队的激励力度,实行"投资损失"免责政策
浙江	《关于省级事业单位科技成果处置权收益权改革有关问题的通知》	2014.05	将科研成果处置权全权下放给事业单位,以备案制简化科研成果处置程序
山东	《关于深入实施创新驱动发展战略的意见》	2015.8	在高校、科研院所中,职务发明成果转化收益要按不少于70%、不超出95%用于奖励科研人员,团队负责人有内部收益分配权
天津	《关于发展众创空间推进大众创新创业的政策措施》	2015.05	科技成果转化所得全部归所在单位,并按照不少于50%的比例奖励科技成果完成人和为科技成果转化做出贡献的人员
辽宁	《关于印发加快促进科技成果转化若干意见的通知》	2015.08	科技成果处置交付承担单位,而且不再实施备案制
湖北	《促进高校、院所科技成果转化暂行办法》	2013.12	科技成果转让收益所得不得低于70%,最高可达99%
河北	《河北省促进高等学校和科研院所科技成果转化暂行办法》	2014.12	将研发团队或成果完成人的科技成果转让收益所得改为"不得低于70%"
四川	《四川省人民政府关于全面推进大众创业、万众创新的意见》	2015.5	将研发团队或成果完成人的科技成果转让收益所得改为"不得低于70%"
福建	《关于深化省级事业单位科技成果使用处置和收益管理改革的暂行规定》	2014.12	将研发团队或成果完成人的科技成果转让收益所得按国家法律规定实施

2. 人才供给

北京、上海2015年高校毕业生数量分别超过了23万人和17万人,成为创业创新的智力资源和主体来源。同时,政府也在引入人才推动创业方面营造了良好的政策环境。同时,深圳每年吸引了大批来自全国各地的高校毕业生,但其人才的本地造血功能相对较弱。近年深圳分别与中山大学、清华大学、北京大学及麻省理工学院等国内外知名高校建立合作框架,进一步汇聚创新创业人才。广州虽然集聚了广东省2/3的高校,但与北京、上海、武汉等地区相比,高校数量、竞争力仍存在较大差距,而且在高等学府的新建投入和力度上远不及深圳。

3. 技术供给

发明专利的申请和授权量,是城市科技创新的重要指标。据统计,2017年,广州发明授权量为9345件,不仅落后于北京、上海、深圳等一线城市,与苏州、杭州、南京等也有一定差距,申请量与授权量的情况比较一致,形势都不容乐观(见表5)。

表5 2017年广州及相关城市发明专利授权量及专利申请量

单位:件

城市	发明专利授权量	城市	发明专利申请量
北京	46091	北京	99167
上海	20681	深圳	60000
深圳	19000	上海	54633
苏州	11500	成都	47033
南京	10723	苏州	46000
杭州	9872	南京	37286
广州	9345	广州	36941

4. 创业环境

近两年全国各地政府出台的"双创"相关政策文件超过2000件。国家层面、省层面、市层面都出台了不少"双创"政策文件。同级别城市之间双创政策的覆盖面、内容较为相似,但在支持力度上有差别。

以创新创业(孵化)基地场租补贴为例,《广州市创业(孵化)基地场租补贴办法》的支持力度为"门面型、市场型、楼宇型的创业基地则给予一次性2万元场租补贴;园区型的创业基地给予一次性5万元的场租补贴。创业组织按实际租赁面积给予每户1000~5000元/年的场租补贴;场租补贴最长期限不超过2年"。而《深圳市自主创业扶持补贴办法》则是按照比例进行补助,规定"自主创业人员入驻市区政府部门主办的创业孵化载体创办初创企业,按照第一年不低于80%、第二年不低于50%、第三年不低于20%的比例减免租金"。

双创平台的支持政策是双创的重点举措之一。在国家级政策的指导下，各主要城市均出台了相应的支持政策大力发展众创空间。目前，科技部共公布了 3 批国家级众创空间，其中，北京市共有 125 家，上海市有 47 家，深圳市有 69 家，广州市为 45 家①。

在营运模式上，调查显示长三角地区 45% 的众创空间属地产思维型，39.3% 属产业链服务型，15.7% 属综合生态体系型②。京津冀地区地产思维型众创空间占比高达 65%，其次为产业链服务型占比 32%，综合生态体系型仅占 3%。珠三角地区，仅有 34% 众创空间表现为地产思维型，54% 众创空间是产业链服务型，12% 是综合生态体系型。另外，调查还指出，苏州政府对于众创空间的支持力度最大，优惠政策覆盖度达到 80.9%，合肥地区覆盖度紧跟其后，达到 57.9%。而众创空间数目最多的上海市，优惠政策覆盖面仅仅达到 15.7%。

5. "双创"资本链

2015 年，全国的创业融资总额为 3222.5 亿元。华北地区和华东地区占据了全国创业融资额度的 81%。其中，排名第一的北京全年融资项目 954 个，融资额高达 1391.57 亿元；第二位为上海，504 个项目融资 651.66 亿元。北京、上海两个城市的融资项目和融资金额分别占到全部总数的 54% 和 63%。排名第 3~5 位的则是杭州、深圳和广州。广州的融资金额不到深圳的一半③（见表 6）。创业资本市场还可从新三板挂牌企业数量窥见一斑。一个城市新三板上挂牌企业越多，可以理解为这个城市创新水平越高，经济活力越充沛。截止到 2016 年 7 月初，全国在新三板挂牌的企业数量为 7712 家，286 个地级以上城市有新三板挂牌公司。北京、上海、深圳、苏州、杭州、广州、武汉、无锡、成都、南京位居全国前十名。北京、上海、深圳挂牌公司数量稳居前三。榜首为北京 1175 家，超过第 2 名上海与第 3 名深圳两者之和（见图 3）。

① 《关于公示第三批众创空间的通知》，http：//www. chinatorch. gov. cn/kjb/tzgg/201609/0b84eeb1590543268ad9ce2060eaab47. shtml。

② 《2016 年众创空间调研报告》，http：//opinion. caixin. com/upload/20161230. pdf。

③ 《2016 中国创新创业报告》，http：//www. biaozhun007. com/data/upload/ueditor/20160928/57eb613deb342. pdf。

表6　2015年投融资总额城市Top10

单位：亿元

排名	城市	融资金额	排名	城市	融资金额
1	北京	1391.57	6	南京	81.1
2	上海	651.66	7	福州	48.35
3	杭州	310.81	8	苏州	47.43
4	深圳	244.11	9	珠海	44.46
5	广州	100.8	10	天津	23.58

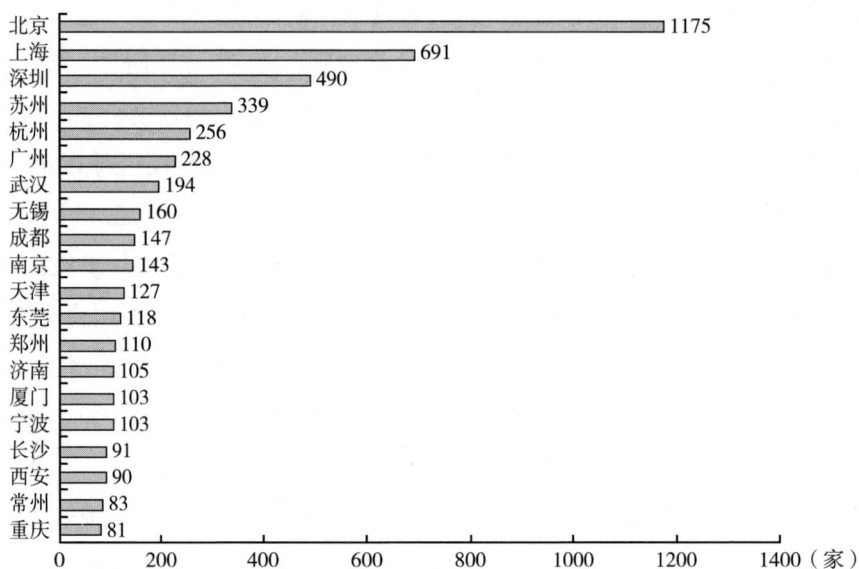

图3　新三板企业分布的主要城市（前20名）

四　广州加强"双创"成果转化和交易的对策与建议

（一）政府层面

1. 开展技术供给侧改革，增加对前沿原始创新技术供给的支持

加大对从事前沿原始创新机构或组织的支持力度，从供给侧加大可转化

或交易的技术成果数量，形成对广州产业的有效支撑。针对市内国家重点实验室、国家工程中心以及新增的国家级平台，在稳定每年500万元的支持力度下，在"十三五"期间持续增加政府资助强度。

2. 加大对新技术、新工艺、新产品、新服务的政府购买力度

针对广州重点发展产业需要的新技术、新工艺、新产品及新服务，由广州市科技创新委员会牵头，制定相关的政府采购目录进行采购，从而推进相关技术、工艺、产品和服务的转化应用，引导其服务于广州的产业发展，并推进相关人才的引进。

3. 继续推进"双创"资金链的进一步完善

对市财政支持的科技风险投资基金投资活动实施"失败免责"政策，对其他科技创投资金投资广州内项目可实施一定的税收优惠政策，并依据基金在广州投入的情况实施贷款银行贴息政策，使这些基金能够获得金融系统低息贷款优惠。

（二）高校与科研机构层面

1. 加强组织领导和顶层设计，进一步细化科研成果转化机制

由广州市科技创新委员会牵头，联合市财政局等机构，以国家出台的政策为指引，进一步细化广州科研成果转化机制与操作程序，并在某些市属高校与科研院所开展政策试点，设计科研人员与企业的直接沟通平台，使相关的科研成果转化扁平化，进一步减少学校等机构在其中的管理，进一步简政放权，提高成果转化效率。

2. 探索提高成果转化水平在高校及科研院所周期性评价中的重要性

建议由广州市教育局等单位牵头，借鉴英国、美国等发达国家考核高校及科研院所的指标体系，尽快出台以推进科研成果转化为目标的新型高校及科研院所考核体系，并将考核结果与市属科研项目立项结合，推动相关机构进一步提高成果转化成功率与效率。

3. 积极举办全国科研院所科技成果交易会

目前全国有中科院下属研究所、各部委下属研究所及省市两级研究所等

科研院所 1000 余所，每年可供转化的科研成果数量庞大，且科研院所成果更贴近市场。建议广州市政府应积极举办全国科研院所科技成果交易会，使其作为重要的"双创"载体与重要抓手，进一步汇聚全国的创新要素，提升广州的"双创"实力与环境。

（三）人才层面

1. 加大对"双创"重要人群的政策体系构建与支持力度

从美国等发达国家看，双创的主要依托人群应该是 40～50 岁有大企业工作经验的中高层管理人员。目前，广州制定的很大一部分"双创"支持政策都围绕大学毕业生等社会年轻群体。基于此，建议广州市政府应进一步调研，围绕上述目标群体，制定相关政策支撑体系，并加大对目标群体的创新创业投入支持力度。

2. 吸引国外人才在广州进行创新创业

建议由广州市人社局牵头，以建设国际创新枢纽为依托，以广州国家级孵化器建设为载体，支持国外产业技术或科研人员在广州实施创新创业与成果孵化，并在孵化器载体内进行政策试点，其涵盖政策建议：（1）国外留学人员在孵化器实施创新创业可适当延长归国日期；（2）国外科研技术人员在孵化器内可同等享受市政府的创新创业支持政策；（3）国外产业化人才在广州内创业可以享受在创投等政策层面的倾斜。

3. 加大对技术经纪人的培育力度

建议由市科创委以及市人事局牵头，对目前广州技术经纪人的现状开展调研，并建立覆盖高校、科研院所、专利事务所以及企业的技术经济人培育体系。同时，探索在大学设立相关技术经纪人专业，力争在 3～5 年内，达到北京、上海等国内发达城市的水平。

（四）环境载体层面

1. 优化双创"孵化器"的支持方式与考核标准

（1）政府资助从泛性孵化器向专业化孵化器倾斜。根据广州产业发展现状与规划，每个重要产业遴选1~2个专业孵化器进行培育与支持，逐步减小对泛性孵化器的资助力度。

（2）孵化器资助考核标准更加注重其对产业的支持力度。对孵化器的考核从单纯的收支情况以及孵化数量等指标转为成果转化效率、成果转化金额、孵化企业年收入以及孵化企业专利量等与产业联系更为密切的指标，推动双创孵化器在创新创业中的能力提升，从而培育其市场化造血机能。

2. 构建国际技术转移转化平台

建议由市科创委牵头，联合省科技厅等相关部门，积极争取将国际技术转移协作网络（ITTN）等国家级国际技术转移转化平台的南方总部设立在广州南沙自贸区，利用自贸区的政策高地优势，对广州引入国际先进技术项目以及输出的技术项目实施后补助以及税收优惠等政策，加速推进广州国际科学技术成果转移转化枢纽的建设，从而吸引更多的"双创"企业、技术人才以及国际创新资源向广州汇聚。

3. 建立"双创"孵化器知识产权评估体系

由广州市知识产权局牵头，联合相关政府部门，对利用本市财政性资金设立的"双创"孵化器（或众创空间）内的孵化器企业实施周期性知识产权评估，衡量孵化器的专业孵化质量、可持续发展能力以及技术转化水平，从而为相关政府部门进行后补助支持以及政策支撑提供依据，同时也为相关孵化器的发展策略提供知识产权层面的决策支撑。

B.9
广州国际科技创新枢纽的建设现状与主要思路

张赛飞 *

摘　要： 本文首先总结了广州建设国际科技创新枢纽的八大现状；其次分析广州建设国际科技创新枢纽的发展定位、主要功能、发展目标，指出到 2020 年要建成国家科技创新中心、到 2030 年要建成重要的国际科技创新枢纽；最后提出广州建设国际科技创新枢纽要重点推进企业家精神培育工程、国际人才集聚工程、创新治理探索工程、创新生态优化工程、开放式创新工程等五大工程。

关键词： 国际科技创新枢纽　创新治理　创新生态

进入 21 世纪以来，随着全球化深入发展和产业价值链的细化分解，创新资源越来越明显地突破组织、地域和国家的界限，在全球范围内自由流动，世界进入以创新要素全球流动为特征的开放创新时代，国际科技创新枢纽孕育而生。2015 年中共广州市委十届七次全会通过《中共广州市委关于制定国民经济和社会发展第十三个五年规划的建议》，首次提出建设国际科技创新枢纽。之后《广州市国民经济和社会发展第十三个五年规划纲要（2016 – 2020 年）》《广州国家自主创新示范区建设实施方案（2016 – 2020

---

* 张赛飞，广州市社会科学院软科学研究所所长、副研究员，研究方向为区域创新与城市经济。

年)》均提出，广州要建成国际科技创新枢纽。可见，建设国际科技创新枢纽成为广州"十三五"时期的一个重要目标。

一 广州国际科技创新枢纽建设现状

国际科技创新枢纽是拥有多种创新功能、在全球创新网络中仅次于全球科技创新中心、占据控制和支配地位的城市或地区。具体来看，国际科技创新枢纽以集聚全球科技创新资源为基础，以强劲的科技创新能力为核心，以新产品、高附加值服务、新技术的扩散为表现。广州当前国际科技创新枢纽建设呈现以下主要特征。

（一）知识产出占有一席之地，但产出质量还有待提升

从知识产出来看，以2014~2016年为例，广州SCI收录论文5.7万篇，占全国的6.4%，占全球的1.0%；超过特拉维夫、香港、新加坡、悉尼，但与伦敦、东京等相比，有一定差距。从反映论文质量的高被引论文来看，以2014~2016年为例，广州为630篇，占全国的6.7%，占全球的1.4%；与国际城市相比，广州高于特拉维夫，但低于东京和首尔，与纽约、伦敦差距较大。从具体领域来看，根据中国科学院文献情报中心与汤森路透发布的《研究前沿》，华南理工大学、中山大学、广东工业大学在化学与材料科学和数学、计算机科学与工程两大研究领域的四个研究前沿排名国际前十名，其中华南理工大学高能量转换效率聚合物太阳能电池、相变材料的热能存储研究位于该领域研究的国际首位。

（二）研发投入居国际中等水平，但专利核心技术供给仍然不足

从研发投入强度来看，2017年广州达到2.5%，高于2014年的纽约州（1.48%），2013年的伦敦（1.19%），2014年的新加坡（2.19%）。可见，从衡量产品创新的研发资金投入强度来看，与国际城市相比，广州居于中等水平，为开展产品及工艺创新打下好的基础。

但从 PCT 专利申请来看，以 2014 ~ 2016 年为例，按公布日检索到的广州 PCT 专利申请占全国的 1.7%，占全球的 0.2%；与东京、首尔、巴黎、纽约有较大差距。2014 ~ 2016 年广州发明专利申请量占全国的 0.82%，仅为北京的 24%、上海的 47%、深圳的 52%；发明专利授权量占全国的 0.43%，为北京的 19%、上海的 38% 和深圳的 40%。总的来看，广州缺乏有较大影响力的创新型产业集群，核心技术和设备主要依赖进口，重要制造业的关键技术及核心零部件的设计、研发和制造仍然依靠国外，掌握的核心技术仍然不足。

（三）信息设施比较完善，数据处理与存储业比较发达

广州是中国三大通信枢纽、互联网交换中心和互联网国际出入口之一，国际出口带宽超 2000GB/s，是中国内地最大的互联网出口，国际局电路可直达 70 多个国家和地区，基本形成通达全球的网络架构。4G 用户约 915.8 万户，规模全国第一。全市 100% 行政村实现光缆覆盖，基本实现城乡 4G 网络全覆盖。从固定宽带互联网用户的密度来看，广州高于中国香港、新加坡、以色列，也高于美国和韩国。从行业来看，广州软件开发营业收入达到 508 亿元，占全国的 6.4%。信息系统集成、信息技术咨询及数据处理和存储服务三大信息技术服务业营业收入达到 140 亿元，占全国的 4.6%，其中，数据处理和存储服务营业收入占全国的 8.7%，在国内优势十分明显，为广州进一步提高技术应用获取能力，为发展大数据、应用和集成信息技术等提供好的条件。

（四）知识密集型产业规模偏小，但若干创新型服务业全国领先

从知识密集型服务业来看，以 2016 年为例，广州的增加值约为上海的 60%、北京的 43%、纽约的 12%，占全国的 3.8% 左右。总的来看，与国内外中心城市相比，规模还是偏小。从生产性服务业来看，广州广告业营业收入占全国的 7.76%，咨询与调查营业收入占全国的 4.68%；广州集聚全国 5.9% 的研究和试验发展企业，营业收入占全国的 8.9%；中科院广州生物医药与健康研究院、军事医学科学院华南干细胞与再生医学研究中心、广州

迈普再生医学科技有限公司等走在国际国内前列。可见，广州知识密集型服务业和先进城市相比，还有一定差距；但广州拥有国内发达的研发产业、广告业、咨询与调查业，为进一步发展"两端在穗"的创新模式奠定了基础。

（五）一批企业成为行业龙头，但缺乏国际创新龙头企业

广州培育一大批创新型企业，广电运通 2016 年 PCT 申请量居全球控制技术领域第十位，奥翼电子是中国唯一一家掌握了纳米电泳电子纸屏幕技术并能够批量生产的公司，威格林掌握着国际上前沿的机动车尾气净化催化材料的开发技术，珠江钢琴、威创视讯、京信通信、宜通世纪、毅昌科技、迪森热能等是国内领先的创新型企业。但从 2016 年全球 PCT 专利申请机构前50 名来看，广州没有企业上榜，而东京有 12 家，深圳有 3 家，且中兴、华为分别位于第一、第二，北京和杭州各有 1 家。从 Clarivate Analytics 2016年全球创新企业 100 强来看，广州没有企业上榜，而东京有 21 家，巴黎有5 家，纽约有 2 家。从全球 ITC 企业 50 强来看，广州也没有企业入选，东京有 7 家，巴黎有 4 家，纽约有 3 家，深圳和杭州各有 1 家。从 2017《快公司》全球最具创新力公司 50 强来看，广州没有企业上榜，而香港有 1 家，巴黎有 1 家，纽约有 8 家。从总体来看，虽然广州已经培育一批创新型企业，但仍缺乏像华为、阿里这样有较大影响力的行业领军企业。

（六）产品创新能力不足，高新技术产品扩散能力有待提升

从产品创新来看，以 2013～2015 年为例，广州规模以上工业企业新产品销售收入占全国的 2.1%，相当于深圳的 39%、上海的 38%、北京的78%。以 2014～2016 年为例，广州高新技术产品出口占全国比重为 2.2%，为深圳的 10%、上海的 16%；广州机电产品出口占全国比重为 3.54%，为深圳的 19%、上海的 29%；广州规模以上工业企业新产品出口额占全国的比重仅为 1%，仅相当于深圳的 6%、上海的 27%、北京的 63%。总的来看，广州高技术含量产品的占有率不高，产品创新及高附加值产品的扩散能力偏弱。

（七）技术源头地位有待增强，技术辐射范围十分有限

从专利扩散来看，2014～2016年广州转出国内发明专利2380件，占全国的3.7%，远低于北京（11.7%）、深圳（9%）和上海（8%）。从流向来看，广州本地达1448件，占60.8%。接受广州发明专利的城市达到126个，包括香港（16件）和台湾（1件）。2014～2016年广州许可发明专利315件，约占全国的2.9%。从流向上看，广州本地占55%。综合来看，广州的发明专利主要以满足本市需求为主，向外辐射主要集中在上海、深圳、北京等城市及广东、江苏两省。可见，广州作为国内技术源头的地位还有待增强，向全国乃至全球扩散技术的强度还有待提升。

（八）正在构建紧密的技术合作网络，但其国际化程度还有待提高

从PCT专利申请来看，2014～2016年广州非关联机构合作申请专利66件，约占专利总数的5%。其中，广州本市机构之间的合作有21件，占非关联机构合作专利的31.8%，和深圳的合作有18件，和北京的合作有10件，和美国、以色列的合作分别有4件和1件。从合作机构来看，华南师范大学、华南理工大学、中山大学、中国科学院广州生物医药与健康研究院、广州市华德工业有限公司、广州沃巴克生物科技有限公司是主要的PCT专利合作机构。PCT专利合作是核心技术的合作，可以看出，广州已有少数机构能够利用国内外资源，进行开放式创新，但不得不提的是，合作的总量还十分不够，尤其是国际合作的比重还不到0.5%，这也在一定程度上反映了广州技术合作的网络还有待扩展，国际技术合作的层次还有待提升。

二 广州建设国际科技创新枢纽主要思路

（一）发展定位

由于资源条件不同、地理区位差异、产业布局及城市历史文化等因素，

不同城市其创新的内容有所侧重，表现出不同的创新类型。广州要根据当今世界科技与产业发展趋势、我国科技创新态势以及广州自身特色优势，进行选择与甄别，确定自身的发展定位，形成独特的发展模式。

1. 从扩散范围来看，广州定位为国际科技创新枢纽

和全球科技创新中心相比，从集聚、创新和扩散三个维度来看，国际科技创新枢纽都稍逊一筹，尤其是从反映其表现的扩散强度和范围来看，国际科技创新枢纽明显不及全球科技创新中心。对于广州而言，目前新产品的扩散范围还十分有限，专利技术的扩散范围尚未达到国际级，缺乏有国际影响力的创新型企业，人才的国际化水平还明显偏低。因此，总的来看，广州离国际科技创新枢纽的定位还有很大差距。如果从专利扩散的范围来看，广州目前离国家创新中心都还有不小差距。所以对于未来 5～10 年，广州应该首先提升在国家创新中的地位，努力建成国家科技创新中心；然后再在此基础上，提升在国际科技创新中的能级，成为国际科技创新枢纽。

2. 从主导产业来看，广州应定位为知识密集型服务业创新中心

从全球科技创新中心的主导产业类型来看，可以分为高技术制造业创新基地和知识密集型服务业创新中心。高技术制造业创新基地通常以高科技产业为支柱，以科技园区或创业园区为主要载体，高科技产业相关的服务业较为发达，融资方便，一般都在大都市的周边，往往可以充分利用大都市的技术、人才等优势。而知识密集型服务业创新中心通常其主导产业为媒体与软件设计、教育、金融、创意产业等知识密集型服务业，具有显著的品牌效应和浓厚的文化特色，医药产业、生命科学等也是发展的重点。该类城市服务业发达、社会综合服务能力较强，社会福利水平和政府服务水平较高。综合从主导产业来看，广州应定位于知识密集型服务业创新中心，为珠三角高科技制造业创新基地提供研发、设计、创意、文化、营销等服务。但值得一提的是，医药与生命科学、新一代信息技术等新兴产业仍然值得关注。

3. 从文化背景来看，广州为单元文化的创新枢纽

从文化背景来看，可以分为单元文化的创新枢纽和文化交融的创新枢纽。单元文化的创新枢纽科技实力雄厚，创新活力强，但外来人口有限，无

法形成具有影响力的外来文化环境，通常处于某种较强的文化氛围之中。而文化交融的创新枢纽外来人口众多，文化多样性显著，外来企业是其创新活动的主要从事者之一。由于广州目前外籍人口的比重不到5%，在5～10年内要达到纽约等20%的水平，难度还比较大。也就是说在未来5～10年，从文化背景来看，广州还只能是单元文化的创新枢纽。而单元文化的氛围往往不利用于碰撞出新的观点，这就要求广州要加强国际合作与交流，要充分发挥广州开放的优势和对外交往枢纽的功能，大力引进和集聚全球高端人才、一流大学、顶级科研机构、跨国公司研发总部、先进技术成果等全球创新资源，促进引进资源真正融入广州城市创新生态系统，与本土资源发生"物理反应"和"化学反应"，产生一批世界级的大学和创新龙头企业。

（二）主要功能

广州作为国际科技创新枢纽的功能定位至少应包括四个方面。

1. 国际重要的知识源

充分发挥广州重点实验室、科研院所、高等院校众多的优势，汇聚创新理念，激发创新思潮，举办全球有影响力的创新活动、科技论坛，拥有国际一流的科技期刊，在若干领域引领科技创新发展方向，在重大知识发现、基础科学研究、前沿科技探索等方面，展现出影响亚太乃至全球的策源功能。

2. 国际创业高地

发挥广州大规模高素质年轻劳动力集聚的优势，激发创业热情，形成良好的创新创业生态，科技创业十分活跃，科技成果与商业模式创新融合发展，新创企业、新型业态、新兴商业模式不断涌现。

3. 新兴产业引擎

面向全球产业技术发展，在信息、生物医药、新材料等新兴产业领域，广州集聚一批世界知名企业，培育形成一批行业创新龙头，不断提升在全球价值链中的地位，成为引领亚太乃至全球产业变革的主要引擎。

4. 亚太创新服务中心

发挥广州研发服务业、广告业及咨询与调查业比较发达等优势，以新技术带动新服务，在人力资源、研发服务、技术交易、科技金融、法律服务等领域，拥有一批影响亚太的创新服务平台和企业，在创新理念产品化和技术化、新技术产品化和市场化、科技成果转移和商业化以及企业孵化等方面，发挥重大作用。

（三）发展目标

广州要牢牢把握科技进步大方向、产业革命大趋势，体现国家战略要求，立足广州建设全球城市的长远目标，分两步推进国际科技创新枢纽建设。

1. 到2020年，建成国家科技创新中心

第一步，"十三五"期间，在创新体制机制方面先试先行，初步形成"热带雨林型"的创新生态环境；在科技创新活动激发、科技创新成果转化应用、科技创新产业发展以及科技创新市场体系建设等方面达到全国领先水平。在生命科学、信息技术、智能装备、材料技术等重点领域取得重大突破，成为国家新技术、新产品、新模式、新业态的源头。到2020年，广州PCT专利申请占全国的比重达到3%，知识密集型服务业占全国比重超过5%，向市外许可的发明专利超过50%，有企业进入全球创新100强，成为全球科技创新节点，建成国家科技创新中心。

2. 到2030年，建成重要的国际科技创新枢纽

第二步，广州要拥有若干世界知名的科研机构、研究型大学，在知识发现、基础科学、前沿科技等领域，掌握一批原始创新成果。不断创造新技术和新产品、新模式和新业态、新需求和新市场，在总体上扭转科技创新以跟踪为主的局面，拥有一批核心技术或产品。成长起一批具有国际竞争力的创新型企业、知识密集型服务业，若干产业进入全球价值链中高端，形成了具有国际影响力的新兴产业集群。到2030年，广州高被引论文占全球比重达到5%，PCT专利申请占全球的比重达到2%，向国外许可的发明专利超过30%，若干企业进入全球创新100强和最具创新力企业50强，建成引领亚太科技创新的重要引擎，成为重要的国际科技创新枢纽。

三 广州建设国际科技创新枢纽重点工程

建设国际科技创新枢纽是一个长期任务，但从短期来看，可以着重推动以下五个方面的工作。

（一）企业家精神培育工程

企业家是广州建设国际科技创新枢纽的稀缺资源，政府要树立为企业服务的意识，要抓紧落实各项优惠政策，开展针对企业的专题培训，主动宣传解读相关政策。要加强对企业创新的动态研究，及时了解企业存在的问题及症结，了解企业的政策需求。要引导开展广州企业创新评选活动，不遗余力地宣传广州行业创新标杆，宣传企业尤其是大企业的创新行为，宣传企业家的创新精神，激励企业开展创新，培育企业家创新精神。

（二）国际人才集聚工程

广州国际科技创新枢纽建设离不开国际人才的参与，要争取公安部支持，出台更开放的出入境政策，并积极开展外籍人才管理改革试点。应大胆探索外籍人才担任新型科研机构事业单位法人代表、相关驻外机构负责人等制度。鼓励国际人才提供知识产权及专利技术服务，加强对海外人才在项目申请、融资服务、成果转化等方面的支持。鼓励各类国际高端人才参与中国科学院、中国工程院外籍院士的评选。对于做出突出贡献的国际人才，应给予广州市政府特别奖励。要积极探索柔性引才新模式，尝试面向全球发布广州重大建设项目、重大科研项目，推进实施留学人员短期人才回国服务项目，推行"外籍留学人才孵化工程"，积极争取在广州国家自主创新示范区和南沙自贸区设立离岸创新创业基地等。

（三）创新治理探索工程

广州要逐步改变"自上而下"的管理模式，探索新型的创新治理模式，建立集中型和分权型相结合的管理体制，形成可复制推广的广州经验。要推进大部制改革，率先完善政府统筹协调制度，加强规划制定、任务安排、项目实施等的统筹协调。研究设立创新决策咨询机制，成立创新咨询委员会，建立高层次、常态化的企业技术创新对话、咨询制度；充分发挥民间非营利性机构在创新治理中的作用。建立创新政策协调审查机制和调查评价制度，以加强创新资源的统筹配置，促进经济政策与科技政策有效衔接。

（四）创新生态优化工程

财政投入应从强调规模效应转向强调创新能力，促进中小企业的专业化发展。要积极吸引国内创新型大企业来穗设立其全球或亚太总部，为它们"造船出海"提供服务支持。要建立"鲑鱼回流"计划，跟踪那些在广州创业、之后在发展过程中离开广州的创新型企业的发展。在企业发展壮大之后，应积极吸引它们回流到广州。广州制造企业要改变脱胎于传统工业制造模式、过于强调生产制造过程的规模效应、将大多数生产环节内置在企业内部的现状，要充分利用广东乃至全国、全球的创新资源和生产要素，把生产加工、低端服务等外包出去，大力培育"两头在穗"的科技型企业，建构"两头在穗"面向全球的企业创新生态系统。

（五）开放式创新工程

打造一批具有全球服务能力的大型科学设施，为全国乃至全球科学家开展世界一流的研究工作提供优质高效的服务。以重点实验室等国家级平台为载体，吸引全世界卓越的科学家、工程师来穗从事科学研究，积极参加和建立国际学术合作组织、国际科学计划，主动与国外高水平教育机构、科研院所合作建立联合研发基地。积极支持学术带头人参与国际大科学计划，支持和鼓励本土科技人才任职于全球科技组织。尝试发起广州重大科技攻关项目，面向全球进行招标。研究设立研发合作发展基金，鼓励外资研发机构与本土研发机构合作承担重大研发项目。激励广州科技服务机构获得国际相关授权与认证，推动其与国际知名技术交易平台和机构开展合作。构建广州国际创新合作战略伙伴机制，以争取国际科技组织落户广州。加强与硅谷的联系，助推广州高新区建设成为有国际影响力的科技园区。

参考文献

春燕、张宇飞：《东京全球创新网络节点城市建设：国家与地方的"退""进"协同》，《华东科技》2016 年第 6 期，第 40~43 页。

杜德斌：《全球科技创新中心动力与模式》，上海人民出版社，2015。

杜海清：《以色列：创新强国的典范》，《科技智囊》2011 年第 2 期，第 44~51 页。

高维和：《全球科技创新中心：现状、经验与挑战》，上海人民出版社，2015。

孔祥浩：《以色列技术转移机制和模式研究的作用》，《价值工程》2013 年第 12 期，第 5~7 页。

乐嘉昂：《全球城市创新能力提升的研究——以纽约为案例》，《上海管理科学》2016 年第 5 期，第 119~121 页。

李艳：《金融支持科技创新的国际经验与政策建议》，《西南金融》2017 年第 4 期，第 3~7 页。

B.10
全球突破性技术发展趋势与广州策略

张赛飞　刘若曦*

摘　要： 从2001年开始，美国著名科技杂志《麻省理工科技评论》每年都会根据关键领域的资深编辑综合行业顶级专家学者的意见，介绍能够革新整个行业、改变相关领域甚至是社会本质、拥有广泛应用前景、能够触发其他领域内创新的跨学科、跨产业的十项突破性技术。这些技术集中反映世界科技发展的新特点和趋势，引领未来技术的研究方向，成为政府和企业判断科技趋势的重要依据。本文梳理了2018年《麻省理工科技评论》突破性技术的主要特征，分析了2014年以来突破性技术的变迁趋势，并对广州顺应全球发展趋势、深度参与全球创新提出了对策建议。

关键词： 突破性技术　全球　广州

一　2018年十大突破性技术

2018年，《麻省理工科技评论》选出了十项突破性技术：给所有人的人工智能（云端AI）、对抗性神经网络、人造胚胎、基因占卜、传感城市、巴别鱼耳塞、完美的网络隐私、材料的量子飞跃、实用型3D金属打印机、零碳排放天然气发电（见表1），总的看来有如下特征。

---

* 张赛飞，广州市社会科学院软科学研究所所长、副研究员，研究方向为区域创新与城市经济；刘若曦，广州市社会科学院软科学研究所助理研究员，主要研究领域为产业经济、科技创新。

表1 2018年全球十大突破性技术

实用型 3D金属 打印机	技术突破	3D金属打印机实现了低成本快速金属物体打印
	重大意义	按需打印大型复杂金属物体的能力,将为制造业带来变革
	主要研究者	Markforged、Desktop Metal、GE等
	成熟期	现在
完美的 网络隐私	技术突破	计算机科学家正在完善在不透露非必要信息前提下完成验证加密工具
	重大意义	能够在处理涉及个人信息的网络事宜时免除隐私泄漏或身份被盗窃风险
	主要研究者	Zcash、摩根大通、荷兰国际集团等
	成熟期	现在
人造 胚胎	技术突破	在不使用卵细胞或精子细胞的情况下从干细胞中培育出类似胚胎的结构
	重大意义	为研究人员研究人类生命神秘起源提供更方便的工具
	主要研究者	剑桥大学、密歇根大学、洛克菲勒大学
	成熟期	现在
对抗性 神经网络	技术突破	两个AI系统通过相互对抗创造超级真实的图像或声音,赋予机器想象力
	重大意义	这给机器带来一种类似想象力的能力,同时赋予了机器数字造假的能力
	主要研究者	Google Brain、DeepMind、英伟达
	成熟期	现在
给所有人 的人工 智能 云端(AI)	技术突破	基于云端的人工智能正在降低这项技术的使用难度和价格
	重大意义	人工智能应用与云技术相结合,使其对许多人而言变得触手可及
	主要研究者	亚马孙、谷歌、微软
	成熟期	现在
基因占卜	技术突破	利用基因组数据预测患心脏病或乳腺癌的概率,甚至智商也能被预测
	重大意义	基于DNA的预测技术是公共健康领域的下一个重大突破
	主要研究者	Helix、23andMe、Myriad Genetics、UKBiobank、Broad Institute
	成熟期	现在
传感城市	技术突破	多伦多正在建设全球首个成功将尖端城市设计与前沿科技融合的城市
	重大意义	智慧城市会让都市地区变得更加可负担、宜居、环保
	主要研究者	Alphabet旗下的Sidewalk Labs、多伦多Waterfront
	成熟期	预计2019年开始施工建设
巴别鱼 耳塞	技术突破	近实时翻译,适用于多种语言,而且使用起来很方便
	重大意义	在全球化日益发展的今天,有助于突破语言障碍加强交流
	主要研究者	谷歌、百度
	成熟期	现在

续表

零碳排放 天然气 发电	技术突破	以廉价高效的方式捕捉天然气燃烧释放的碳元素,避免排放温室气体
	重大意义	能够有效降低电力部门天然气碳排放量
	主要研究者	8 RiversCapital、Exelon 电力公司、CB&I 等
	成熟期	3 ~ 5 年
材料的 量子飞跃	技术突破	IBM 采用 7 量子比特的量子计算机对小分子电子结构成功进行彷真计算
	重大意义	借助该技术,科学家能了解分子的各个方面信息并以此开发出更有效的 药物以及更高效生成或传输能源的新材料
	主要研究者	IBM、Google、哈佛大学 Alán Aspuru-Guzik 教授
	成熟期	5 ~ 10 年

资料来源:《麻省理工科技评论》中文网。

(一)人工智能领域在技术推进与应用推广上取得重大突破

本次上榜的对抗性神经网络（Dueling Neural Networks）／对抗式生成网络（Generative Adversarial Networks，简称 GAN）被认为是 2018 年最具突破性的人工智能技术。该技术通过两个 AI 系统的竞争对抗极大化地加速了机器学习的过程，赋予人工智能过去从未拥有过的想象力，使得人工智能在技术上向更深层次发展。另一项上榜的"给所有人的人工智能"技术通过在云端提供经过预先训练的人工智能系统，使得用户突破硬件和算法的限制将人工智能运用到更广泛领域。亚马孙的 AWS 子公司在人工智能云端市场占主导地位，微软、谷歌等互联网巨头也纷纷进入该领域。

(二)零知识验证密码协议为区块链开拓更广阔前景

信息技术领域最值得关注的是区块链所衍生的突破性技术——零知识验证新密码协议。该技术能够让人们在网络交易时避免透露任何非必要信息，现已被应用到商业银行基于区块链的支付系统中，解决了如何在完全透明的区块链交易下保护私密信息的问题。《麻省理工科技评论》认为该技术的入选凸显了区块链相关技术的讨论已进入更强调能够让区块链技术生态环境能够永续发展的关键性技术发展阶段。这项技术最先由电子货币交易系统Zcash 开发，并引起了摩根大通、荷兰国际集团等传统金融机构的兴趣。

（三）基因占卜技术在医药领域的广泛应用指日可待

生物医药领域在基因技术的应用场景上取得突破。科学家正利用进行中的大型基因研究的数据创造"多基因风险评分"指标以分析预判遗传信息对人类的健康状况、疾病风险，甚至智力等个人能力等的影响。随着科研院所、科技企业、风险投资等机构纷纷进入基因技术领域，越来越多大规模的基因研究成为可能，基因占卜技术在医药领域的广泛应用指日可待。

（四）3D打印技术有望给工业制造领域带来变革

实用型金属3D打印技术有望打破3D打印仅局限在业余爱好者和设计师的小圈子内用来制造一次性原型的局面，成为可用于工业零部件生产的实用技术。这项技术一旦被广泛应用，将有可能颠覆工业产品的生产方式，例如制造商们将不再需要维持大量的库存，可以按需打印某个部件。随着技术的深入发展，大规模生产某一特定零部件的大工厂可能会被产品线丰富的小工坊所取代。现在积极研究3D金属打印的主要是航天太空、医疗器械、顶级跑车等高价、客制化需求高的行业。

（五）量子计算机技术被赋予厚望

继2017年实用型量子计算机上榜之后，另一量子计算机相关主题"材料的量子飞跃"于2018年再度上榜。研究者们最近开始使用量子计算机对简单分子进行建模，IBM的研究者应用7量子比特量子计算机针对一个三原子分子进行了仿真实验。未来，量子计算机将被使用在精确分子设计中，帮助开发更有效的药物以及生成传输能源的新材料。这项技术仍需要5～10年方能成熟，科学家对量子计算机的探索刚刚开始，但其在多个领域内的应用前景被广泛看好，将会成为颠覆时代的技术。

（六）美国引领全球技术突破

2018年，十项突破性技术的主要研究者共有26家机构，其中21家总部位于美国，其中谷歌及其子公司或控股公司参与了十项技术中的五项，主要得益于人工智能技术的深入与推进。英国有 3 家机构上榜，包括生物科技领域的剑桥大学与 UK Biobank 以及人工智能领域的 DeepMind；荷兰有 1 家机构上榜，来自传统金融领域的荷兰国际集团凭借着对区块链零知识加密协议的运用技术出现在榜单上；中国仅有百度 1 家机构上榜，涉及技术领域为人工智能语音翻译。由此可见，美国在全球科技发展中处于引领地位。

（七）北深杭领衔中国技术创新

此次《麻省理工科技评论》除了发布全球榜单之外，还结合中国的实际情况发布了中文榜单，在各项入选技术中加入了中国的主要研究者。中文榜单上，入选主要研究者的有 19 家中国机构，其中北京 7 家，深圳与杭州 3 家，合肥 2 家，广州、哈尔滨、上海、苏州各 1 家上榜（见表 2）。北京有包括百度在内的 5 家企业和中科院、清华大学两家科研机构和高校上榜，当之无愧是中国科技创新中心城市。杭州有阿里巴巴、奕真生物两家企业以及浙江大学上榜，企校分布较为平衡。深圳则是以腾讯为首的 3 家企业入选，创新以企业为主导。合肥上榜的中国科技大、科大讯飞两家机构则体现了中国科学技术大学作为当地科技创新引擎的强大实力。广州入选的企业云从科技深耕于人脸识别领域，是国内银行业人脸识别第一大供应商，并由国家发改委确定与百度、腾讯、科大讯飞共同承担国家"人工智能"重大工程"人工智能基础资源公共服务平台"建设。

表 2　MIT 十大突破性技术主要研究者（中文版）

城市	机构	领域
北京	百度	人工智能
	第四范式	人工智能
	旷视科技	人工智能
	清华大学	人工智能
	商汤科技	人工智能
	搜狗	人工智能
	中国科学院	量子科技、人工智能、生物科技

续表

城市	机构	领域
杭州	阿里巴巴	量子科技、人工智能、智能城市
	奕真生物	生物科技
	浙江大学	量子科技
深圳	WeGene	生物科技
	华大基因	生物科技
	腾讯	人工智能
合肥	科大讯飞	人工智能
	中国科技大学	量子科技
广州	云从科技	人工智能
哈尔滨	哈尔滨工业大学	人工智能
上海	依图科技	人工智能
苏州	苏州大学	人工智能

资料来源：《麻省理工科技评论》中文网。

二 近五年突破性技术主要发展趋势

（一）信息、生物、人工智能始终为主要关注的领域

由表3可见，生物、信息、人工智能领域技术长期扮演重要角色，发展不断深入。生物科技领域，基因技术由基因组编辑深入发展到精确的植物基因编辑，应用上扩展出基因疗法与基因占卜两个重要场景。有坚实理论和技术基础的信息技术发展则主要偏重于应用场景的探索，范围涵盖通信、支付、交流、移动技术等各个方面；量子计算技术在2017年及2018年连续上榜揭示了信息技术领域飞跃式发展的可能与方向。人工智能领域则体现了技术成长的过程，理论及技术基础从2014年的神经形态芯片开始发展至2018年的对抗性神经网络，应用场景也由机器人向无人汽车、云端AI方向扩展，并开始影响其他领域的科技发展。可以预见，人工智能将在未来的突破性技术中扮演重要角色。

表3　2014~2018年全球十大突破性技术

2014年	2015年	2016年	2017年	2018年
农用无人机	虚拟现实	免疫工程	强化学习	金属3D打印
超私密型手机	纳米结构	精确植物基因编辑	360度自拍	人造胚胎
大脑图谱	汽车间通讯	会话接口	新基因疗法	传感城市
神经形态芯片	谷歌空中无线网	可回收火箭	太阳能热光伏电池	给所有人的人工智能(云端AI)
基因组编辑	液体活体检查	知识分享型机器人	细胞图谱	基因占卜
微型3D打印	大规模海水淡化	DNA应用商店	自动驾驶货车	对抗性神经网络
移动协同软件	苹果支付	太阳城市超级工厂	刷脸支付	巴别鱼耳塞
头戴式显示器	脑细胞团培育	Slack通信软件	实用型量子计算机	完美的网络隐私
敏捷型机器人	超动力光合作用	特斯拉自动驾驶仪	治愈瘫痪	材料的量子飞跃
智能并网发电	DNA互联网	隔空取电	僵尸物联网	零碳排放天然气发电

资料来源：MIT Technology Review。

其他主要涉及领域包括新能源、清洁技术和工业制造等。其中新能源和清洁技术虽然每年都有技术入选，但因为大多仍处于实验阶段，成熟期较长，均未出现大规模的应用场景。3D打印技术曾在2014年前后狂热一时，在2018年又凭借材料的拓展重新上榜。可见，部分足以影响产业变革的技术需要持续的投入才能长久发展。

（二）信息技术、人工智能、生物医药技术成熟期加快

自2015年以来，"麻省理工科技评论"都会给出每项技术的成熟期，以衡量技术能够商业化或大规模应用的可能。由表4可见，2018年，有7项技术的成熟期为"现在"。从具体领域上看，2015年至2017年成熟期为"现在"的技术中，大多属于基础已经非常稳固的电子信息领域，而2018年成熟期为"现在"的技术则平均分布于电子信息、人工智能、生物科技等领域，这意味着这些领域的发展速度加快，商业化与应用前景愈发明朗，对推动人类社会进步的意义更为重大。各种大型企业的战略布局和风险投资的进入也使得这些领域在探索商业化和应用场景方面更具优势。这些领域的技术竞争势必日益激烈，如果不能及时跟上最尖端技术发展的脚步，将很容

易被竞争对手抛离。同时，新技术进入应用领域进程加快将引发一些社会伦理问题，如何营造人与科技和谐发展的社会环境将成为热点议题。

表4 2015～2018年十大突破性技术成熟期统计

年份	现在	3 年以下	3～5 年	5～10 年	10 年以上
2015	4	3	1	0	1
2016	5	3	1	1	0
2017	4	1	1	2	2
2018	7	0	2	1	0

资料来源：MIT Technology Review。

注：2015 年其中有一项技术成熟期未查询到。

（三）环境、能源、基础研究等领域仍需要较长发展时间

相比之下，环境、能源、基础研究等领域的技术仍需要较长发展时间才能够成熟，例如太阳能光伏、量子计算机、基础医学研究等技术均需要 5 年或更长的成熟期。造成这一现象主要有三个原因：第一，这些技术的攻关难度较大，本身就需要较长的研发周期；第二，这些技术需要大量且长期持续的资本、人力投入，但短时间内难以取得高额回报，这限制了领域内创新要素的流入，使得技术发展较为缓慢，甚至会陷入难以为继的困境；第三，这些技术成功完成研发之后，通常还会因为使用成本等原因无法大规模投入使用，在成果转化上面临难关。但环境、能源、基础科学等领域的技术对地球的可持续发展起着重要的推进作用，要如何支持这些领域的技术发展值得深思。

（四）不同领域的科技相互融合

由表3可见，从2016年开始，一些技术开始突破自身的领域，与其他技术相融合，开拓出更高效的发展路径与更广泛的应用场景。例如2016年的DNA应用商店把基因技术和大数据融合在一起，让普罗大众能以更低廉便捷的方式了解个人基因中的健康风险和遗传倾向。这一趋势在2017年与

2018 年因为日益成熟的大数据与人工智能技术开始对其他领域进行大规模渗透而愈发明显。2016 年，特斯拉自动驾驶仪只能运用软件程序作为辅助驾驶的工具，属于信息技术的范围；2017 年自动驾驶货车技术则加入了机器深度学习的元素，跨越了信息技术与人工智能两个领域。2017 年的治愈瘫痪技术则是神经科学与电子科学的融合。2018 年的基因占卜技术得到了大数据的有力支撑，巴别鱼耳塞翻译技术也因为人工智能的语音学习与合成功能而拥有了更广泛的发展前景。在 2017 年与 2018 年两度入选的量子计算机技术一旦走向成熟，几乎所有领域都会因为算速的爆炸性提升而产生变化。

（五）创业公司为全球科技创新带来活力

自 2014 年以来，世界五大科技巨头（谷歌、微软、苹果、亚马孙、脸书）只作为主要研究者参与了 50 项突破性技术中的 14 项，集中度仅有 28%。剔除掉通用、国际商用机器公司（IBM）、索尼等大型企业以及大学、研究中心等学术机构，仍有 52 间中小型科技企业①参与了 50 项突破性技术中的 35 项，成为引领全球技术突破的主要力量。其中，成立时间为 5 年或 5 年以下的企业有 20 家，成立为 6 年至 10 年的企业有 11 家，这 31 家成立不到 10 年、还处于创业阶段的企业 50 项突破性技术中的 21 项，领域涵盖人工智能、信息技术、生物医药等方面，为全球科技创新带来了活力。

（六）大学及科研机构在全球科技创新中扮演重要角色

2014 年至 2018 年，全球共有 42 家大学及研究机构作为主要参与者入选榜单，主要涉及人工智能、生物医药、量子科技、清洁能源等领域的基础理论，为科技的应用推广打下坚实的底层基础。不仅如此，大学及科研机构孵化了一批拥有先进技术的创业公司，成功地将科研成果推向市场，开发了具有广阔前景的应用场景，使科学技术真正能够给人类生活带来变革。

---

① 这里的中小企业指营业收入低于 100 亿美元的企业。

（七）中国与世界领先水平差距仍然较大

2014 年以来，中国仅有 5 家机构能够入选《麻省理工科技评论》全球十大突破性技术全球榜单主要研究者，其中企业 3 家，分别是百度、阿里巴巴、旷视科技，集中于人工智能领域，主要为刷脸支付、交流通信等轻型应用类技术；研究机构 2 家，分别为云南省灵长类生物医学重点实验室、中国科学院遗传与发育生物学研究所，两者均因为基因编辑技术入选；全国无一家大学入选。可见，中国不仅入选机构较少，所涉及的领域也非常单一，显示中国拥有世界领先水平的突破性技术寥若晨星。相较之下，美国共有 104 家机构入选，技术遍布各个领域。日本、德国、英国虽然上榜机构数不如美国，但在科技领域的广度与深度上比中国更有优势。

三　广州的主要策略

（一）加快布局人工智能、信息技术、生物医药领域

世界科技发展脚步加快，人工智能、信息技术、生物医药等领域的突破性技术不断兴起，对社会经济生活的影响日益重要，将成为科技竞争的关键领域。同时，这些领域的许多技术还处于发展的初级阶段，技术差距较小，进入难度较低，市场前景广阔，存在迎头赶上、弯道超车的可能。广州应该积极布局 IAB 领域，优化 IAB 产业创新创业环境，吸引国内外优质的资本与人才集聚，构建产业链条完整的价值园区，使 IAB 产业成为广州建设具有活力的全球城市、国际科技创新枢纽城市的重要推动力。

（二）建立离岸科技创新中心，取全球英才为己用

随着国家创新驱动发展战略的深入，中国的科技创新水平正飞速提高，但仍与美国等世界主要创新国家有着较大差距。人才是创新的资本，中国与主要创新国家的差距很大程度上是人才的差距。目前，大量的顶尖科技人才

聚集在美国、欧洲等地区，虽然广州已经开始出台各项条件优厚的引才政策，但想要突破文化和地域的壁垒大规模引进这些人才，仍存在较大难度。在这种情况下，广州可以尝试建立离岸科技创新中心，主动深入世界科技创新集群中招揽人才，使他们不用离开本地就能参与到广州的创新链条，将有利于广州完善创新体系，更好地发挥国际创新枢纽功能。

（三）推动要素快速流动，深度参与全球创新

当前，大型公司对具有技术优势的创业公司进行并购或股权投资已经成为其推进自身创新、布局新兴产业的重要的手段。随着经济的发展，许多中资企业已具备跨国并购的实力，可以考虑鼓励广州现有大型企业，特别是资本实力雄厚的传统企业对国际上掌握新兴技术的初创企业进行并购或战略投资，以资本换取技术和人才，深度参与全球创新，同时助力自身的转型升级。同时，应大力引进及培养高端商业服务机构，如顶尖的投行、律所、咨询公司等，为广州本土企业进行跨国投资提供优质而精准的服务。

（四）积极培育创新型中小企业，努力培植本土大型企业

无论是在全球舞台还是在中国市场，中小企业都在科技创新领域扮演着重要角色，创新型中小企业的蓬勃发展很大程度上反映着一个地区的创新活力。广州应当加强对创新型中小企业的扶持力度，完善创业帮扶体系，使初创企业在成长的各个阶段都能得到相应的支持，解决资金、人才、平台等一系列问题。同时，大型企业对科技创新也起着举足轻重的作用，是决定创新能否成功转化、持续发展的关键因素。广州作为经济实力雄厚的国家中心城市，理应集聚一些能够引领行业发展的龙头企业，使其成为区域科技创新发展的重要引擎。在此基础上，推动中小企业与大型企业之间的良性互动，实现资本与人才的双向流通。

（五）政府层面应给予成熟期长的技术更大的支持和帮助

虽然突破性技术可能正以前所未有的速度成长，一些较为基础或大型的

技术仍需要长期的关注与投入，才能够顺利走上商业化道路，拥有广泛的应用场景。在知识经济时代，技术领域长期是资本市场关注的热点话题，那些成熟期短、容易找到市场突破点的技术更受青睐；相反，那些成熟期长、应用场景尚不明确的技术可能会遭受冷遇，在成熟之前便因为缺乏资本的关注而夭折。但是，这些技术或许是真正能够带来时代变革的伟大技术，例如新能源、量子计算机等。这时，相较于为已经能够在资本市场中获得足够发展资源的技术锦上添花，政府更应该关注这类技术，予以财政和政策上的支持，同时积极营造环境，引导市场做出更长远的投资。

（六）敢于创新，允许失败，建立容错机制

创新是一个冒险的过程，即使是世界上最权威的科研机构、最顶尖的科技公司都可能错判局势，导致最终的失败。并且，相较于延续性创新，颠覆性创新则具有更大的不确定性，鼓励创新，就必须容许失败。政府层面要对创新项目建立科学的评价机制，防止单纯的结果导向，容许科研、研发人员在创新中走些弯路、遇些挫折，甚至遭受重大失败。企业层面，应该学习世界顶尖科技企业的成功经验，鼓励员工广泛参与创新，拿出部分资源支持一些看似前景并不明确的奇思妙想，营造良好的企业创新氛围。

（七）关注新科技引发的社会问题，做好制度建设及政策引导

随着科技发展的深入，大量人们没有想过的应用场景会不断涌现，这注定将引发社会的广泛讨论，甚至带来严重的社会问题，例如无人车运营带来的交通安全问题、人工智能的发展带来的职位流失问题以及基于区块链技术的虚拟货币监管问题等。无论是从科技发展的角度，还是从社会稳定的角度出发，关于新科技的制度建设和政策引导都应该适当领先于技术应用，才能确保科技发展真正造福社会、造福群众。同时，应当做好相应的舆论准备工作，让社会更好地接受科技变革。

B.11

广州研发产业的演化、特征及对策研究

邓 强[*]

摘　要： 本文将产业发展研究与产业研发活动作为共同对象进行观察，从产业活动及演化的视角，运用技术创新理论通用的概念和分析方法，观察广州在研发产业各创新主体上如何配置要素资源，如何实现预期的产出绩效，即始于研发活动的初始、成长，并逐步向产业化方向演进过程的逻辑思路和发展主线。本文首先介绍研发产业的内涵与成因、全球研发产业发展态势，然后分析广州研发产业演化进程、基本特征以及制约广州研发产业的发展瓶颈，最后给出一般性政策建议。

关键词： 研发产业　基本特征　创新动能

一　研发产业内涵

（一）研发产业概述

1. 研发产业的概念

研发产业是指从事研发（R&D）活动，并提供产品或服务的组织和企业的集合，包含产业主体和产业市场等方面的内容。类似西方的"研发服

---

[*] 邓强，广州市社会科学院软科学研究所助理研究员，研究方向为产业经济、科技创新。

务业"概念,与研发活动密不可分。大规模研发活动的外部化和市场化,导致研发活动逐步凸显出产业化特征。

2. 研发(Research and Development)

即"研究与开发",又称"研究与发展",简称"研发"(R&D),是知识创新和技术应用的系统性的创新工作,是人们不断探索、发现和应用新知识的连续过程。

3. 研发活动

是指科技人员所从事的知识创新活动,一般分为基础性研究、应用性研究和实验开发三个阶段。它具有探索性、创造性、不确定性和风险性等特征,对技术进步及技术成果转化为商业化产品和服务至关重要。

4. 研发产业的特性

研发产业的概念至今尚无统一认识,主要是源于研发活动的特殊性。R&D活动一般具有以下的特殊性:一是R&D活动成果会在不同行业间扩散,产生经济效应外部性;二是R&D研发结果指向未来,活动产出具有不确定性;三是R&D产业与经济结构变迁密不可分、互为因果;四是研发活动主体多样性,研发成果既可以由企业内部完成也可以通过技术市场实现;五是人力资本的地位突出,属于知识密集型产业。

研发产业一般包括自主性研发、外部性研发(即合同研发)和研发服务三大类。经合组织(OECD)将研发涵盖的领域定义为:工业设计、工程服务、实验室的试验活动、计算机系统及相关服务、科学技术咨询服务、自然科学、工程领域和生命科学领域的科学研究与试验发展等。

(二)研发产业兴起的成因

概括而言,研发独立化和产业化作为一种全球性的发展趋势,其主要成因有以下几个方面:一是以信息技术为代表的现代技术发展迅速,新产品新技术的研发费用不断上升,而产品/技术生命周期却不断缩短;二是R&D越来越集中于专业机构,体现在国家层面上,国家战略和目标中R&D政策成为科技政策的主要组成部分并落实在重大专项和实验室上,体现在企业层面上，技术愈来愈成为创新的常态，R&D 成为企业日常活动和实现利润的主要途径；三是技术交易便利化和市场化，越来越多的企业愿意通过卖技术许可收回部分 R&D 费用；四是技术创新非线性化，企业无法完全掌握产品生产过程中各个环节完整技术，即使大企业也不可能对自身产品需求的技术进行全面的研究与开发，R&D 环节分工细化，导致技术合作和研发产业形成。

二 全球研发产业发展态势

（一）产业规模快速增长

美国和欧洲等西方国家习惯将研发产业称为"研发服务业"。根据美国统计局对研发服务业进行的统计资料显示，2004～2014 年的 10 年间，研发服务业产值年均增长 176%。2015 年美国研发服务业产值为 12880 亿美元，占当年美国 GDP 的 4.1%。欧盟统计局发布的报告显示：2014 年欧盟 28 国的研发支出规模为 2840 亿欧元，比 2013 年增长了 3.4%。与 2004 年相比，增长了 42.0%。

20 世纪 80 年代后期，美国的硅谷集聚了 8000 多家电子科技公司和软件公司、7000 家的制造商、全球 100 家最大技术公司的 1/3，为美国研发产业发展奠定了雄厚的微观基础。

（二）研发外包加速发展

在新的竞争形势下，归因于内部技术研发成本不断上升，促使技术密集型行业的企业更倾向于从外部获取技术和服务，以实现成本节约和效率提升。如通信、计算机、生物技术、制药、新材料等行业。

根据 2015 年《全球研发服务商评级》（GSPR）报告，在全球 500 强研发投入的 6140 亿美元市场规模中，研发外包的市场份额为 2150 亿美元（包括自建离岸研发中心及离岸在岸发包），其中软件和嵌入式领域的研发需求占比75%，达到2650亿美元。西欧和印度占据了当年74%的市场份额，中国企业仅承接了研发外包额的5.3%。

（三）跨国研发成为常态

美国科学基金会国家科学与工程统计中心发布的《企业研发和创新报告：2013年》显示，当年美国公司的境外研发经费731亿美元，比2012年增长1.55%。其投向欧洲地区多达407.33亿美元，占比55.6%，其次是亚太地区，达252.55亿美元，占比34.5%。从国别上看，美国公司的境外研外经费投向英国达89.49亿美元，占比12.24%；投向德国达86.37亿美元，占比11.8%；投向印度达58.60亿美元，8.0%；投向中国达57.74亿美元，占比7.9%。

新兴国家和地区日益成为研发产业全球化的重要参与者。中国、印度和韩国等发展中国家和新兴国家日益成为研发全球化的重要参与者。据博斯公司统计，2010～2011年，全球研发支出最大的1000家公司在印度和中国研发支出增长达27.2%，远高于北美的9.7%、欧洲的5.4%和日本的2.4%。

（四）专业性研发企业大量涌现

研发产业发展直接催生了大量科技型研发公司的兴起。这类研发公司一般由科学家主导，主要从事信息、电子、生物工程、新材料、新能源等技术产业领域的产品和新技术的开发、应用。美国IBM公司与德国西门子公司为联合开发新一代集成电路而建立了联合研发实验室。德国2017年的研究、资助和中介机构在与中国合作中投入4600万欧元支持中小型企业在研发领域的国际合作。此外，印度IT外包巨头印孚瑟斯（Infosys）计划在美国开设四个新的技术和创新中心，在云计算、人工智能和大数据等领域培训美国员工，实现其全球化的深化发展。

除直接催生了大量科技型研发公司以外，大量高技术企业也进入研发高投入期，并向大企业集中。据欧盟调查统计的全球2500家企业中，前100

家大研发企业占了研发投入的 53.1%，前 50 强企业占 40%。研发增长最快的行业是 ICT（信息、通信和技术）、健康和汽车。

（五）中国纳入全球研发产业链

目前跨国公司在中国设立的研发机构已超过 1500 家，雇用超过 15 万名的科学研究和技术开发人员。随着中国经济的日益发展，跨国公司开始提升其在华研发机构的业务功能，把一些核心技术和基础研究转移到中国，不少跨国公司（如摩托罗拉、微软）在华研发机构已成为其全球研发网络的核心节点和"卓越中心"，从事着当今世界最前沿的技术开发和最基础的科学研究。

跨国公司研发机构与中国高校的合作方式也不断创新，合作领域日益拓展、合作动机更加多元。由以往简单、临时的项目研发、人员往来转向建立长期、稳定的战略合作与协同创新关系。据不完全统计，我国高校与跨国公司研发机构建立的联合研发机构数量已超过 300 家。

三 广州研发产业演化进程

与发达国家研发产业演进过程不同，广州研发产业的发展基本上是与国家经济和科研体制变革同步。大致可以按国家科学发展任务和科研体制的历史改革进程，划分为三个阶段：第一阶段 1950～1980 年（计划经济时代），第二阶段 1980～2000 年（改革开放的过渡阶段），第三阶段 2000 年至今（从初创到基本成型）。

（一）初始的科学研究活动（1950～1980 年）

新中国成立以来，为了恢复国民经济和使中国由农业国变成工业国，国家将稀缺的研发资源进行集中，通过设立科研机构方式，实施对国外先进技术的追赶或者超越。1949 年《共同纲领》明确指出："努力发展自然科学，以服务于工业、农业和国防建设，奖励科学的发现和发明，普及科学知识。"在"1956 年全国知识分子"会议上，中央提出"向科学进军"的口号，同年按照毛泽东同志的指示，科学技术规划委员会制定了我国第一个科学技术发展长远规划，即《1956～1967 年科技发展远景规划》。广州借此机遇，组建或吸纳了一大批研究机构。这些研究机构是有编制有经费有级别的事业单位，主要是依托政府科技计划和目标，展开科学研究活动，即彼时的研发多为组织内的活动，仅少部分通过市场，委托由具备专门知识或技能之研发服务业者来提供。

（二）研发活动萌芽时期（1980～2000 年）

1988 年，国务院颁布《国务院关于深化科技体制改革若干问题的决定》，鼓励和支持科研机构和高等院校直接介入经济领域，支持多种所有制科研机构发展。作为历史进程的里程碑，各种所有制科研机构被纳入科研体系，从而推动了研发活动市场化进程。

配合"经济建设必须依靠科学技术，科学技术必须面向经济建设"的重大战略部署，广州开始转向科技与经济发展的深度融合，加强科技成果推广应用，通过对接"国家技术改造计划""自然科学基金计划""攻关计划""国家重点技术发展项目计划""863 计划""火炬计划"等科技发展计划，重点实施大中型企业技术改造和产学研结合服务经济实体的创新发展措施。这个阶段，是广州多种所有制科研机构并存、市场化研发活动萌芽、初显研发产业集聚的阶段。

（三）研发产业形成（2000 年至今）

1998 年 10 月，广州市政府颁布了《关于深化市属独立科研机构体制改革的决定》（穗府〔1998〕79 号），市属科研机构（包括由市属科研机构职能转变形成的科技中介机构）进入企业化改制。1999 年至 2001 年，市属独立科研机构事业经费的财政补助部分逐步被减拨直至取消。

20 世纪 90 年代后期，国际金融危机爆发后，一种新型研发组织在我国东南部沿海地区悄然出现，即新兴研发机构。它们以全新的建设模式和运行机制独树一帜，在技术创新、科技成果转化、培育创新人才等方面逐渐引起社会和政府部门的关注。

伴随着市属科研机构转制和新型研发组织的出现，标志着广州有了大规模研发活动外部化和市场化的产业特征。到 2016 年，广州新型研发机构已经拥有 44 家，位居广东省第一①。其中，中科院广州生物医药与健康研究院、国家超级计算广州中心等 10 家新型研发机构等是广州与知名大学、研究院所联合新建。同时，一批传统科研机构、国有大中型企业研发机构、民营企业研究院等也进入新型研发机构活动领域，呈现出多元化发展趋势。

四　广州研发产业的基本特征

（一）研发资源高度集聚

1. 国家（省市）工程技术研究中心实力雄厚

按照国家科研体系分工，各级工程技术研究中心担负着国家及省市各级政府重点研发任务，以及引进技术的消化、吸收，科技成果的商品化和产业化的科研开发。显然，愈是这类科研开发实体高度集聚的地方，行业技术创新和扩散的基础愈雄厚，研发产业发展的优势愈明显。

截至 2016 年底，广州已经拥有国家工程技术研究中心 18 家，比 2010 年的 13 家增加了 5 家；省级工程技术研究中心 658 家，增加了 554 家；市级企业研发机构 1734 家，增加了 677 家。

从工程技术研究中心的省内分布情况看，这些承担着相关技术领域的关键性、基础性和共性技术问题研发任务的研发机构，同样高度集聚于广州（见表 1）。

---

① 资料来源：广东省科学技术厅网站，http：//www.gdstc.gov.cn/HTML/zwgk/tzgg/1444643232382－20971176728942308 74. html。

表1   2015年广东省级工程技术中心区域分布情况

城市名称	省级工程技术中心数量(家)	城市名称	省级工程技术中心数量(家)	城市名称	省级工程技术中心数量(家)
广州	630	江门	97	河源	23
佛山	278	惠州	76	清远	20
东莞	126	肇庆	59	茂名	20
中山	119	梅州	37	阳江	17
汕头	109	潮州	36	韶关	16
深圳	101	揭阳	36	云浮	14
珠海	99	湛江	33		

资料来源：广东省科学技术厅－统计数据－科技建设条件。

2. 新型研发机构异军突起

与国外研发产业内主体组织进化与市场化进程不同，中国新型研发机构的出现，正式宣告研发产业市场化主体的诞生。目前，广州拥有全广东省最多的新型研发机构，其中广东省认定的第一批（2015～2017）新型研发机构共有124家，主要集中在广州（28家）、佛山（25家）、深圳（20家）、东莞（17家）；第二批（2016～2018）有16家入选，累计44家，占全省的24.4%。这些研发机构已经具备了实体化（中国科学院广州生物医药与健康研究院、广州超级计算中心）、资本化（投资公司＋孵化器）、国际化的明显特征。

3. 跨国公司研发中心纷纷落地

自1994年北方电讯和北京邮电大学合作成立第一家中外合资研发机构"北邮—北电研发中心"以来，跨国公司在华设立研发中心形成趋势，大批著名跨国公司的研发中心先后在中国落地。广州亦吸引了爱立信、汇丰银行、加拿大的北方电讯、惠亚、本田、三星、东风日产、瑞士ABB、东南亚电信集团、3M，以及CBA等全球跨国巨头的研发中心落户。而思科集网络技术领域的资源优势，搭建的创新应用研发中心—万物互联制造云平台—高标准智慧产业体系，将成为跨国公司落户广州很好的标杆。

（二）高新技术企业集群优势领先

2016 年，广州全年净增高新技术企业 2823 家，增速居全国副省级以上城市之首，是 2015 年净增量（263 家）的 10 倍多；净增量居全国各大城市第二，仅次于北京。累计达 4742 家，是 2015 年总数（1919 家）的 2.5 倍，居全国各大城市第四。

从高新技术企业行业分布可以看出这种集群特征。2016 年在广州的 4739 家高新技术企业中，92% 集中在电子信息、先进制造与自动化、高技术服务、生物与新医药、新材料等战略性新兴产业领域，8% 为传统产业领域。其中，电子信息占比达到 43%，先进制造与自动化、高技术服务、生物与新医药领域合计占比达 49%。

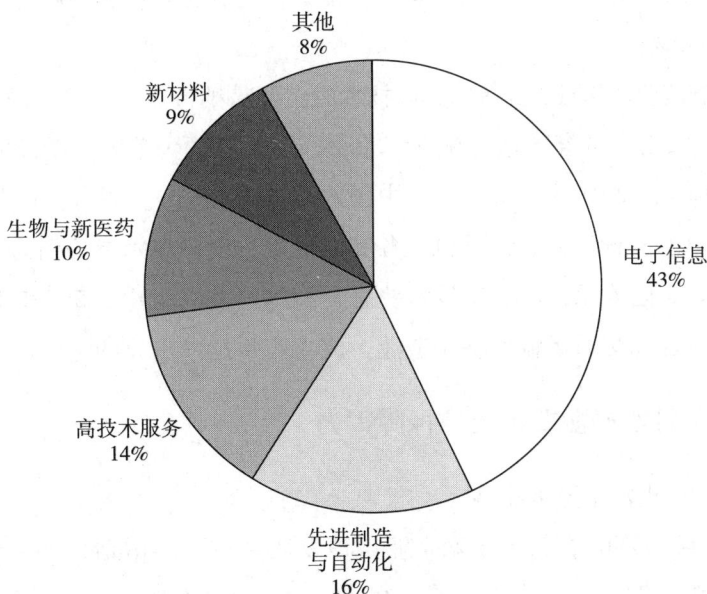

图 1 2016 年广州高新技术企业的领域分布

此外，广药集团、达安基因、冠昊生物等一批具有核心竞争力的优秀创新型企业快速发展，起到了龙头带动效应。同时，包括美国杂志《快公司》

评出的中国最佳创新公司 50 强中，13 家诞生在广州的事实表明，大量以知识溢出和技术外溢为主要特征的高新技术企业不断涌现，标志着以高强度研发投入为主的高新技术企业集群式发展成为广州研发产业坚实的微观基础。

（三）技术市场交易规模凸显

以目前的统计口径，研发产业化发展状况最直接的表述应该是技术合同成交额，尽管这个指标反映的是登记在案的合同交易，有许多非合同技术交易数据无法体现，但通过合同交易可以看出广州研发产业市场活动的变化趋势。

2011～2015 年，广州技术合同成交额从 159.52 亿元上升到 266.00 亿元，年均增长 14.22%。五年间技术合同成交额共计 1093.33 亿元，占广东省技术合同成交额的 45.58%。2016 年技术合同成交总额达 266 亿元，比上年增长 8.86%。

广州制造业成为日、美等国先进技术的主要吸纳行业，技术引进合同金额最高是日本，占引进合同总金额的 55.15%，其后依次为美国（27.35%）、德国（6.59%）、韩国（2.32%）和中国香港（2.15%）。同时，广州技术出口主要集中于信息传输、计算机服务和软件业，出口技术费分别为 10.19 亿美元和 10.16 亿美元，占出口技术费总金额比重分别为 46.12% 和 45.98%，软件业逐渐替代交通运输设备制造业，成为广州技术出口的主力。

（四）研发产业要素支撑保障得力

1. 专利产出水平稳步提高

2016 年，广州共有 3546 家企业申请发明专利，共申请发明专利 16174 件，同比增长 84.3%，占全市总量的 50.7%，首次超过 50%。统计显示，2016 年广州专利申请量增速居全国 19 个副省级及以上城市第一位。

广州企业专利数量比 2015 年增加 1438 件，增长 68.2%；申请发明专利 16174 件，同比增长 84.3%，占全市总量的 50.7%，首次超过 50%。资料显示，无论是申请发明专利的企业数量，还是企业发明专利申请量、有效发明专利拥有量等均有较大增幅，其中，广州视源电子科技股份有限公司年度专利申请量高达1149件，成为广州民营企业首个年度专利申请量突破千件的企业。

2. 服务（研发）外包居主要城市前列

从广州服务外包（研发）产业发展态势看，2015年，全口径合同额达91.10亿美元，同比增长16%；离岸合同额达54.17亿美元，同比增长13.56%；离岸执行额为38.67亿美元，同比增长21.62%。广州已连续5年规模超过深圳，居广东省级和华南地区首位；在商务部对全国31个服务外包示范城市综合评价中名列第三，被列为示范城市第一梯队。其中，最能体现研发产业发展趋势的服务外包中IT外包（ITO）和知识流程服务外包（KPO）加总概算后研发外包服务业，居国内主要城市前列。

3. 创新载体发展态势良好

2016年，广州新增科技企业孵化器73家，累计192家，其中国家级21家（见图2），孵化面积840万平方米，孵化企业及项目超过10000家（项）；新增众创空间80家，累计115家，其中45家被纳入国家级孵化器管理支持体系。

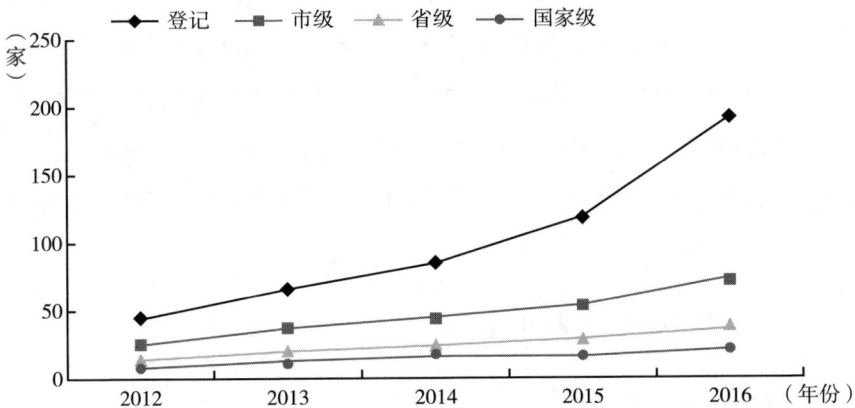

图2　2012~2016年广州孵化器的数量

截至2015年底，广州已建成37家国家级和省级国际科技合作基地，培育了53家市级国际科技合作平台和孵化基地，包括广东省农业科学院国际科技合作基地、中国电器科学研究院国际科技合作基地、暨南大学—香港中文大学再生医学联合重点实验室、广东省干细胞与再生医学国际科技合作基地、中乌联合科学研究院等具有代表性的国际科技合作基地。

五　制约广州研发产业发展的瓶颈

（一）国际化能力亟待提高

缘于技术研发基础的差距，广州虽然积极纳入国际创新网络，但仍处于国际创新网络低端，无法对接国际一流技术研发产业向国内转移，从而也导致研发产业的技术研发水平处于中低端。一个不争的事实：著名跨国公司、国际研究机构在华研发战略布局中，京沪地位超群，而且在京沪的外资研发中心有相当部分是从事基础研究。尽管广州也力争"全球资源配置中心"地位，但首先需要改变这种"外资研发中心和研发机构规模较小、层次不高、名牌不多"的状况。

许多学者使用"高新技术出口额占整个出口额的比例"这个指标来衡量研发产业的国际化水平。按照这个指标观察，广州的研发产业国际化程度也不高。统计资料显示，2016年，我国高新技术产品出口额39876亿元，占整个出口额比例为28.80%；广州高新技术出口额仅928.94亿元，占出口额的17.91%；而上海这一比值达43.12%，深圳为51.15%，北京也达21.82%。①

（二）研发产业处于起步阶段

1. 研发投入总体不足

2015年，中国R&D（研究与开发）经费投入强度为2.1%，北京约

---

① 《2015年国民经济和社会发展统计公报》、《2016年广东省统计年鉴》和《2015年广州市国民经济和社会发展统计公报》。

6%，居首位。深圳紧随其后，达到4.05%。上海位列第三，达到3.7%。杭州、武汉、天津都达到了3%。令人意外的是，作为中国最繁荣区域的重要中心城市，广州的研发投入仅略高于全国平均水平，为2.5%。研发投入的不足，将损害广州未来产业竞争力。

2. 企业研发经费投入力度不够

企业研发经费投入情况反映了企业对产品创新和技术开发以及市场前景的重视程度。

从中外数据比较来看，发达国家企业研发经费占销售额的比重一般为6%左右，高科技企业则达到10%～15%，有的甚至超过了15%。例如，2016年美国Facebook公司研发经费占销售额的比重达26.9%，雅虎公司为24.3%，迈威尔科技公司为38.7%，微软公司为14.1%，中国的华为为15%，腾讯为8.1%，百度为15.4%，而广汽的研发经费占销售额的比重仅为6.5%[①]

广州2016年研发规模排名前53家的高新技术企业，研发经费投入总额达119.27亿元人民币，而同年英特尔一家公司的研发经费（R&D）就达111.39亿欧元，微软是110.11亿欧元，2016年底欧元对人民币的汇率则在7.2左右。

2. 新产品销售收入缺乏竞争力

许多学者研究表明，企业研发经费投入与新产品销售收入关联度最大，也是衡量企业研发产出绩效的重要依据。根据各地区2016年统计年鉴数据计算，由新产品的概念或定义[②]可以看出，广州研发产业发展水平仍然较低。2015年广州规模以上工业企业新产品销售收入占全国的比重为2.22%，而同期北京的数据是2.36%，上海为4.95%，深圳高达5.78%。

---

① 资料来源：欧盟委员会发布的《EU R&D Scoreboard 2016：World – 2500 companies ranked by R&D》。

② 指采用新技术原理、新设计构思研制生产，或结构、材质、工艺等某一方面有所突破或较原产品有明显改进，从而显著提高了产品性能或扩大了使用功能，对提高经济效益具有一定作用的产品，并且在一定区域或行业范围内具有先进性、新颖性和适用性的产品。

（三）研发产业资源配置错位

1. 研发资源过度集中于体制内

广州聚集着广东省 2/3 的高等院校、97% 的国家重点学科和全部国家重点实验室，其中包括 79 所大学、141 家研发机构，以及 19 间国家重点实验室。研发机构聚集是广州致力于建设国际科技创新枢纽的优势，也是研发产业快速发展的基础。但是，相对于研发产业发展的市场化程度而言，似乎研发资源配置有些错位，大量的科技研发资源集中在科研机构和高等院校，而且是体制内的科研院所。

2. 企业自身缺乏研发能力

目前，很多大中型企业尚未建立自身的研发和技术中心，特别是国有企业不积极开展研发活动或新产品开发活动，绝大多数企业缺乏研发能力。广州市科技创新委员会发布的 2015 年广州市科技统计数据表明：广州国有大中型企业设有研究机构的比重在 20% 左右，研发经费占主营业务收入比重在 1% 左右。而且，广州更缺乏像百度那样的深度学习研究院，阿里巴巴、腾讯等在美国设立的人工智能实验室等前沿性研发布局，以及有影响力的企业研发中心。

3. 企业专利申请量少

研发资源配置不合理的结果是企业研发产出不足。2016 年，广州在发明专利申请量排名前十的申请人中，高校 7 家、企业 2 家、科研机构 1 家。这两家企业中，一家为广州视源电子科技有限公司（716 件），另一家为南方电网科学研究院有限公司（254 件）。而 2016 年，华为一家就有 3692 件 PCT 国际专利。尽管有各种理由解释广州企业受制于各种因素而无法产出更多的各种专利，但企业研发能力和产出质量偏弱问题确实有待改善。

（四）外部性研发意愿不强

1. 高技术制造业溢出不足

就外部性研发的技术溢出能力而言，高技术制造业是最有竞争力的行业。这方面，深圳的高技术制造业表现最为突出，2016 年规模以上高技术制造业增加值占规模以上工业增加值的比重达 66.16%，超过主流发达国家中心城市的水平。其中，计算机、通信和其他电子设备制造业增加值占规模以上工业增加值比重达 62.1%。广州 2016 年规模以上高技术制造业增加值占规模以上工业增加值比重是 13.62%。仅从合同研发的角度看，广州外部性研发技术溢出的产业基础就有很大的提升空间。

2. 研发外包基础薄弱

在《广州研发外包发展现状与对策研究》的研究中，课题组观察到广州的外部性研发明显不够活跃。该报告显示：一方面，广州从事研发的企业不足北京的四成，上海的七成，研发企业基数偏少，产业微观基础偏弱；另一方面，广州本地研发外包企业规模普遍偏小，缺乏在国内外具有影响力的总部型外包企业，国际接单能力不强，只能接到一些总接包商的逐级分包业务。

3. 技术交易不够活跃

企业内部的自主性研发活动，以非合同式研发活动为主，通过外部技术交易实现技术创新的意愿不足、能力不高。2016 年，广州技术交易额达 266 亿元，占规模以上工业企业新产品销售收入的 7.93%；而同期上海技术交易额占规模以上工业企业新产品销售收入为 9.48%。这个差距说明广州的技术市场供给的有效性不足，专业性技术研发公司缺乏，研发产业外部化活动不够活跃。

（五）研发环境有待改善

来自清华大学《中国城市创新创业环境排行榜》（2014 年度）的研究报告表明：广州在该报告创新创业环境的 8 个一级指标遴选中，除了研发环境外，政策环境、产业环境、人才环境、金融支持、中介服务、市场环境、创新知名度，均排在全国百城前三位，而研发环境却排在第 9 位[①]。该报告

[①] 资料来源：清华大学启迪创新研究院《中国城市创新创业环境排行榜》，http://blog. sina. com. cn/。

从研发投入和创新成果两个方面考虑研发环境，基本上可以反映出广州研发环境存在的一些问题和差距。

除研发投入和创新成果以外，广州在改善研发环境方面还存在不足。比如在推进科研机构研发成果与创新创业的对接上缺乏力度。在风险基金、众创空间、人才集聚等研发环境建设方面仍有改善空间；在科技项目和企业聚集发展良好的孵化器建设中，可以更多关注孵化企业及项目与毕业企业之间的合理匹配，提高孵化成功率，即 2016 年在孵企业及项目超过 10000 家（项），而 2014~2016 年三年累计仅毕业了 1163 家。

六　政策建议

基于 R&D 的产业化趋势和技术溢出的显性效应，加速广州研发产业培育发展，不仅对建设国际科技枢纽意义重大，而且在整合各类创新主体之间的多技术领域研发与合作，扩大知识技术密集型要素（主要是创新要素）的有效配置和高效流动有着举足轻重的作用。

（一）充分发挥政府的主导作用

1. 补救市场失灵

要明确政府在研发产业政策导向和路径选择中扮演的重要角色。在应对当前全球技术进步和创新环境愈加复杂的背景下，特别需要政府积极作为，学会如何补救市场失灵，加速推进政策支持、产业载体、资源配置的深度融合，不断提升广州的研发产业产出水平。

2. 做大做强研发产业

把研发产业做大做强，使其成为广州未来支柱产业基础支撑的战略，加快推动研发产业主体的独立运营机制建设，努力建成一批具有国际竞争力的研发骨干企业，培育一批以研发合同为主要经营活动形式的研发主体，积极承接国内外信息技术外包、业务流程外包和知识业务外包等业务，在重点研发领域取得一批具有自主知识产权的科研成果。

3. 精准配置研发资源

政府必须推进大学和研发机构与经济发展形成深层次的互动，尤其是在应用研究和试验开发方面，要将研发资源集中配置到对产业技术提升或产业发展急需的高端应用技术上，提升广州诸如资源环境、生物医疗、人工智能、大数据处理等方面的技术供给能力。

（二）加快研发产业外部化发展

1. 加速研发外包发展

进一步推进科研机构市场化进程，引导科研机构向园区集聚，支持和鼓励企业设立研发中心，打造符合产业发展的技术创新极；大力发展专业性研发公司，以及具有实体化、资本化、国际化的新型研发机构；规范约束发包和承包方双方的权利、义务，以解决研发外包中的"囚徒困境"问题。

2. 着力建设技术市场

研发产业快速发展的前提是大量技术成果进入市场交易。因此，要充分发挥技术市场配置资源的重要作用，努力培育和完善技术交易市场，特别是要明确企业和研发机构及其研究人员负有技术转移的责任；规范技术交易主体的行为，保护交易双方权益。

3. 关注"新经济"产业技术外溢

以互联网为代表的新一代信息通信技术处于跨界融合和群体突破爆发期，颠覆性技术不断涌现，技术创新活力和应用潜能裂变式释放。广州的"新经济"产业集群发展，特别需要体现以项目带动技术扩散效应，比如思科智慧城、GE 国际生物园、第 10.5 代显示器全生态产业园总部等创新集聚区，着力点应体现在产业内的技术关联和技术外溢上，奠定研发产业发展的技术基础。

（三）加大 R&D 投入和研发资源配置

1. 高度重视 R&D 经费投入

虽然 R&D 巨额投入不会短期内立竿见影，但 R&D 投入强度确实反映着一个城市和地区的经济实力，以及技术研发的活跃程度。从长远看，广州要实现创新驱动发展，提升产业研发技术水平，就应尽快缩小 R&D 经费投入与领先城市的差距，要持续不断地加大全社会 R&D 经费投入，保证研发经费的持续增长，使 R&D 投入接近或达到北京、上海、深圳的水平。

2. 理解研发活动的"烧钱需求"

研发过程实质是"知识与资本"互动的过程。要正确认识研发活动有其内在规律，资金的海量投入与精准"烧钱"缺一不可。为此，广州要合理配置研发资源，帮助企业跨越"达尔文死亡之谷"。同样道理，在技术追赶阶段，要有意识地将更多的投入放在发明、技术诀窍等知识成果转化为商业产品的研发后阶段。

3. 努力营造风投大环境

发挥创投引导基金的作用，大力发展技术开发基金，对小微企业、孵化机构和投向技术研发活动的投资给予政策支持；培育类似北京创业大街的集孵化器、天使投资、创业咖啡馆和培训机构于一体的创新创业集聚地。

（四）激活企业内在创新动能

1. 激励企业研发新产品、新技术

引导企业增加研发投入，提升其研发能力和水平。在传统行业中，研发经费占销售收入的比重应达到3%以上，在高新技术行业中，研发经费占销售收入的比重应达到10%以上；鼓励企业拿出更多的钱来研发新产品、新技术，要培育出像华为、中兴等拥有自主知识产权的创新型骨干企业。

2. 鼓励企业"走出去"

鼓励广州企业利用国际研发外包回溯核心业务，设立海外研发机构和市场开拓机构，与外国伙伴在科研领域开设联合企业，积极承接国际研发外包高端业务，主动进行服务、技术、流程、组织等创新活动，提高其整体竞争力，让企业参与全球研发产业价值链分工。

3. 催生民营科技企业强势崛起

尽管广州民营经济发展势头不错，但民营科技企业仍然无法成为刺激全

社会创新、创富和创业的有影响力的标杆和亮点。所以，广州要着力引导社会研发资源向民营科技企业集聚，认真贯彻落实《广州"民营经济 20 条"》中支持与民营企业创新有关的内容，包括引进人才、企业孵化、创业资金等政策，重点向广州视源电子科技股份有限公司那样的专利申请大户倾斜。

参考文献

吴庆海、伍彬：《广州市属科研机构发展中存在的问题及其对策研究》，《沿海企业与科技》2006 年第 3 期，第 180 ~ 181 页。

陈思勤：《穗新型研发机构数量冠全省》，《南方日报》2016 年 11 月 3 日。

深圳市统计局：《2015 年深圳经济运行稳中有进、逐季向好》2018 年 1 月 28 日。

刘琦：《广州市工程技术研究开发中心建设进展分析》，《广东科技》2012 年第 24 期，第 228 ~ 228 页。

宋娜：《跨国公司在华研发投资对我国本土企业技术创新效应影响的分析》，上海师范大学，2013。

张赛飞、邓强、隆宏贤：《广州研发外包发展现状分析与对策研究》，《科技管理研究》2015 年第 14 期，第 11 ~ 15 页。

黄亮、杜德斌、王宝平：《全球产业研发的主要特征与发展趋势——基于全球研发1000 强企业的分析》，《科技进步与对策》2012 年第 9 期，第 54 ~ 57 页。

周天瑜、马勇、刘鸿鹰：《全球研发产业化进展及我国对策初探》，《生产力研究》2009 年第 15 期，第 99 ~ 100 页。

王世豪：《广州建设国际科技合作交流中心功能定位分析》，《广东科技》2012 年第10 期，第 69 ~ 71 页。

苗红、刘海丽、黄鲁成等：《基于专利合作网络的北京国际科技合作分析》，《情报杂志》2014 年第 10 期，第 104 ~ 108 页。

B.12
广州科技金融发展思路与对策研究

刘晓丽*

摘　要： 本文在梳理广州科技金融发展的亮点，总结广州科技金融发展存在的问题，借鉴国内外先进城市或地区推进科技金融发展经验的基础上，进行广州科技金融发展思路与对策研究。本文认为广州科技金融发展亮点体现在政府引导基金作用显著，科技信贷及资本市场助力科技企业，知识产权质押融资稳步推进，科技金融发展环境良好等方面上；但是，依然存在工作机制及政策配套不够完善，创业风险投资不够活跃，科技金融产品与服务创新不够，科技金融专业人才紧缺等问题；总体来看，广州推进科技金融发展应推动成立产业引导基金，完善创业投资基金，加快培育发展风险投资，推进科技信贷服务，完善科技保险服务。

关键词： 科技金融　政府引导基金　风险投资　科技信贷

　　科技金融是促进科技型企业成长、科技开发、成果转化、高新技术产业发展的金融工具、金融制度、金融政策和金融服务体系。广州作为全国首批16个科技和金融结合试点城市之一，以科技金融为国际科技创新枢纽建设的重要抓手，积极推进科技金融发展。

---

* 刘晓丽，管理学博士，广州市社会科学院软科学研究所助理研究员，研究方向为产业经济、科技创新。

一 广州科技金融发展亮点

（一）政府引导基金作用显著

广州于 2010 年设立了 1.8 亿元的创业投资引导基金，引导和形成 15.1 亿元创业投资资本，在子基金层面实现了 8.39 倍（15.1/1.8）的放大。2016~2017 年，两只子基金以托管机构协议转让的方式完成了引导基金的退出，实现了财政资金对社会资本的让利。

2015 年，广州市政府引导成立了总规模约为 6.06 亿元的广州中以生物产业投资基金。2017 年，广州市政府与中国国新、浦发银行共同发起设立首期规模 500 亿元，总规模 1500 亿元的国新基金；成立总规模超过 100 亿元的中欧"一带一路"产业基金。

此外，投资规模超过 10 亿元的钟南山健康产业基金即将落定。广州还计划成立汽车产业创新基金以及人工智能产业基金，预计资金规模均达到 100 亿元。这些政府引导基金及其带动的社会资本能够为国际科技创新枢纽建设中的战略性新兴产业发展提供有力的资金支持。

（二）科技信贷及资本市场助力科技企业

广州积极发展科技信贷，有效缓解科技企业融资困难问题。截至 2016 年底，广州科技型中小企业信贷风险补偿资金池帮助 418 家企业获得银行授信 42.4 亿元，授信规模全国最大。截至 2017 年 5 月，全市共设立了 9 家科技支行，数量全省第一。此外，广州科技企业积极运用资本市场融资发展，多层次资本市场呈现爆发式增长。2016 年，广州新增上市公司 10 家，累计 133 家，居全国大城市第 4 位，累计融资超过 3300 亿元；新增新三板挂牌企业 202 家，增速达 84.4%，高于广东省（68.3%）和全国（41%）水平，居全国大城市第一位；新三板企业中进入创新层 35 家，位列全国省会城市第一。广州股权交易中心新增挂牌、展示企业数 2652 家，累计 5646 家，居全国同类交易中心前列。

（三）知识产权质押融资稳步推进

广州自 2009 年被确定为国家第二批知识产权质押融资试点以来，共有 100 多家企业实现专利质押贷款，总额近 30 亿元，涵盖电子、机电一体化设备、汽车制造、生物医药、新能源、新材料等领域。2016 年，获评国家专利质押融资示范城市，设立 4000 万元的广州市知识产权质押融资风险补偿基金，出台基金管理办法，为广州专利质押融资工作的顺利开展提供了信贷资金保障，支持推动金融资本对创新型企业加大贷款投放力度，知识产权质押融资稳步推进。

（四）科技金融发展环境良好

广州构建了覆盖全市的科技金融服务平台——广州市科技金融综合服务中心，提供从创业孵化到企业上市的全链条服务，支持种子期到成熟期的科技企业创新发展，不仅解决了广州中小企业信贷难的问题，同时打造了"科创咖啡"众创空间、科技企业新三板发展促进会、产学研协同创新联盟等服务，成效显著。此外，广州创新创业氛围浓厚，2017 年中国创新创业大赛广州赛区共有 3155 家企业报名参赛，占广东省报名总量（4956 家）的 63.7%。可见，广州科技金融发展环境良好。

二 广州科技金融发展存在的问题

（一）工作机制及政策配套有待完善

工作机制方面，广州市金融工作局承担统筹金融工作的职责，负责制定相关政策与规划；广州市科技创新委员会、市工业和信息化委员会、市发展和改革委员会、市知识产权局等部门也开展科技金融相关工作。科技金融工作牵涉的部门过多，各部门对科技金融的支持不可避免地产生重合或冲突，造成管理叠加与混乱。政策配套方面，广州现有的科技金融支持政策众多，但缺乏有效的整合，还没有形成针对不同科技型企业、不同成长阶段的系统性的政策支持体系，在很多方面也缺乏具有实际操作意义的具体管理办法，如创业投资和天使投资风险补偿、科技贷款贴息、担保和保险费用补贴等。另外，现有政策难以真正解决按市场化原则经营的金融机构所关心的风险收益对等问题，难以切实调动其参与科技企业融资活动的积极性。

（二）创业风险投资不够活跃

2015年末，广州备案创业投资企业数量22家，不及北京（86家）、上海（71家）、深圳（68家）的1/3；备案创业投资企业资产规模124亿元，也远低于深圳（663亿元）、北京（377亿元）、上海（355亿元）；备案创业投资企业投资规模18亿元，与深圳（95亿元）、北京（48亿元）差距甚远。从吸引创业投资金额来看，2015年度，广州吸引创业投资金额18亿元，不及北京（51亿元）、上海（38亿元）、深圳（35亿元）的二分之一[1]。从福布斯遴选的2016年中国最佳创业投资人50强所在机构来看，广州拥有7家，与上海（31家）、北京（26家）、深圳（13家）差距明显[2]。截至2016年10月，广州各类股权投资、创业投资机构1300家，管理资金规模3000亿元。与深圳（VC/PE4.6万家，注册资本超过2.7万亿元）比较，差距较大。可见，与先进城市相比，广州创业风险投资还不够活跃。

（三）科技金融产品与服务创新不够

目前，广州金融机构的主营业务仍然是传统的资金借贷业务，虽然也为科技型中小企业提供知识产权质押、信用担保等金融创新服务，但是在创新产品与服务方面规模较小，操作谨慎。总体来看，新型金融工具的创新速度和应用程度明显滞后，难以为科技型企业融资发展提供有力支撑。科技保险

---

[1] 国家发展和改革委员会财政金融司、中国投资协会股权和创业投资专业委员会：《中国创业投资行业发展报告2016》，企业管理出版社，2016。

[2] 各城市拥有福布斯遴选的2016年中国最佳创业投资人50强所在机构数量的统计含分支机构。

方面，依然存在产品市场适应性偏弱、险种销售不均衡、盈利能力弱等问题，难以满足科技型企业发展过程中的各种保险需求。

（四）科技金融专业人才紧缺

与国内先进城市相比，广州金融业从业人员整体偏少。2015 年广州金融业从业人员 13 万人，而北京超过 33 万人，上海达 35 万人。从结构上看，高层次金融人才申报情况显示，广州创业投资、科技金融等领域人才较为紧缺。此外，广州熟悉国际金融事务、掌握国际金融规则的人才非常缺乏。据不完全统计，广州的国际化金融人才占比不到 2%，而新加坡则达到 20% 左右①。在国际科技创新枢纽建设进程中，广州科技金融专业人才显得相当紧缺。

三 广州科技金融发展思路与对策

（一）推动成立产业引导基金

目前，广州已成立生物产业基金，拟成立汽车产业创新基金以及人工智能等产业引导基金，但是尚未出台具体的产业引导基金管理办法。

借鉴先进国家经验，产业引导基金最为核心的投资领域是战略性新兴产业。例如，美国产业引导基金主要集中在电子信息科技、生物医药与科技医疗服务和新兴消费服务三大战略新兴产业，三个领域占总投资的份额分别约为 50%、30% 和 10%②。因此，广州应聚焦于 IAB（新一代信息技术、人工智能、生物医药）产业，培育产业引导基金，吸引社会资本进入，积极推动形成类似于上海集成电路产业基金的规模在 500 亿元以上的重点产业基金，并出台具体的产业引导基金管理办法，明确基金投资领域、合作方式、资金参股比重、收益让利等具体事项。

---

① 广州市金融工作局：《广州金融发展形势与展望 2016》，广州出版社，2016。
② 郑联盛、朱鹤、钟震：《国外政府产业引导基金：特征、模式与启示》，《地方财政研究》2017 年第 3 期。

（二）完善创业投资基金

国家《关于深化体制机制改革加快实施创新驱动发展战略的若干意见》以及《北京加强全国科技创新中心建设总体方案》都提出了结合国有企业改革设立国有资本创业投资基金，广州应积极探索成立市属国有资本创业投资基金，充分发挥市属国有资本在创业创新中的作用。

尽快出台针对创业早中期企业的创业投资基金，完善创业投资基金相关制度的规定。北京、上海、广州分别出台了创业投资引导基金实施方案或细则。从扶持对象来看，北京强调扶持天使期、初创期、早中期中小企业，上海强调扶持重点发展产业领域中处于种子期、成长期等创业早中期的企业，广州则没有聚焦于早中期创业企业。建议广州创业投资基金聚焦于创业早中期的企业。引导资金参股比例方面，广州规定创业投资引导基金参股比例一般不超过 20%。为了更好地带动社会资金投资于创业企业，建议借鉴北京经验，引导资金参股比例上限提高至 30%；同时，针对专门投资天使期、初创期企业的创业投资机构，参股比例上限提高至 40%。

（三）加快培育发展风险投资

在风险投资领域，广州出台了《关于促进广州股权投资市场规范发展的暂行办法（修订）》（穗府办〔2015〕5号），提出了对包括风险投资机构在内的股权投资机构的落户奖励及税收等优惠政策。但是，与深圳相比，政策配套性欠缺，对股权投资机构的吸引力不足。广州应尽快将《广州市黄埔区、广州开发区促进风险投资发展办法》的做法推广到市级层面，在落户奖励和税收优惠的基础上，按照股权投资基金对地方财政的经济贡献给予奖励，对股权投资基金企业租赁和购置办公用房给予补贴，给予股权投资基金企业高级管理人员人才奖励、配偶就业、子女教育、医疗保障等方面的优惠政策。

此外，广州还应重点培育发展天使投资。第一，政策法规方面，借鉴上海经验，出台天使投资引导基金及其风险补偿金实施细则，明确天使投资引导基金及其风险补偿金的运作规范，明确天使投资风险补偿界限与具体补偿标准。第二，平台载体方面，为了解决天使投资机构及商业伙伴间信息交流不畅、交易费用高等问题，美国联邦政府拨款建立全国性天使投资网络平台ACE - Net，欧洲也成立了非营利组织：商业天使网络平台EBAN。广州应借鉴先进经验，组织构建天使投资网络平台。第三，对机构的激励方面，深圳实行引导基金在退出时将50%净收益权益让渡给天使基金的其他发起人的政策，建议广州借鉴其经验，将引导基金不超过50%的净收益作为天使投资机构的效益奖励。第四，针对投资失败的情况，借鉴美国天使投资个人损失部分比例从个人所得税中扣除的做法，在国家现行个人所得税制下，先行先试，探索天使投资个人损失补贴制度创新，考虑市财政按个人所得税额度补贴天使投资人个人损失。

（四）推进科技信贷服务

广州应加快推进知识产权质押融资，尽快出台知识产权质押评估实施细则，明确知识产权质押评估技术规范。引进具有权威性的高资质知识产权评估机构，培育服务于知识产权定价、评估的专业化中介机构。以国家专利技术（广州）展示交易中心、国家专利审查协作广东中心、广州知识产权交易中心、广州产权交易所等知识产权交易市场以及各种技术转移孵化机构为基础，整合各类产权交易服务机构及知识产权质押融资服务资源，建设知识产权质押融资服务平台，为知识产权质押融资提供支撑。另外，广州还应积极争取纳入国家第二批投贷联动试点地区，探索允许银行机构设立具有投资功能的子公司，与银行信贷资金进行严格分离。支持银行金融机构与创业投资、产业投资基金等组成投贷联动战略联盟，开展投贷联动试点。

（五）完善科技保险服务

广州应完善科技保险资金支持，将科技保险试点政策推广至全市，设立科技保险专项补贴资金。组建科技小额贷款公司，由财政资金出资引导民营资本参与，鼓励科技小额贷款公司发放无形资产、股权等质押贷款以及无抵押无担保的信用贷款等。同时，广州应将科技保险产品与服务覆盖整个创新链条，支持保险机构为高新技术企业开发知识产权保险、首台（套）产品保险、产品研发责任险、关键研发设备险、成果转化险等创新保险产品。支持保险机构与银行、小额贷款公司等合作开发知识产权质押贷款保险、信用贷款保险、企业债保险、小额贷款保证保险等为高新技术企业融资服务的新险种。

参考文献

蔡万江、罗怡霏、周大鹏：《天使投资者税收抵免政策：美国经验及启示》，《金融与经济》2016 年第 10 期。

陈燕娟：《天使投资领域税收优惠政策初探》，《时代金融》2016 年第 9 期。

陈昱婧：《政府补贴对天使投资的作用分析》，《市场研究》2016 年第 4 期。

邓超、郑元婷、王昌东：《政府促进天使投资发展的国际比较及启示》，《经济问题探索》2010 年第 1 期。

贺亚力：《从德国和以色列的实践看政府如何引导创业风险投资市场发展》，《中国科技论坛》2006 年第 4 期。

李艳：《金融支持科技创新的国际经验与政策建议》，《西南金融》2017 年第 4 期。

马娟：《国外对中小企业科技创新的金融支持及经验总结》，《中国市场》2017 年第 8 期。

平力群：《日本政府促进风险投资发展的市场增进性制度安排》，《亚太经济》2011 年第 2 期。

尹艳林：《金融支持技术创新国际经验比较及启示》，《金融发展评论》2016 年第 8 期。

B.13
广州与以色列在高技术产业领域
主要合作成果及有关对策建议

王世华*

摘　要： 自 2013 年获批为中国与以色列在高技术产业领域合作四个重
点区域之一以来，广州重点围绕高端生物、机器人等产业领
域，在产业基地、产业基金、产业交流三大合作平台建设方
面取得显著成果。本文主要介绍当前广州与以色列主要合作
成果和经验做法，分析存在的问题，提出下一步工作计划，
并就进一步加强合作提出对策建议。

关键词： 中以合作　生物　机器人

以色列是世界著名的创新创业国度，在生物、高端装备、信息通信、军
工等领域技术领先，已产生诺贝尔奖获得者 162 名，占诺贝尔奖总数的
20%；在美国纳斯达克上市企业达 150 家，仅次于美国和中国。为推动中国
和以色列两国经济技术务实合作，2013 年 5 月，中以两国总理同意建立政
府间经济技术合作机制，并成立高技术、节能环保等五个工作组。同年 11
月，国家发展改革委批准广州开发区（含黄埔智能产业园）为中以高技术
产业合作四个重点区域之一，重点围绕生物、智能装备、节能环保等领域展
开务实合作。2014 年 7 月，中以双方政府在以色列召开中以政府间经济技

---

* 王世华，工学博士，广州市发展改革委高技术产业处主任科员，研究方向为科技创新。

术合作机制第一次会议，同时召开第一次高技术工作组会议。2016 年 11 月，双方在以色列召开第二次会议，会上签署了 3 项合作协议。2017 年 3 月，以色列总理办公室总司长埃利·格罗纳到访广州，参观广州国际生物岛，双方合作进一步深化。

一 主要做法及成果

3 年多来，按照"政府引导、企业先行、市场运作、政策推动"合作模式，广州瞄准以色列技术—广州孵化（加速）—广州制造—国际化发展方向，以生物、机器人、创业投资为突破口，重点建设产业基地、产业基金、产业交流三大合作平台，中以合作项目落地全面提速，初步形成了较为完备的产业化和市场化生态系统，双方合作水平不断提升。

（一）建设两个产业基地

一是 2014 年 12 月设立了中以生物产业孵化基地，规划建设面积 3 万平方米，总投资超 1 亿元，分期建设孵化区、研发平台、配套服务区三大功能区，首期已建成孵化区面积 3300 平方米，主要承载中以生物领域合作项目落地建设。基地管理公司已于 2017 年 3 月注册成立，重点围绕项目引进、运营管理开展相关工作。基地聘请了以色列前首席科学家苏格·基莱特曼博士团队为建设顾问，市政府安排 2000 万元专项资金补助基地建设，广州开发区也制定了基地建设方案，对入驻的中以项目给予一定的资金扶持。基地计划到 2020 年引进 20 家项目落户。

二是 2015 年 9 月设立了中以机器人与智能制造产业基地，主要建设创客空间、合作研发中心、项目路演中心、机器人体验中心等功能区。同期，在基地内成立了中以机器人研究院，已实现与以色列机器人协会、以色列英泰励特（Intelitek）公司达成合作项目多个。目前，基地 4700 平方米起步区场地已正式投入运营，中国新松机器人华南总部、广州中以机器人研究院、以色列 Intelitek 教育机器人项目合资公司等 14 家企业已确定落户基地。

（二）成立两只产业基金

一是 2015 年 12 月设立了广州中以生物产业投资基金，基金规模 6.06 亿元，由政府引导广州生物医药领域相关龙头企业（广药集团、冠昊集团等）共同出资组建，存续期为 9 年，专注于投资注册于广州的以色列及以色列相关公司。基金由苏格·基莱特曼博士团队建立的以色列 G. L. K. 投资公司主导管理。基金成立时，以色列驻华大使马腾先生发来祝贺视频，国家发展改革委发来贺电。2016 年 6 月，基金首批出资 2.02 亿元到位并开始投资运作，已确定投资以色列尹维科斯（Invasix）公司无创性美容器械项目，投资金额 5000 万元人民币。目前，无创性美容器械项目已完成在中以生物产业基地注册。2017 年 5 月，CarboFix Orthopedic Ltd. 合资公司、OB - TOOLS Ltd. 合资公司、G - Medical Innovations Ltd. 合资公司等 3 个项目通过基金投决会表决，合计投资金额 1760 万美元。

二是全力推进设立广州中以机器人及智能制造产业基金，专注于投资以色列机器人及智能制造产业高端技术研发和产业化项目。基金首期计划规模 2.6 亿元，目前基金管理公司已完成工商注册，正在申请国家新兴产业创投引导基金支持 1 亿元。基金拟聘请以色列机器人协会主席席勒教授和理事卡罗斯教授等知名专家为技术顾问。

（三）搭建四个产业交流平台

一是依托广州国际生物岛，通过"中以生物科技之桥"，促进中以生物科技项目和企业交流。2012 年 12 月举办了第一届"中以生物科技之桥"，以色列驻华大使马腾先生、驻广州总领事安亚杰先生、国家发展改革委有关负责人和相关科研机构代表参加了会议。2016 年 11 月举办了第二届"中以生物科技之桥"，中以 5 个生物技术项目、20 余家投资机构、30 多位生物产业专家展开了项目路演。2017 年 3 月举办了第三届"中以生物科技之桥"，以色列医疗器械制造企业 STI 做了主题投资推介，并带来首批 14 个以色列医疗器械前沿项目进行路演，广州 20 余家投资机构和 60 多位生物专家参加。

二是依托中以机器人与智能制造产业基地，举办"中以机器人与智能制造产业投资峰会"，促进中以双方相关领域技术和项目合作。第一届峰会于 2015 年 9 月在广州开发区举办，以色列机器人协会主席席勒教授以及相关企业代表参加了会议，并共同见证了 6 个中以合作项目签约。第二届峰会于 2016 年 12 月举办，吸引来自以色列和国内机器人领域企业、专家和投资机构代表等 300 人参加，其间举办了医疗与康复机器人项目对接会。

三是在中以政府间合作框架下，广州定期派团参加中以政府间经济技术合作机制大会。在 2016 年第二次会议期间，广州参加中以政府间闭门会、中以企业家投资论坛，签署了《广州中以智慧医疗项目试点和产业开发合作备忘录》《广州中以生物产业孵化基地顾问协议》等 3 项合作协议，并与以色列经济部和梯瓦制药等企业座谈，深入探讨务实合作。

四是依托广州国际创新奖及 2016 年广州国际城市创新大会，举办广州国际创新节，深化与以色列等国家和地区的交流合作。第一届创新节于 2016 年 12 月在广州天河区举办，邀请了以色列、美国、英国等 32 个国家和地区的知名企业、创始人、投资者、企业家等参加，以色列特拉维夫创新节创始人尤西·瓦尔迪博士到会并作演讲。

（四）开展一批合作项目建设

依托中以生物和机器人产业基地，广州与以色列已开展 13 个合作项目建设，主要包括：上述中以生物产业基金投资的 4 个项目，中以机器人研究院与以色列英泰励特（Intelitek）公司合资设立的机器人职业教育培训公司项目（注册资金 200 万美元），STI（中国）医疗器械创新研发与智能制造产业中心项目，广州中以智慧医疗项目试点合作备忘录（以方合作单位为 G. L. K. 投资有限公司）。

目前，广州正重点推动梯瓦制药与广药集团开展医药项目合作，推进以色列航空工业有限公司与广州中以智慧产业投资公司、广州港集团等开展港口集装箱项目合作。此外，广州市还经常组织中以双方企业开展专题对接和投资推介活动，参加以色列机器人大会等。

二 当前存在的问题

（一）交流沟通机制尚不完善

一是双方存在一定的语言、文化、法律差异。由于以色列距离中国遥远，双方在语言、文字、文化和对应的法律体系上存在较大不同，在项目合作谈判时，容易出现理解偏差和沟通障碍，不同的法律认知和法律条款需要多次反复沟通方能达成一致，导致项目前期工作难度大、落地慢。尤其是，以方对广州开展知识产权保护了解不够深入，普遍担心其创新技术和产品在中国的知识产权保护问题。

二是广州尚未与以色列政府间形成常态化对话沟通机制。国家发展改革委与以色列政府已形成政府间经济技术合作机制，国家科技部与以色列科技和空间部已形成科学技术合作协定、中以创新三年行动计划等，但国家层面合作对接机制较为宏观，时间节点、具体举措和实施路径等可实施性不强。早在2014年，对于四个中以重点合作城市的江苏省常州市，国家科技部、江苏省政府、以色列经济部已签署关于促进参与常州创新园（试点）的实施协议，双方共同鼓励和支持以色列实体企业落户常州国际创新园，目前已有众多以色列企业落户常州。因此，同样作为中以四个重点合作城市之一，广州亟须与以方在政府层面签订合作协议，统筹规划、协调和推进合作。

（二）产业合作生态环境尚待完善

广州虽已成立合作基地、合作基金，抓紧建设一批合作项目，但政府政策和资金支持尚未完全覆盖技术引入、项目生成、项目孵化、转移加速、产品转化等产业发展链条，市场需求、市场推广、人才引入、基金和创业投资等市场链条和资金链条尚不能有效衔接产业发展链条，完整的产业合作发展生态环境有待进一步优化和完善。此外，受出访报批程序和名额限制，政府和企业考察、调研以色列企业受限，面对面的沟通交流少。

（三）产业合作领域尚显不足

目前，广州与以色列仅在生物和机器人领域开展了较多合作，但在新一代信息技术、高端装备、智能交通、新能源和新材料等领域尚未开展合作。在生物产业领域合作虽较为成熟，但合作仅限于智慧医疗、医疗设备等方面，合作深度有待进一步拓展。同时，生物和机器人领域各仅有一个以方合作团队，亟须培育更多以方合作团队来到广州。

（四）缺乏重大合作项目支撑

一是在双方目前合作的项目中，最大投资项目为无创性美容项目，合作金额仅为 5000 万元，缺少标志性、示范性项目。二是双方成立的合作基金规模仅达到 8.66 亿元，难以支撑重大合作项目建设，规划的合作基地面积小，难以形成产业配套和集聚。同时，以方尚未成立专门针对中以合作的以方平行基金。三是受投资体制和决策程序影响，投资谈判时间长，部分重大项目存在前期工作经费难以落实的问题，影响项目推进速度。

三　主要设想

（一）加速推动产业基地建设

在中以政府间经济技术合作机制框架下，进一步加大各项资源投入，加快推进产业基地软硬件和配套设施建设。加快中以生物产业基地内 STI 中国医疗器械创新研发与智能制造科技产业中心平台项目落地建设，加快在 STI 平台项目内引进以色列固定螺丝替代物、3D 钛打印脊柱笼植入物、椎间盘切除术创新设备等创新性技术和高端设备，尽快成立合资公司进行产业化。加快推进中以机器人产业基地内英泰励特教育机器人合作项目落地建设。

（二）加快推进产业基金运作

加快推进中以生物产业基金已投资的无创性美容器械项目，以及已确定投资的 G－Medical、OB－TOOLS、CarboFix 合作公司项目的落地建设。推动中以机器人产业基金加速引进 Mazor Robotics、Vayyar Imaging、Netzer 等公司开展合作。加快推动在以色列设立与广州中以生物产业投资基金同等规模的平行基金。

（三）加快推进汽车电子、仿制药等领域的合作

充分吸收以色列在无人驾驶、智能电子等汽车领域高科技创新技术，推动广汽集团与以色列 StoreDot、Innoviz、Argus 等汽车企业合作。推动广药集团与梯瓦制药公司在生物仿制药领域组建合资公司，打造中国仿制药领导性企业。推进与以色列航空工业公司开展港口集装箱自动化示范项目可行性研究，加快项目落地科学论证。

（四）多举措提升双方合作水平

一是在国家中以经济技术合作三年行动计划框架下，研究制定广州中以高技术合作三年行动计划，进一步细化广州和以色列在高技术领域开展合作的总体原则和目标，出台一批促进合作的重大举措，推进一批重大示范项目建设，全面提升双方合作水平。二是鼓励广州企业在以色列设立高技术研发中心，与以色列高技术企业开展联合科研。三是推动开通中国南方航空公司广州至以色列直航航线，推进设立广州驻以色列特拉维夫科技产业创新中心。四是鉴于广州和以色列已形成较好合作基础，推动 2017 年中以政府间经济技术合作机制会议在广州召开。同时，争取引入以色列机器人大会落地广州。

四　有关对策建议

一是在中以政府间经济技术合作机制下，推动广州和以色列政府部门间

建立更为紧密和固定的合作关系，落实双方牵头单位、负责人和联系人等，形成常态化沟通协调机制，以便于更好地开展合作对接。

二是随着广州与以色列高技术产业与科技创新合作的不断深化，统筹成立促进广州与以色列高技术产业和科技创新合作领导小组，办公室设在市发展改革委，并建立市、区、基地三级负责人工作机制，分级落实责任主体，进一步强化国际生物岛和黄埔智能产业园在生物产业和机器人产业集聚效应，构建和完善基地内产业发展链条，并形成国际创新合作示范带动效应。

三是在总结和借鉴中以生物产业基金合作模式和经验的基础上，在更多高技术产业领域推动设立新的合作基金。加强统筹规划和顶层设计，谋划和设立广州市中以产业合作母基金，吸引社会资本和创业投资加入，推动设立更多分领域专项合作子基金，专门投资于落户广州的以色列创新项目。

四是推动解决中以重点合作城市出访以色列受年度出访批次和指标限制问题，增强双方互访交流，并将出访审批列入审批绿色通道，加快审批速度，以便与以方建立更为紧密和畅通的合作交流机制。

五是请知识产权主管部门全面系统地梳理提供国家、省和市知识产权法律法规，发布广州知识产权申请授权程序、法律状态、纠纷处理、诉讼咨询等，推荐有关知识产权法律机构和合作单位等，并就以方关心问题及时予以回应和解答。

B.14
加快广州国际风投创投之都
建设的对策建议

王世英[*]

摘　要： 本文分析了广州风投创投行业的现状、发展的优势和存在的
问题，提出了将广州打造成为国际知名风投创投之都的五大
对策：打造风险投资会议体系，实现全球资源对接；引进培育一
流机构，形成有影响力的聚集区；打造投资生态平台，营造良好
的产业发展氛围；提供投资落户、人才奖励和办公场地三大政策
优惠；创造大学生创新创业大平台，形成双创洪流。

关键词： 风险投资　创新创业　风投创投之都

---

[*] 王世英，管理学博士，广州市社会科学院经济学副研究员，研究方向为产业经济与产业政策、
人才开发与规划。

广州践行创新发展理念，加快建设国家创新型城市和国际科技创新枢纽，激发经济发展新动能，必须进一步推动"大众创业、万众创新"。活跃的风投创投活动是促进创新创业的强大动力源。广州要在成功举办中国风险投资论坛的基础上，利用这一机会，乘势而上，加快发展风投创投产业，千方百计集聚风投创投资源，打造国际风投创投之都。本文分析了广州风投创投行业的现状、发展优势和存在的问题，提出了广州加快建设国际风投创投之都的对策建议。

一　发展现状

（一）实力现状：机构数与活跃度差距大

从中国证券投资基金业协会（简称"中基协"）备案的风投创投机构数量看，广州仅为北京的 14.98%、上海的 13.50%、深圳的 14.53%（见图1）。在第一批五个国家中心城市中，广州的投资机构数量低于北京、上海和深圳，仅高于天津和重庆。特别需要指出的是，广州的投资机构数量低于非一线城市和非国家中心城市的杭州，杭州在中基协备案的投资机构达1068 家，是广州的 1.9 倍。很显然，广州在风投机构数量上与北京、上海和深圳存在巨大的差距，甚至与杭州差距也不小。

从衡量机构风投活跃程度的投资事件数量看，根据清科集团私募通统计，进入投资事件数量前 100 的投资企业中，总部设在北京的有 25 家，上海有 21 家，深圳有 14 家，杭州有 4 家，广州没有一家入围。广州排名最高的是粤科创投，列第 103 位。

图 2 显示，投资事件最多的是深创投，2014 年以来其投资事件达 568件，IDG 资本达 490 件。粤科创投是总部设在广州的投资事件最少的投资企业，同期投资事件为 39 件，不到深创投的 1/10。由此可见，广州的投资活跃程度与北京、上海和深圳存在较大差距。

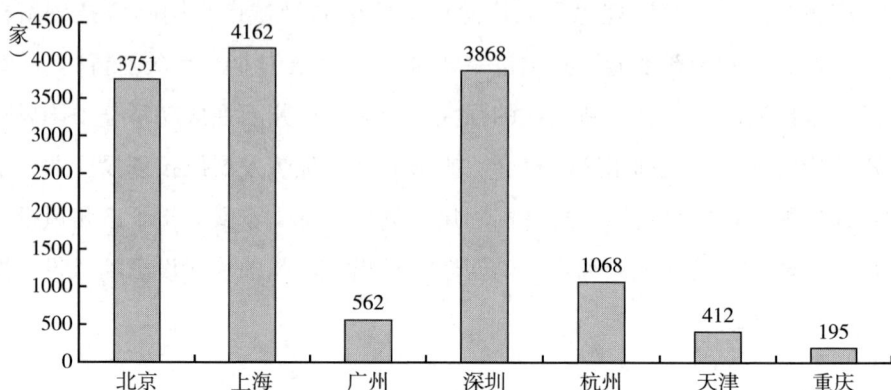

图1 中国部分城市在中基协备案的风投机构数量

数据来源：根据中基协官网数据统计，截至 2017 年 5 月底。

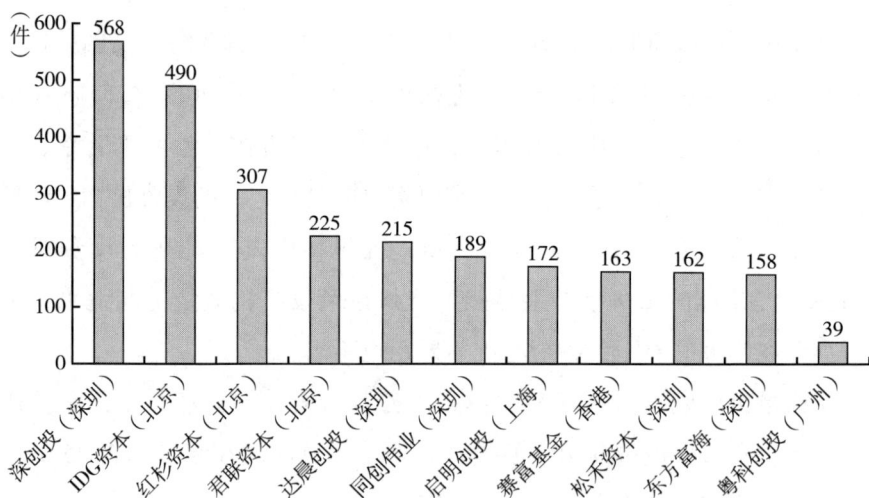

图2 2014～2017 年粤科创投与投资活跃的前 10 位机构投资事件数量比较

数据来源：根据清科集团私募通相关数据统计。

（二）发展潜力：机构数增长速度明显加快

广州风投创投行业开始于 20 世纪 80 年代，其间发展一直比较缓慢，

2010 年后，广州在中基协备案的投资机构（私募基金管理人）数量出现了加速增长。从 2014 年开始，进入一个快速增长期，2015 年达到创纪录的178 家（见图 3）。

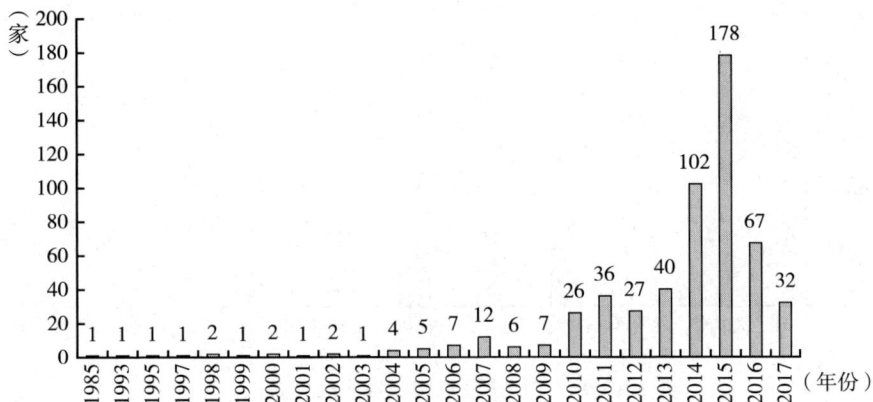

图 3　1985～2017 年在中基协备案的广州投资机构数量变化

数据来源：根据中基协官网数据统计，截至 2017 年 5 月底。

2016 年，广州新注册的投资机构数量出现过井喷现象，但新注册成立的投资公司一般经过一段时间的运作，才会到中基协备案，因此，2016 年大量新注册的投资机构并没有立刻反映在中基协的系统中，随着新投资机构的业务运作日益成熟，预计今后两年会有大量广州投资机构进入中基协信息公示系统。

（三）空间分布：呈"聚集式"发展

广州风投创投机构呈现出不均衡的空间分布状态。在中基协备案的广州投资机构中，半数以上的机构将总部设在天河区，尤其是珠江新城的西塔和东塔成为这些投资机构的聚集中心。在天河区之外，越秀区、黄埔区、南沙区、海珠区、番禺区也聚集了部分投资机构，而花都区、白云区、增城区、荔湾区和从化区的投资机构较少（见图 4）。调查发现，南沙区虽然有一批投资机构注册，但由于交通、产业基础和配套条件的局限，吸引投资人才到南沙区实际开展投资活动的努力遇到了困难，相当一部分投资机构注册在南沙区，但实际办公地点设在了中心城区。

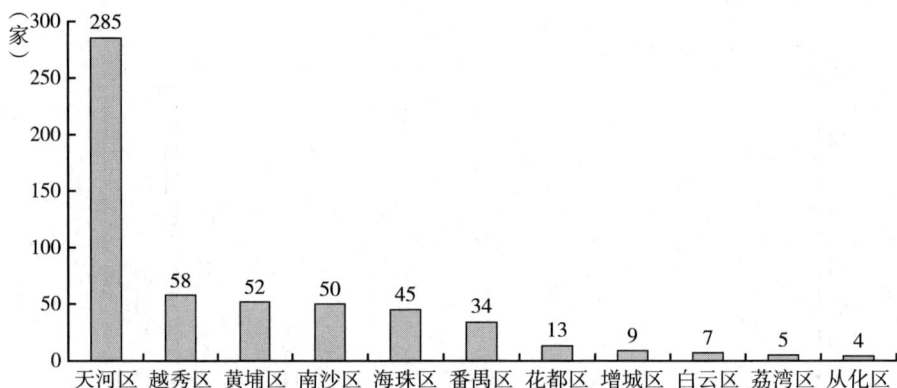

图4　广州投资机构在各区的分布

数据来源：根据中基协官网数据整理，截至2017年5月底。

由于风投创投是资本密集、人才密集和信息密集型行业，投资机构一般倾向于选择基础设施优良、交通便利、金融机构众多、信息获取方便和专业人员交流频繁的地区。风投机构在空间上聚集有利于通过机构之间的互动交流，创造新的投机机会。广州投资机构在空间上的"扎堆现象"，与国内外著名的风投创投中心城市的投资机构在空间上聚集现象一致。

（四）企业发展：总体实力较弱

风投创投行业是资本密集型行业，更是人才密集型行业。员工人数一定程度反映一个机构的综合实力。

图5显示，在中基协备案的广州风投创投企业中有65%是10人以下的小型机构，员工人数有40人及以上的投资机构仅占总数的2%，只有10家。在10家员工人数达40人及以上的机构中，广州粤声理财咨询公司拥有134名员工，但该公司不是典型的风投创投机构。在典型的投资机构中，员工人数最多的是粤财信托，有110人；其次是广东中科招商，有107名员工；再次为

华美国际投资集团，有 61 名员工；其余 6 家机构的员工人数都在 60 人以下。

虽然北京、上海和深圳三个城市投资机构的主体也是 40 人以下的中小型机构，但北上深都有一批员工人数超过百人的大型投资机构。例如，北京的九鼎投资员工人数达 311 人、昆吾九鼎员工人数达 260 人、硅谷天堂为 105 人，上海的东方富海（上海）员工人数达 114 人、诺亚正行员工人数达 101 人，深圳的深创投员工人数达到 337 人、达晨创投员工人数达 150 人。在广州，目前员工人数超过 40 人的投资机构尚不多见，说明广州的风投创投机构尚处于培育和发展的过程中。

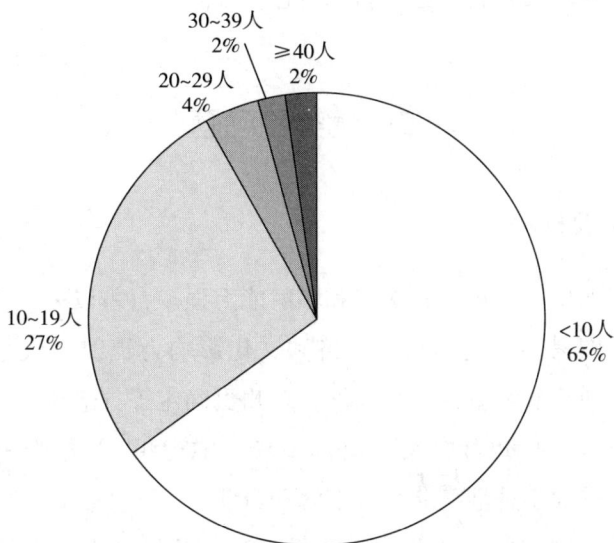

图5 广州风投创投机构员工规模分布

数据来源：根据中基协官网数据统计，截至 2017 年 5 月底。

（五）小结

根据调研和数据统计分析，本文认为，广州风投创投行业具有以下特点。

第一，发展速度不断加快，发展势头良好。从 2014 年开始，广州风投创投机构的数量增长速度明显加快，到目前为止一直保持了快速增长的势头。

第二，投资机构数量不足。与北京、上海和深圳的投资机构数量相比，与广州在全国的城市地位和综合实力相比，广州的投资机构数量明显偏少。

第三，缺少龙头机构带动。在投资事件数量前100的投资机构中，没有总部设在广州的机构入围，说明广州缺少投资行业的龙头机构。到目前为止，行业龙头机构如IDG资本、红杉资本等尚未将华南区总部落户广州，尚未发生龙头机构落户带动大批投资机构落户的效应。

总体来说，北京、上海和深圳是国内三大风投创投中心，并开始在全球具有一定影响力。广州的风投创投行业近年来发展非常迅速，但与北京、上海和深圳尚存在较大差距，必须奋起直追。

二 优势和问题

（一）主要优势

一是城市地位不断提升，聚集和辐射能力强。自古以来，广州就是中国重要的经济、贸易、文化城市，经济和文化影响力辐射亚太地区，甚至全球。近年来，国家非常重视广州发展，广州也确定了打造全球资源配置中心的目标。2016年，广州首次入围Alpha－级，成为49个全球一线城市之一，在国内的排名仅次于香港、北京、上海和台北。

二是经济基础雄厚，产业优势明显。改革开放以来，广州经济飞速发展，经济总量和产业规模位居全国前列。2016年，广州经济总量19611亿元，仅次于上海、北京，经济增速为8.2%，2017年广州经济总量更是突破20000亿元大关，体现了蓬勃的发展势头。作为国家重要中心城市和国际贸易城市，广州的第二产业和第三产业发达，现代商贸服务业发展领先全国，具有明显的经济和产业优势。

三是领导高度重视，形成了风投创投的发展势能。广州市委、市政府非常重视广州风投创投的发展，建成了全国首座风投大厦，致力于把广州打造成国际风投创投之都。经过近年来的行业积累、产业发展和环境营造，广州创新创业的氛围日益浓厚，对国内外风投创投企业和人才的吸引力不断增强，集聚了中科招商、粤科金融、越秀产投、广州基金、南粤基金等著名投资机构，已形成了风投创投发展的势能。

四是比较优势明显，发展潜能巨大。北上广深杭五个城市发展风投创投行业具有各自的条件，对于这些条件的认识，有助于广州制定有针对性的对策。

在北上广深杭五个城市中，北京作为首都，是世界级的科技创新中心，是国际交往中心和各种高端资源集聚辐射中心。上海和深圳分别是国际和区域金融中心，各拥有一家证券交易所，各自拥有众多的金融平台。上海的综合经济实力强，深圳的技术创新和产业创新能力强。北京、上海和深圳依托这些比较优势发展成为中国前三的风投创投中心。杭州没有北上深的上述条件，但通过创办世界互联网大会、建设基金小镇和梦想创新小镇平台等途径，活跃了风投创投活动。

表1 北上广深杭发展风投创投条件比较

城市	条件
北京	国家科技创新中心；国际交往中心；高端资源集聚辐射中心
上海	国际金融中心；上交所所在地；综合经济实力强
广州	综合经济实力强，产业基础好；综合性国际交通枢纽和国际交往中心；大学在校生数量全国第一；国际会展业发达
深圳	技术研发能力强；区域金融中心；深交所所在地
杭州	互联网新经济高地；政策创新力度大；宜居程度高

广州拥有强大的综合经济实力，产业基础好，有超过百万在校大学生，是综合性国际交通枢纽和著名的国际会展会议中心，这些比较优势，为广州发展风投创投行业提供了有利条件。

（二）存在的问题

一是缺乏风投创投行业发展的大型基础平台。北京作为首都，拥有各种资源优势，上海作为国家打造的国际金融中心，拥有上交所和众多世界著名金融机构的中国总部，深圳有深交所等一系列金融平台。与北上深相比，广州缺乏一个大型的投资发展平台。广州的情况与杭州相似，但杭州没有等待，自己打造出了玉皇山南基金小镇等发展平台，吸引了众多的国内外投资资源。

二是机构数量不足，未形成有国内外影响力的功能集聚区。近年来，广州风投创投机构数量和规模都在不断扩大，开发区、番禺区、天河区，甚至从化区都在推进风投创投发展。但与北京建立的以中关村、金融街、CBD为主的三大著名风投创投机构集聚区相比，广州风投创投机构虽然有向天河区聚集的发展趋势，但尚未形成全国性的影响力。

与北京、上海、深圳和杭州相比，广州风投机构数量和管理资产均未形成规模优势，品牌形象不鲜明，品牌号召力有待提升。因此，需要进一步发挥广州资源优势，激发创新创业活力，开拓风投创投市场，擦亮广州风投创投中心的品牌。

三是缺少风投创投龙头企业，产业与金融结合不够紧密。在风投机构数量、投资案例、投资金额方面，广州与北京、上海、深圳、杭州都存在一定差距，特别是广州缺少风投创投龙头企业。清科集团私募通的数据显示，在国内投资案例数量最多的 100 家风投创投机构中，没有一家总部设在广州，粤科创投仅排名第 103 位。

四是风投创投生态环境有待完善，城市综合优势有待发挥。广州拥有丰富的教科资源、国有经济资源、产业资源等综合优势，但这些资源优势还有待激活、发挥。（1）科教资源有待利用。目前中山大学、华南理工大学、暨南大学等高等院校的创新创业活跃度有待提高，创新人才资源亟待激活。（2）国有经济优势有待发挥。需进一步研究国有企业发展风投创投的机制，激发国有资本活力，引领创投发展。（3）产业优势有待激活。亟待发挥医疗资源丰富等优势，吸引风投创投机构投资落户。

三 对策建议

根据广州风投创投行业的发展现状，依托比较优势，针对存在的问题，本文提出以下五项对策建议。

（一）打造风险投资会议体系，实现全球资源对接

风投创投活动相关的核心要素——项目、资本和人才具有显著的国际性特点。中国互联网的代表 BAT（百度、阿里巴巴和腾讯）在创业和发展过程中，国际资本投入起到了重要作用。从风投创投资源角度看，第一，相当一部分科技创新项目来源于国外，特别是欧美发达国家。第二，非常多的创新创业人才资源来源于国外，特别是来源于中国的海外留学人员。《中国留学发展报告（2016）》的数据显示，2015 年度中国海外留学生达 126 万人，仅美国就有超过 30 万名中国留学生，这是一支庞大的创新创业人才队伍。第三，从资本角度看，风投创投资本在全球范围逐利的本性，为中国利用国际风投创投资本提供了机会。

当前广州与深圳每年轮流举办一次中国风险投资论坛，为加强会议、论坛的连续性与号召力，建议在中国风险投资论坛基础上，建立起立体式的风险投资会议论坛体系。

一是创办世界风投创投大会（世投会），并将会址永久落户广州。建议邀请国家有关部门作为主办方，定位于对接全球风险投资与创新创业项目，将其打造成广州风投之都的亮丽名片。

二是继续主办好中国风险投资论坛。定位于对接国内的风险资本与创业项目，擦亮广州风投创投之都的品牌。

三是举办系列与风险投资相关的会议。举办一系列创新创业项目对接会，例如风投沙龙之类；结合广州 IAB 重点产业，分别举办科技创新论坛、生物医药投资论坛、人工智能产业沙龙、新一代信息技术投资大会等。

通过以上会议体系，一是实现资本与项目的对接，二是立体式打造广州国际风投创投之都的品牌形象，三是吸引各类投资机构来穗投资与落户，四是引进 IAB 创新创业项目在广州落地生根。

需要特别强调的是，广州完全有必要创办"世投会"。广州没有北京作为首都功能带来的全球资源聚集优势、没有上海和深圳坐拥交易所和众多金融平台聚集的优势，因此，广州要建设国际风投创投之都，在全球范围利用

项目、人才和资本资源，就必须学习浙江人自己创造平台的做法。让"世投会"永久落户广州，为广州提供一个在全球范围对接项目、人才和资本的大平台。创办和每年举办"世投会"，将为广州提供在风投创投领域追赶北京、上海和深圳的机会。建议在中国海外人才交流大会（海交会）的同期同地举办"世投会"，形成全球人才、项目和资本在广州实现大对接的"两会"盛况。

广州完全有条件创办"世投会"。第一，广州是中国著名的国际会展城市，具有举办各种大型会议的完备硬件条件和丰富的国际会议组织经验。第二，广州已经成功举办了18届海交会（留交会），具有成熟的工作网络，建立了比较扎实的人才库和项目库，这为"世投会"的举办提供了基础。第三，广州雄厚的经济基础，发达的产业和科教资源，为广州举办"世投会"提供了保障。第四，广州已经成功举办2017年第19届中国风险投资论坛，在业界产生广泛影响。广州应该学习乌镇人"无中生有"，将"世界互联网大会"永久落户小镇的精神，也应该学习施瓦布创立和运作达沃斯世界经济论坛的经验，发挥岭南文化中敢为人先的精神，果断创办"世投会"。总之，广州完全有必要，更有条件创办"世投会"这一对接全球资源的重大的永久性主场会议平台。

（二）引进培育一流机构，形成有影响力的聚集区

针对广州风投创投机构总量不足和缺少龙头机构的问题，应该形成"大企业顶天立地，小企业铺天盖地"的局面。一是要实施"百强风投创投机构引进计划"，在3年内，吸引国内风投创投机构前20强在广州设立分支机构；在5~10年内，吸引国内风投创投百强机构来广州设立分支机构，鼓励百强机构在广州设立全国或地区总部。二是要实施"千家广州风投创投机构培育计划"，注重培养根植本土的"果农型"风投创投机构，要支持中小型风投创投机构的发展。三是借鉴硅谷经验，发挥广州经济基础雄厚，大量私人资金谋求投资渠道的优势，通过政策引导，鼓励一部分具有专业背景的富裕个人，在自身熟悉的领域内，以个人方式从事天使投

资等风投创投活动。

在致力于引进 2 ~ 3 家一流投资机构的同时，应重点参照深创投模式，着力培育 1 ~ 2 家本土一流风投机构。以广州科技风险投资公司、越秀产业基金、广发信德、广州基金、中大创投、中大科创等为基础，通过体制机制的市场化改革，通过政府引导基金的导入与支持，通过优秀投资人才的引进，3 年左右培育 1 ~ 2 家本土一流投资机构。

针对广州的投资机构主要聚集于天河区，但到目前为止，该聚集区没有形成类似北京的中关村、上海的张江、杭州的玉皇山南小镇等投资机构聚集区的影响力的情况，应明确在广州的珠江新城、国际金融城和琶洲互联网创新聚集区黄金三角地带，打造有国内外重要影响力的风投创投机构聚集区。要尽早出台风投创投机构落户聚集区的市一级政策，防止各区为争夺投资机构出现恶性竞争，打乱广州建设国内外有影响力的风投创投机构聚集区的总体部署。

（三）打造投资生态平台，营造良好的产业发展氛围

风投创投是一个"募、投、管、退"的完整生态系统。广州要建设国际风投创投之都，必须不断完善风投创投的生态系统。一是要打通项目和投资人的对接平台，借鉴硅谷著名的项目——投资人平台的做法，建立天使投资人和项目对接平台，让项目可以及时找到投资人，让投资人可以方便找到项目。二是由政府出面搭建风投机构与银行、保险公司等金融机构的对接平台。三是在风投创投机构聚集区常年举办各种专题论坛，形成浓厚的风投创投氛围，提供风投创投相关方交流的机会。四是畅通退出渠道，做大做强股权交易机构，力争将广州股权交易中心打造成为全国性股权交易机构，不仅为广州风投创投资本退出提供渠道，而且成为全国性股权产权交易平台。五是学习杭州玉皇山南基金小镇的经验，根据风投创投活动中股权变更频繁的特点，由工商部门驻点到风投创投集聚区，现场提供工商登记、股权变更等服务，最大限度地提升风投创投活动中的行政服务效率。

（四）提供三大政策优惠，吸引优秀投资机构落户

根据国内外吸引风险投资人的关键因素分析，建议提供三大政策优惠。

一是投资税收优惠。风险投资机构在广州的总部或分支机构达到一定条件享受优惠的税收政策，所投资项目退出所得给予一定的税收优惠，或者按照贡献规模给予一定比例的返还奖励。

二是人才引进政策。打造人才引进专项计划，每年评选杰出投资人，给予专项奖励和个人所得税优惠。

三是办公场地优惠。给符合条件的投资机构免费的办公场地，设立风险投资机构联合办公空间等。

广州在发展壮大风投创投行业的过程中，还可以考虑以产业龙头企业为核心，以风投创投为手段，打造众多企业星系。笔者在调研中发现，广州开发区的冠昊科技园和达安创谷等，形成了以产业龙头企业投资孵化器企业的创投型孵化器新业态。在达安创谷，在龙头企业达安基因的引领下，相关金融机构和孵化器机构围绕行业上下游，培育创新创业型企业，形成了一个具有极强裂变发展能力的产业生态系统。龙头企业通过投资有潜力的企业增强了发展后劲，创新创业企业则在龙头企业的带动下有了比较清晰的发展方向，相关投资机构通过并购等形式退出，降低了投资风险，孵化器则在龙头企业的帮助下，提供更加有针对性的培育服务，实现了多方共赢。

（五）创造大学生创新创业大平台，形成双创洪流

根据国际经验，著名的微软、谷歌等世界性公司都是大学生创业的结果。美国创业投资最活跃的硅谷和波士顿地区，也是大学生创新创业最活跃的地区。

广州现有113.96万在校大学生和研究生，高居全国首位。应借鉴美国经验，挖掘潜藏在广州大学生中的无限创新创业活力。大学生具有"敢拼敢闯"的创新精神，但由于缺少资金和经验，创业创新的成功率较低。为了有效激发广州百万大学生创新创业活力，建议考虑围绕大学城布局"风

投创投服务大环线",在各主要高校建设创新创业驿站,在服务大环线和创新创业驿站中,不但要布局风投创投机构的办公室,还要布局孵化器和法律咨询、专利申报等相关服务中介机构,布局低廉的商业基础设施,如租赁机构、代工厂商等,降低大学生创业的"门槛",缓解大学生创业资金难题,让好的创业想法迅速转化为生产力,提高大学生创业的成功率。

参考文献

胡志坚、张晓原、张志宏:《中国创业风险投资报告2017》,经济管理出版社,2017。

詹正华、田洋洋、王雷:《联合风险投资对目标企业技术创新能力的影响——基于深圳创业板上市企业的经验分析》,《技术经济》2015年第6期。

刘晶元:《科技型中小企业创业投资引导基金上海地方执行现状及展望》,《华东科技》2015年第12期。

康慧蕾:《风险投资对上市公司短期业绩影响的探究——基于北京创新企业的实证分析》,《中国商贸》2013年第26期。

谢林林:《广州风险投资发展探析》,《科技管理研究》2009年第6期。

B.15
知识产权驱动下的全球现代中药产业发展格局与广州对策*

邓佑满　丁　力　李　钊　杨欣宇　厉　宁　丁文雄　陈劲松　朱顺军　张何元**

摘　要：　中药产业是我国产业领域中最具有民族特色、独特优势和原创性知识产权的领域，中药产业创新成果对专利保护的依赖性较强。现代中药产业是广州正在着力实施"IAB"计划中重点发展的产业之一。本文通过分析现代中药产业的发展前景、全球专利创新格局、广州产业基础及现状，提出广州现代中药产业发展的主要思路及对策建议，力促广州实现现代中药产业加快发展、做大做强的目标。

关键词：　知识产权驱动　现代中药　广州

一　现代中药产业内涵及发展前景

（一）现代中药产业的内涵解析

现代中药是传统中药发展的新阶段。传统中药常以原生药材入药，发挥

＊　本文为"广州市知识产权（专利）区域布局试点（GZ2016－0238）"项目成果。

＊＊　邓佑满，博士研究生，广州市知识产权局局长；丁力，广州市知识产权局副局长；李钊，广州恒成智道信息科技有限公司技术总监，助理研究员，研究方向为知识产权信息与咨询；杨欣宇，广州恒成智道信息科技有限公司技术副总监，高级工程师，研究方向为知识产权信息与咨询；厉宁，博士研究生，广州市知识产权局处长；丁文雄，广州市知识产权局主任科员；陈劲松，广州恒成智道信息科技有限公司总经理，研究方向为知识产权咨询与服务；朱顺军，广州恒成智道信息科技有限公司副总经理，研究方向为知识产权咨询与服务；张何元，广州恒成智道信息科技有限公司副总经理，助理研究员，研究方向为知识产权信息与咨询。

作用的具体成分不够清晰，质量稳定性较弱，剂型以膏、汤、散为主；现代中药则对有效成分进行研究，形成片剂、胶囊、注射剂、缓释剂等剂型，使疗效更加确切、稳定，并通过提取、分离等环节实现质量控制，促进中药品质的大幅提升。

我国中药产业从无到有、从小到大，从传统中药产业发展为现代中药产业，已经成为我国高新技术产业和重点战略产业的重要组成部分。在《广州市战略性新兴产业第十三个五年发展规划（2016—2020 年)》中，明确提出要做大做强现代中药等优势产业，本报告依据该规划中提出的现代中药产业重点发展方向对现代中药产业范围进行界定及细分领域选择，包括新型制剂、有效成分提取、检测与质量控制、中药保健品、中药药妆五大技术领域。

（二）现代中药产业的发展前景

1. "一带一路"倡议助推全球中医药市场需求快速增长

随着"一带一路"倡议得到各国的积极响应，世界各国对中医药的需求快速释放，现代中药产业发展迅速。据 2016 年发布的《中国的中医药》白皮书，中医药已传播到 183 个国家和地区，中国已走向世界传统医学的舞台中央。中药正逐步进入国际医药体系，已在俄罗斯、古巴、越南、新加坡和阿联酋等国以药品形式注册。截至 2016 年 5 月，已有包括人参、陈皮、白术、大黄、水红花子、虎杖、三七等在内的 66 种中药材进入欧洲药典。据世界卫生组织统计，全球已有 29 个国家设立了传统医学的法律，18 个国家将针灸纳入医疗保险，中国已在海外建立了 10 个中医药中心。在此背景下，现代中药产业未来发展空间巨大。

2. 中药产业步入政策红利发展期

目前，中药产业发展迎来天时、地利、人和的大好时机。《中医药法》经全国人大常委会审议通过，《中医药发展战略规划纲要 （2016—2030 年)》《中医药健康服务发展规划 （2015—2020)》等相继出台，中医药发展已经上升为国家战略，在经济社会发展全局中具有重要的战略位置。

自"中医药"纳入上述规划以来，传统中药的二次开发获得政策的大力支持。目前在广药、上药、石药、步长等中国制药百强企业生产的中药中，有 270

多个过亿的大品种，合计销售总额已经占据中药市场的50%①。国家"十二五"科技规划明确提出，未来五年要重点支持和开展30个传统大中药品种的二次开发。目前已有24个中药新药列入"十三五"拟研制重大创新药。党的十九大报告提出，实施健康中国战略，坚持中西医并重，传承发展中医药事业。可以预见，中药产业在未来五年将步入政策利好所带来的创新发展期。

3. 中药产业规模不断扩大

目前，我国中药产业发展迅猛，以每年20%的速度递增。2016年，中药工业规模以上企业主营业务收入超过8600亿元，占全国医药工业的近1/3②。

当前，我国已经进入老龄化社会，65岁及以上的人口超过1.2亿，卫生健康是我国面临的重大挑战，医疗技术的进步和人民群众对健康要求的迅速增长，也对我国新药创制提出新的需求。对于中药行业而言，目前正处于从传统制药到现代工艺生产的过渡期。随着近年来医药行业的逐步规范以及国家中医药现代化战略的推进，一大批高新技术在中药企业中得到推广和应用，中药产业已成为当前我国增长最快的产业之一，拥有巨大的发展潜力。据前瞻产业研究院的《全球健康医疗大数据行业发展前景预测与投资战略规划分析报告》，"十三五"中药工业规模将扩大一倍，到2020年，规模以上中药工业企业主营业收入将达15823亿元。

二 全球现代中药产业专利创新格局

研究表明，在中药行业，发明专利代表核心产品创新，发明专利代表的技术创新对企业利润和成长具有显著的正向影响③。此外，中国有效专利的维持

---

① 《2017上半年中药材行业发展趋势分析报告》，http：//www.sohu.com/a/154715151_300440。

② 《我国中药产业以每年20%的速度递增》，http：//news.sina.com.cn/o/2017-11-10/doc-ifynsait7013758.shtml。

③ 程立茹：《价值创新与企业技术创新战略：中国制药行业研究》，对外经济贸易大学出版社，2007，第151页。

年限一般在 10 年以内①。因此，本报告采集数据的基准时间范围为 2007 ~
2016 年（以下称"报告期内"），选取近 10 年来现代中药产业的授权发明专利
数据进行分析研究，能够较为准确地反映现代中药产业专利创新格局。

（一）全球专利创新格局

从全球范围来看，报告期内现代中药产业授权发明专利主要集中在中国
大陆，占比高达 97.01%，其次中国台湾、美国、韩国、日本分别排第二名到第
五名，东南亚、南亚、中亚、西亚国家则基本处于专利空白的状态（见表 1）。

表 1　2007 ~ 2016 年现代中药产业全球授权发明专利国别/地区分布

单位：件

排名	国家/地区	专利数量	占比（%）
1	中国大陆	29258	97.01
2	中国台湾	283	0.94
3	美国	204	0.68
4	韩国	148	0.49
5	日本	92	0.31
6	俄罗斯	63	0.21
7	欧洲专利局	61	0.20
8	澳大利亚	26	0.09
9	加拿大	17	0.06
10	奥地利	7	0.02

现代中药市场吸引了一批大型公司来研发与经营。日韩美等制药、化妆
品、保健品等大型企业展开了现代中药全球专利布局，日本津村株式会社、
帝国制药株式会社，中国台湾普惠德生技股份有限公司重视中药提取技术研
究；美国雅诗兰黛公司、日本佳丽宝化妆品株式会社、韩国爱茉莉太平洋集
团与 BIO-FD&C 株式会社主要围绕中药药妆及相关技术进行专利布局，美国
新章公司、中国台湾必安研究所则注重中药保健品的技术创新。

---

① 贺化：《专利与产业发展系列研究报告》，知识产权出版社，2013，第 28 页。

（二）中国专利创新格局

1. 国内现代中药专利布局竞争梯次逐渐显现

报告期内，山东现代中药产业授权发明专利达 5721 件，在国内省市中位列第一，并与其他省市拉开差距。江苏排名第二位，相关授权发明专利量达到 2240 件。此外，北京、广东、浙江、河南、安徽的中药授权发明专利量均在 1000 件以上，领先于国内其他省市。

2. 已初步形成一批以发明专利为核心成果的创新骨干企业

据不完全统计，目前我国有中药生产企业近 2000 家，大多数企业没有申请专利。不过，国内也已出现一批拥有较多高质量专利的创新骨干企业，以天士力制药集团、北京亚东生物制药、河北以岭医药、江苏康缘药业、江西汇仁药业、天津中新药业、贵州益佰制药等为代表，这些企业有效专利占比普遍较高，专利存活期普遍较长。但是，尚未见进入授权发明专利排名前20 的广州专利权人，广州现代中药产业中骨干企业的专利创新在全国还不具优势（见表 2）。

3. 专利转让成为国内现代中药产业专利运用的主要形式

报告期内，我国现代中药授权发明专利以专利权转移为最主要的运用方式，其间 25.1% 的专利发生了专利权转移，其中涉及心脑血管疾病治疗组合物及制备、中药质量检测方法的专利最多。

4. 新型制剂与有效成分提取专利技术备受产业瞩目

现代中药产业在新型制剂、有效成分提取、检测与质量控制、中药保健品、中药药妆五大技术领域中，以新型制剂、有效成分提取专利为主，占报告期内专利分别达到 46% 和 35%。

（三）广州专利创新格局

1. 广州在广东省专利资源优势突出

报告期内，广州现代中药授权发明专利量 526 件，占广东省专利总量的35.4%，除 2008 年外，广州各年均位居第一，并与省内其他城市拉开差距。

表2　2007～2016年现代中药产业国内授权发明专利前20专利权人排名

单位：件

排名	名称	专利数量
1	天士力制药集团股份有限公司	238
2	北京亚东生物制药有限公司	128
3	河北以岭医药研究院有限公司	120
4	河南中医学院	117
4	南京中医药大学	117
6	浙江大学	99
7	中国药科大学	93
8	青岛市市立医院	87
9	沈阳药科大学	71
10	上海中医药大学	68
11	江苏康缘药业股份有限公司	63
12	江西汇仁药业股份有限公司	59
13	天津中新药业集团股份公司乐仁堂制药厂	58
13	贵州益佰制药股份有限公司	58
15	复旦大学	57
16	天津天士力之骄药业有限公司	53
17	上海中医药大学附属曙光医院	52
18	天津中新药业集团股份有限公司达仁堂制药厂	50
19	青岛市中心医院	48
20	重庆市中药研究院	47

广东省专利权人前15名中有10名来自广州。广州形成以企业、高校为主，以科研院所、机关团体为辅的专利创新主体结构，相对省内其他城市的创新主体结构更为合理。

2. 广州专利运用趋于活跃

报告期内，发生转让的专利占广州现代中药产业授权发明专利总量的

26.8%，并在 2014 年后呈迅速增长态势，反映了近年来广州现代中药产业专利运用趋于活跃。

3. 形成了以企业为主的创新主体结构

企业是自主创新的主体，只有企业成为创新主体，才能获得强劲发展的源头活水。报告期内广州在现代中药产业授权发明专利中，企业申请占比41.8%，高校申请占比 29.6%，个人申请占比 17.6%，机关团体、科研院所申请占比分别为 6.7%、4.4%。广州现代中药产业已初步形成以企业为主的创新主体结构。

4. 广州现代中药药妆领域专利产出优势显现

报告期内，广州现代中药药妆领域授权发明专利量 25 件，在全国占比

表3　现代中药药妆国内、广东省、广州授权发明专利排名情况

单位：件

	排名	名称	专利数量
国内	1	北京工商大学	10
	2	广东轻工职业技术学院	8
	3	烟台新时代健康产业日化有限公司	7
	3	北京东方淼森生物科技有限公司	7
	5	新时代健康产业（集团）有限公司	6
	5	烟台新时代健康产业有限公司	6
	7	郑州市嘉蓓丽生物科技有限公司	5
	7	广州环亚化妆品科技有限公司	5
	9	天津郁美净集团有限公司	4
	9	上海相宜本草化妆品股份有限公司	4

	排名	名称	专利数量
广东省	1	广东轻工职业技术学院	8
	2	广州环亚化妆品科技有限公司	5
	3	广州市娇兰化妆品有限公司	3
	3	广东嘉丹婷日用品有限公司	3
	3	高康化妆品制造有限责任公司	3

	排名	名称	专利数量
广州	1	广东轻工职业技术学院	8
	2	广州环亚化妆品科技有限公司	5
	3	广州市娇兰化妆品有限公司	3
	4	广州市白云区芳祺化妆品厂	2
	4	广州中医药大学	2

为 10.4% ，在全省占比为 45.5% ，中药药妆领域为广州现代中药产业专利资源的优势领域。

在全国专利权人排名中，广东轻工职业技术学院、广州环亚化妆品科技有限公司分别位列第二、第七，表现突出。

三　现代中药产业专利创新与产业联动发展状况

（一）产业联动的内涵

产业联动，指在一个区域的产业发展中，该区域某一产业的创新资源（对应产业创新能力）、专利资源（对应产业专利竞争力）和产业资源（对应产业竞争力）之间的需求互动关系。研究这些关系可客观评价创新资源、专利资源与产业资源是否对产业当前的发展或未来发展方向形成良好的支撑，从而对专利和产业发展政策进行相应调整。

（二）专利资源对中药产业发展至关重要

专利在我国中药产业的发展和国际化中起着至关重要的作用。已有研究表明，当前国际上的制药巨头，都是依靠专利保护利器在行业内保持领先地位，其专利产品的销售额占总销售额比例相当惊人，如默沙东公司占 44% ，拜耳公司占 41% 。专利对于制药行业的特殊重要性与其漫长的研发时间、大笔的研发投入和最后产品的易于复制密切相关。如果没有专利制度，65% 的制药产品不会生产，60% 的制药产品不会开发①。

（三）广州现代中药产业专利创新与产业发展已形成良好互动

本报告建立了包括产业竞争力、产业专利竞争力、产业创新能力三大指标的广州现代中药产业发展评价指标体系，研究了广州现代中药产业专利创

---

① 程立茹：《价值创新与企业技术创新战略：中国制药行业研究》，对外经济贸易大学出版社，2007，第 151 页。

新与产业发展的联动关系。

分析结果表明，广州现代中药产业创新能力与产业竞争力的关联系数为0.7765，产业竞争力和产业专利竞争力的关联系数为0.6226，产业创新能力与产业专利竞争力的关联系数为0.6951。广州现代中药产业专利竞争力、产业竞争力、产业创新能力两两之间的关联系数均在0.6以上，关联性显著[1]，即广州现代中药产业的专利竞争力、产业竞争力、产业创新能力间的互动发展均已具备较好基础。

进一步研究发现，专利运用对产业创新能力、产业竞争力的影响最大，加强专利运用，对于提升广州现代中药产业竞争力、产业创新能力具有正向作用。此外，创新投入为产业专利竞争力的重要影响因素，加强对广州现代中药产业的研发资金、创新人才、机构建设等方面的投入，有利于提升产业专利产出绩效和专利运用转化能力，进而提升产业专利竞争力。

四 广州现代中药产业发展的优势与短板

（一）发展优势

1. 产业基础雄厚

广州中药产业有着悠久的传承，至今已有1000多年的历史。广州现已成为整个华南地区医药市场的中心，已有40多家中成药生产企业[2]，其中很多都是享誉全国的知名企业，如白云山和黄中药、奇星药业、中一药业、中华老字号陈李记、敬修堂、王老吉等。广州已形成以中药、化学制药、保健品为主的生物医药产业体系，其中中药占比约36%，在中成药制造领域

---

① 丁涛、倪翔南、单曼茜：《江苏省经济增长与知识产权发展的灰色关联分析——基于2004—2013年数据》，《金陵科技学院学报》（社会科学版）2015年第2期，第26~30页。

② 陈和芳：《中药知识产权保护的经济学研究——以广州市中药产业为例》，哈尔滨工业大学出版社，2016，第17页。

具有明显的优势①。2015 年广州中药产业工业总产值达到 121.6 亿元，较 2014 年增长 7.8%②。

2. 研发资源集聚

截至 2015 年底，广州拥有中药产业相关的中山大学医学院、南方医科大学、广州中医药大学、暨南大学医学院、广东药学院、广州医学院等高等院校 21 所、独立研究与开发机构 33 家。广州有相关国家级国际科技合作基地 6 个，省级以上重点学科（实验室）152 个，其中国家级重点学科（实验室）20 个。基本形成了适应现代中药研究开发规范要求的研发体系，包括中药新产品研发、安全性评价、质量标准研究、临床研究、产业化开发等体系。

3. 已有一定数量的高质量专利储备

报告期内，广州现代中药产业领域授权发明专利突破 500 件，呈增长态势，已具备一定数量的高质量专利储备。部分中药企业如广州白云山和记黄埔中药有限公司、广州王老吉药业股份有限公司等在广东省排名靠前。

4. 坐拥全国最大制药集团

广州逐步确立了以广药集团为产业领军企业，带动一大批专、新、特、精的骨干企业成长，形成梯队层次合理、技术和服务互补性强的集群式发展格局。广药是全国最大的制药集团，连续多年荣登"中国制药工业百强榜"第一名。广药集团作为全国中药产业领先企业，在引领创新、带动发展方面正发挥积极作用。2017 年上半年，广药集团在《财富》论坛提出了"时尚中药"理念，受到广泛关注，目前正加速海外布局，为世界提供"广药方案"。

（二）存在短板

1. 产业创新及其专利布局保护能力有待提升

报告期内，广州现代中药授权发明专利量各年均未超过 100 件，年均授

---

① 沈于蘭：《广州生物产业概况及重点发展领域分析》，《中国广州科技和信息化发展报告（2013）》，社会科学文献出版社。

② 根据广州市统计局数据计算得到。

权量仅在 50 件左右。广州排名靠前的专利权人 5 年累计专利量均在 40 件以内。在国内专利权人排名中，广州专利权人未见明显优势，而北京、天津的部分专利权人年均专利量已达到 10 件以上。总体上，广州现代中药产业的专利产出不足，研发创新能力及专利布局和保护能力亟待进一步提高。

2. 合作创新成果偏少

已有研究表明，合作申请的专利对医药制造业增长的促进作用比普通专利平均大约高 10%[①]。从授权发明专利的合作情况看，广州现代中药产业产学研合作成果偏少。报告期内，由两个或以上专利权人共有的发明专利占比为 7%，其中，个人与个人合作数量超过一半，校企合作专利仅占 21.6%，未见企业与企业合作申请的专利。

3. 专利运用能力尚显不足

报告期内，广州现代中药发明专利发生转让的占 27%，专利转让比较活跃，专利许可数量偏少，占总量的 2%，未见有专利质押。总体来看，广州现代中药专利运用能力有待提高，提高专利质量、提升专利运用效益是未来需要重点关注或突破的方向。

五　广州发展机遇

（一）"一带一路"建设深入推进

"一带一路"建设实施以来，我国已在沿线国家建设 16 个中医药海外中心，30 多个国家和地区开办了数百所中医药院校，中医药在健康和疾病的认知方法以及治疗理念方面越来越受到国际社会的认同，为中医药服务贸易的持续开展带来了机遇。2016 年 12 月 26 日，国家中医药管理局与国家发改委联合印发《中医药"一带一路"发展规划》，中医药事业发展将迎来更多的历史机遇。

---

① 贺化：《专利与产业发展系列研究报告》，知识产权出版社，2013，第 133 页。

（二）广州加快实施"IAB"计划

当前，广州正加快实施"IAB"计划，积极打造世界级的生物医药产业生态圈。其中，生物医药产业将领跑"IAB"计划。广州在《广州市生物医药产业发展五年行动计划（2017—2021年）》中明确提出，到2021年底，现代中药产业实现主营业务收入达到400亿元的目标。现代中药作为生物医药产业的重要分支，无疑面临难得的机遇。

六　发展的思路与对策建议

（一）发展的思路

专利资源已成为现代中药产业创新驱动发展不可或缺的重要战略资源。现代中药产业未来竞争力的提升，需要探索产业专利资源与区域科教、产业、经济、社会协同发展的机制，构建以专利为核心的资源配置机制，形成面向产业的以专利为核心的资源配置导向目录，引导并实现创新资源的区域集聚。

（二）对策建议

1. 完善现代中药产业以专利为核心的创新成果保护和运用环境

报告期内，广州现代中药产业授权发明专利在全国占比2.0%，低于北京（7.4%）、天津（3.3%）、上海（3.1%）。其中，41.8%来自企业，虽高于全国水平（36.7%），但作为国家创新城市，企业创新主体结构还有很大的优化空间。现阶段状况对支撑《广州市战略性新兴产业第十三个五年发展规划》提出的聚焦强化现代中药产业链，实现跨越发展的目标尚显不足。要破除影响企业创新积极性的体制机制障碍，在政策层面加大对企业创新的支持鼓励力度，例如对实现创新突破、获得核心专利的企业加大奖励力度，支持新药优先进入医保目录、基药目录等。同时，要大力支持和鼓励企业加强海外专利布局，为广州现代中药产业"走出去"保驾护航。

2. 建立广州现代中药的产业竞争力、产业创新能力、产业专利竞争力常态化监测机制

研究表明，广州现代中药产业竞争力、产业专利竞争力和产业创新能力三者之间相互支撑基础较好，但仍有较大的提升空间。未来，要建立三者之间常态化的监测机制，根据监测结果，定期或择机动态引导或调整产业相关的物质、技术、资金、知识等生产要素的配置，提高产业整体运作效率。

3. 鼓励产业链各方以专利为纽带加快高水平创新成果产出和运用

广州现代中药产业基础雄厚，研发资源集聚较好，然而合作创新产出的成果偏少，创新合力体现不足。专利作为创新成果的有效依托和保护载体，为协同创新提供了有力支撑。广州应鼓励产业链各方以专利为纽带加快高水平创新成果产出和运用。既可以搞原始创新，再通过专利申请和布局保护创新各方的利益，也可以通过专利权的运营，如转让、许可，在他人已有专利技术的基础上搞二次开发，形成新的知识产权。以专利为纽带也可打破地域空间的限制，直接将广州的专利成果在全球进行转化运用，进一步实现产业技术资源的自由调配。

4. 引进培育专利创造能力强的产业资源形成"滚雪球效应"

一是推动建立以专利能力为核心竞争力的产业资源评价机制，通过引育专利能力强的产业资源，大力实施名企名品培育工程，形成"以专利能力为核心竞争力的领军骨干企业 + 潜力企业"的现代中药产业集群和梯队，形成"滚雪球效应"。

二是鼓励广药集团等领军企业进行行业资源整合，以多种形式实施以专利为核心的兼并重组，识别发现和并购掌握行业颠覆性技术及知识产权的新创公司，加快培育以现代中药为核心业务的全球顶尖医药创新集团。

三是在创新能力强的高校和经营管理能力强的企业中选择具有良好专利能力的对象进行资源培育和引进，在有效成分提取、中药新型制剂、中药质量检测及控制技术等细分领域加快提升创新资源集聚，实现行业创新引领。

5. 瞄准重大需求探索突破一批现代中药核心关键技术

面向国际现代中药技术前沿，围绕产业应用重大需求，在现代中药技术有较强基础的若干领域，集中优势资源，重点探索突破一批现代中药核心和关键技术，形成一批引领性、突破性、颠覆性的现代中药技术创新成果。

一是针对恶性肿瘤、心脑血管疾病、代谢性疾病等重大疾病，自主研发若干个创新性强、科技含量高、市场前景好、拥有自主知识产权的新型中药产品。

二是发挥广州中药药妆领域已有的专利优势，集聚和整合创新资源，加强对中药活性成分提取加工、功效型和安全性评价等核心技术的突破，积极开发中药药妆新品种，争取打造药妆领域广州"叫得响的品牌"。

三是以中共中央办公厅、国务院办公厅印发的《关于深化审评审批制度改革鼓励药品医疗器械创新的意见》（厅字〔2017〕42号）为纲领，鼓励创新与促进药品仿制并重，引导专利仿制药研发生产，提高公众用药可及性。

6. 积极打造具有广州特色的现代中药产业人才智库

数据显示，国内现代中药专利领先企业，如亚东生物制药、天士力、河北以岭医药等均已形成以企业中高层管理者为核心的发明团队，而广州尚未体现出明显的团队优势。广州要加强人才选拔工作创新，完善产业领军人才、专家、拔尖人才等的选拔标准。建立人才引进使用中的知识产权鉴定机制，有效利用知识产权信息发现创新人才。在人才及创新团队引培过程中进行知识产权分析评议，做到"找准人，引对人"。广州要建立立足广州、放眼全球的现代中药产业人才引培机制，打造具有广州特色的现代中药产业人才智库，形成高水平创新团队，提供强有力的智力支撑。

7. 深度融入"一带一路"建设，加快推进国际化进程

作为"一带一路"建设的排头兵，广州现代中药产业要抢抓机遇，坚持将"走出去"与"引进来"相结合，鼓励企业走出国门布局专利，加快推进国际化进程。基于地缘优势以及东南亚国家对中药的接受度普遍较高，

特别要加强"一带一路"东南亚国家的国际合作。

广州要组织策划构建"一带一路"沿线国家现代中药产业专利信息服务平台，整合专利信息资源，为中药企业提供信息检索、查询、展示等服务，帮助中药企业"走出去"，加快推动广州甚至全国中药产品进入国际主流医药市场，这是广州作为"国家重要中心城市"担当"国家责任"的体现。

B.16
广州人工智能产业发展的路径与对策

陈 峰 杨代友*

摘　要： 为加快广州人工智能产业发展，推动先进企业、创新资源和高端人才向广州集聚，建设全球领先的人工智能产业新高地，本文在分析广州人工智能产业的现状、问题与挑战的基础上，提出广州应以打造"全球领先的人工智能创新枢纽"为目标，聚焦领军企业和重大项目，抢先卡位占领制高点；引进领军人才，带动海内外人工智能人才和团队向广州集聚；设立产业引导母基金，为产业发展注入资本动力；鼓励企业加紧人工智能专利布局；聚力建设人工智能产业研究院，连接全球技术前沿；组建四大产业平台，营造产业氛围等。

关键词： 人工智能　产业生态　创新枢纽

2017 年初，广州市委、市政府将人工智能产业纳入重点发展的战略性新兴产业——"IAB"计划（即新一代信息技术、人工智能、生物制药），未来几年将加快布局，聚焦发展，着力做大做强，抢占先机。这是贯彻落实广州市第十一次党代会精神，振兴实体经济，推动产业集聚集群集约发展，构建高端高质高新现代产业新体系的重大战略举措。

＊ 陈峰，广州市社会科学院产业经济与企业管理研究所副研究员，研究方向为产业经济；杨代友，博士，广州市社会科学院产业经济与企业管理研究所所长，研究员，研究方向为产业经济。

一　广州人工智能产业发展的现状与基础

近年来，广州着力推动产业转型升级，寻找经济发展新动能，围绕建设"中国制造2025"试点示范城市和国家制造业创新中心，积极规划布局人工智能产业，促使产业实力不断增强，在一些细分领域出现了不少明星企业，形成了多个产业集聚区，产业发展具备了一定的基础和条件。

（一）广州人工智能产业发展的现状

1. 人工智能产业综合实力全国第四

据《乌镇指数：全球人工智能发展报告（2016）》显示，广州在综合影响力榜单名列第四；从分项指标排名看，广州在人工智能专利影响力榜单名列第七，企业影响力榜单名列第五，融资影响力榜单名列第四。榜单显示，虽然北京、上海、深圳三个一线城市雄居专利影响力、企业影响力前三位，但广州凭借产业综合影响力与北上深三大城市同处在第一阵营。在构建综合影响力的三个维度：专利、企业和融资影响方面，广州专利影响力表现较弱，落后于南京、杭州和成都三个新一线城市；在企业影响力方面弱于杭州；在融资影响力方面广州表现较强，位居北京、深圳、厦门之后，排名第四，超过上海。凭借较强的"融资影响力"这一指标，广州人工智能产业综合影响力得分位居我国大城市前列。

2. 人工智能细分领域表现突出

广州人工智能产业尚处于起步阶段，但发展很快，部分细分领域表现突出，工业机器人、语言识别、图像识别、服务机器人、无人机、智能家居等领域在市场上具备较强实力，在全国甚至全球居于领先水平。

（1）智能装备及机器人：在机器人整机领域，以广州数控、广州启帆、鑫泰科技为代表，他们生产的搬运、喷涂、码垛、钻孔机器人等产品以较高的性价比占有一定的国内市场份额。在关键零部件领域，聚集了广州数控、国机智能、鑫泰科技、巨轮智能、广州敏嘉、昊志机电、广州启帆、长仁科技等企业。其中，广州数控是国内技术领先的专业成套机床数控系统供应商和国内最大的机床数控系统研发与生产基地，入选全国机器人十强企业。

（2）自然语言处理（语言识别和处理）：科大讯飞全资子公司广东讯飞启明，主要从事教育招生考试信息化服务。科大讯飞是我国语音识别和处理领域的领军企业，其产品与服务占据国内44%的市场份额。

（3）计算机视觉（图像识别）：佳都新太科技股份有限公司在生物识别、智能视频分析等领域掌握了多项核心技术，其人脸识别核心算法准确率高达99.5%，达到了国际先进水平。铂亚公司的图像识别技术也处于全球领先水平，与中科院合作共建的"生物识别与安全技术研究中心"联合实验室，承担了全球首个"人脸识别云计算"科研项目。

（4）服务机器人：广州安望信息科技有限公司开发出全球第一个手机应用的智能机器人——小i机器人。到目前为止，小i机器人已成功为广州公安户政、12345热线、越秀区政务服务中心、荔湾区政务服务中心等政务服务工作提供了专业应用服务，并且规模化应用于全省国税行业。

（5）无人机：亿航智能（Ehang）是一家以技术创新为导向，集研发、生产和销售为一体的智能飞行器科技公司，开发出了全球第一款低空全自动载人飞行器亿航184，并于2016年5月获得美国Lung Biotechnology生物科技公司1000台的订单，将专门用于人造器官移植的快速运输。2016年2月亿航被美国商业杂志《快公司》评选为2016最佳创新公司，跻身全球无人机领域前三强。在消费级无人机领域，GHOSTDRONE系列已经全面入驻微软、亚马孙、京东、天猫、BESTBUY等线上电商渠道和全球逾千家实体店，用户遍布全球100多个国家和地区。极飞科技公司研发的植保无人机，喷洒农药每小时作业量可达80亩，作业效率是人工的60～80倍。

3.人工智能产业加速集聚发展

近两年，广州正围绕将人工智能产业打造成广州新的战略性主导产业，大力引进建设了一大批枢纽型项目，加上原有的互联网、软件、智能制造等聚集区，一批人工智能产业集聚区在黄埔、天河、海珠、番禺等区域加速形成（见表1）。

表1 广州人工智能产业空间分布

空间分布	集聚区	领域	备注
黄埔区	知识城、云埔工业园、黄埔机械谷	智能装备及机器人	目前全区已聚集智能装备及机器人企业70多家,形成了从上游关键零部件、中游整机到下游应用集成的完整产业链。新设立的亿航智能设备自动驾驶载人飞行器项目、巨轮股份智能精密装备研究院及产业园都位于黄埔区
海珠区	广州琶洲互联网创新集聚区	互联网与人工智能	入驻项目包括,阿里巴巴华南运营中心、复星南方总部、广州国美信息技术中心、腾讯广州总部、唯品会公司总部、广东小米互联网产业园、科大讯飞人工智能大厦、广州鹏润云端等,已经形成了互联网产业和人工智能制造的相关链条,未来将打造产值超千亿的互联网产业集群
番禺区	智之公园	综合	"智之公园",超级人工智能综合产业园,以"智"为核心理念,融合智能产业、智能文化、智能生活、智能空间,实现总部经济与科技孵化融合,智能产业与风险投资融合,产业功能和城市功能融合。规划用地面积约500亩,由IDG资本和互联网直播平台欢聚时代共同打造
	广汽智联新能源汽车产业园	智联新能源汽车整车制造、动力总成及核心零部件制造	产业园将全面整合广汽集团、互联网企业、合作伙伴等研发能力,构建起多功能的综合产业链生态系统。其中智能制造区包含智联新能源汽车整车制造、动力总成及核心零部件制造。园区将探索宜居宜业宜游的产城融合新业态,建设以"汽车+"为特色的系列项目,打造智联新能源汽车生态小镇。项目位于广州广汽番禺汽车城西南部,总体规划面积约7500亩
	思科(广州)智能城	智慧产业的研发与生产	思科公司、城云科技、易和科技、思创华通知德祥地产等公司已在番禺区注册成立独立法人企业,尚阳科技、优思得、晨宇汇佳等多家合作伙伴已完成注册公司名称核准,未来将陆续进驻思科智慧城。按照计划,在思科(广州)智慧城3年内将建起番禺新的标志性建筑——思科办公大楼,预计年产值将达千亿元
南沙区	人工智能产业园	人工智能研究、投资、项目孵化和运营	将建设3000亩的人工智能产业园,由亚信时代集团有限公司牵头,联合全球人工智能、大数据的顶尖人士和卓越企业,开展以人工智能研究领域为重点的高新技术和产业投资、人才引进以及高端研究、项目孵化和运营等业务

资料来源:各区相关部门提供的调研资料。

4. 企业集聚生态初步形成

科大讯飞、亚信数据、华为云、阿里工业互联网、思科、国机智能等行业领先企业纷纷进驻广州，加上广州数控、云从科技、亿航等广州本土业内领先企业，广州在互联网、大数据、计算机视觉、计算机语音、智能制造等人工智能重要产业领域已经聚集了一批业内优秀龙头企业，初步形成了带动人工智能产业链加快构建的发展态势。

（二）广州人工智能产业发展的基础与条件

1. 信息基础设施发达

广州是中国三大通信枢纽、互联网交换中心和互联网三大国际出口之一，拥有"世界超级计算机500强排行榜"六连冠和 H PC G 五连冠的"天河二号"超级计算机——国家超级计算中心，为人工智能技术普及和应用奠定了坚实的信息设施支撑基础。

2. 公共服务平台日益完善

在检验检测方面，工信部电子第五研究所、广州机械科学研究院、中国电器科学研究院等机构的机器人及智能装备产品综合检验检测能力位居华南第一。共性技术研发方面，拥有广东省自动化研究所、广州中国科学院沈阳自动化研究所分所、暨南大学机器人与视觉研究中心、华南理工大学机器人实验室等一批高水平科研机构。亚信集团也将在南沙建设基于大数据、面向人工智能的高级研究院。公共服务平台的不断建立和完善，将助力广州人工智能产业加快发展。

3. 大数据资源及数据开放优势明显

数据是人工智能时代最重要的资源，相当于工业时代的石油。作为国际商贸中心、华南经济中心、广东省会城市和粤港澳大湾区核心城市，广州在人口、经济、社会、文化、科技等各类大数据资源的集聚和配置方面具有得天独厚的优势。2015年广州在全国最早成立大数据管理局，在基础数据库建设、数据开放方面，包括数据采集、实时共享、数据交易等方面抢先进行了布局①。

此外，广州发展科技产业的人力资源充足②，科研院所密集、国际交流与合作渠道丰富；而且经济活跃、市场发达，产业门类齐全，背靠珠三角庞大的制造业基地，应用场景领域广泛，空间巨大，对数据的开发和开放利用具有足够宽广的空间和发展潜力。

二 广州人工智能产业发展面临的挑战

（一）有影响力的本土企业缺乏

在企业影响力方面，根据权威媒体《互联网周刊》与eNet研究院联合发布的"2016中国人工智能企业TOP100"中，入围Top100的广州企业只有图普科技、云从科技两家。其余多为北京（51家）、深圳（17家）、上海（14家）的企业。值得注意的是，杭州有6家入围，其中阿里巴巴、蚂蚁金服分别列第2位和第9位。广州仅有的两家上榜企业（图普科技、云从科技）分别列第32位和第49位。在有影响力的本土企业方面，无论是数量还是质量，广州都远远落后于北、上、深、杭。产业的发展最终由企业来推动，产业发展战略也最终由企业来落实，有影响力的本土企业数量不足是广州人工智能产业发展的一大短板。

（二）行业领军人才不足

领军人才是产业发展的核心资源。人工智能作为科技密集型行业，其人才积聚与其他科技行业一样，有很强的圈子吸附性，一般是围绕某一行业领

---

① 据复旦大学与"提供政府治理能力大数据应用技术国家工程实验室"联合发布的《2017年中国地方政府数据开放平台报告》显示，广州入选全国政府数据开放十强。在地方平台开放数据集的14个主要领域中，广州开放的数据覆盖面最大、平台数据集更新频率最高，承诺按日更新比例最高。
② 据2016年数据，广州拥有83所高等院校，在校大学生人数超过100万，居全国第一位。

军人物聚焦，然后由点到线到面，形成整个行业人才生态圈。行业领军人物就是串起珍珠的线，他们很多之前在高校、研究机构工作，当他们跨界到实业时，就把产学研串起来了，能很快地将实验室的技术商业化，转化为生产力。根据"2016年中国人工智能创业领军20人"名单显示，北京有11名，深圳有4名，上海有2名，广州、合肥和苏州各有1名。北京、深圳、上海是人工智能领军人才创业优选之地。如何吸引领军人才到广州创业是广州必须认真思考的问题。

（三）产业基础层支撑力较弱

在人工智能产业的细分领域中，广州在工业机器人、无人机、语音、图像识别等领域具有一定的优势。从产业链的角度看，广州在基础设施层（芯片和传感器开发、大数据、云平台）、技术层相对较弱。人工智能的商业化应用，是由应用层的需求，技术层、基础层的进步共同推动的——需求带动供给，供给创造需求。基础层的进步使技术层能够实现更多的拓展，而技术层的丰富可以使应用层实现更多的应用场景创新，解决当前行业痛点，创造和培育更多新的需求。由于应用层的投资机会和投入回报率（应用层投资门槛比较低，投资回报周期短，短期回报率高）远高于技术层和基础设施层，很多城市或企业将关注点放在应用层。广州要做行业领先城市，就必须从产业发展长远战略角度谋划，以应用为突破口，快速做大产业规模，同时高位布局，推动技术层、基础层的发展。

（四）产业发展亟须统筹规范

人工智能是一门跨学科、跨行业的复杂性综合学科，技术领域纷繁复杂，细分领域十分丰富，应用场景极为广阔，目前正处于行业应用层起步到快速发展的阶段，引导行业发展的许多基础性工作和政策尚不健全。行业统计口径不明显，统计数据缺失；科技成果转化的机制有待突破，体制内科技人才，特别是科技带头人向企业流动的鼓励措施需要落地；企业缺乏与学校、科研机构的沟通渠道或渠道不畅，学校参与校企合作的积极性不高，激励产学研用共同发力的有效对接机制尚待完善；产业政策的支持措施与企业需求匹配度需要进一步提升，响应速度应进一步加快；广州对人工智能领域的顶层设计和统筹规划力度需进一步加大。

三　广州人工智能产业发展的路径与对策

人工智能的实用门槛已经突破，应用的广度和深度逐渐加强，正在加速渗透到生产生活的各个方面。广州应发挥自身优势，迅速补齐短板，统筹资本、人才、技术、政策等要素资源，以应用层为驱动，以基础层和技术层为支撑，加快构建人工智能产业生态，形成发展优势。

（一）明确发展定位，打造全球领先的人工智能创新枢纽

2017年初，广州紧抓新一轮技术革命和产业变革机遇，率先布局"IAB"产业，提出"IAB"发展计划，显示了紧抓人工智能产业发展浪潮的决心和信心。作为重要的国家中心城市、粤港澳大湾区核心城市，广州有突出的应用市场、科技资源、人力资源、交通、政策等优势。基于产业发展态势和自身优势，广州应致力于打造全球领先的人工智能创新枢纽。为加快这一目标的实现，一是要积极对接国家战略，制定广州人工智能产业发展规划和行动计划，确立产业发展的目标、任务、发展路径和措施，着重在集聚高端资源、高位布局、培植产业发展良好土壤等方面下功夫，通过试点示范，以点带面，逐步推进，实现全面发展。二是建立产业链各方的协同机制，促进基础层、技术层和应用场景企业或机构的密切合作和大胆创新，建立可持续发展的商业模式。三是鼓励有能力的企业积极参与国家和国际标准的制定修订，加强行业之间和国际国内的标准化合作，助力企业占领技术高地，抢占市场先机。四是建立企业主导，汇集"官产学研资"于一体的人工智能产业发展模式。

（二）聚焦领军企业和重大项目，抢先卡位占领制高点

对国际国内人工智能产业图谱进行梳理，围绕基础层、技术层和应用层各个细分领域的领军企业，主动出击，精准招商。力求在大数据、云计算、芯片和传感器研究方向补齐广州人工智能产业基础的短板。依托现有企业在图像识别、自然语言处理方面的优势，迅速强化，尽快产生积聚效应，做大做强这两项技术层的关键领域。同时，补上广州在机器学习方面的弱项。充分利用广州所在的珠三角庞大的市场优势，重点布局工业机器人、服务机器人、智能交通、智能家电、可穿戴设备、商业智能、虚拟助手、智能服务、解决方案，积极拓展行业应用。以应用为驱动，强化技术层、基础层的支撑作用，抢先完成全产业链的布局，迅速占领制高点。

（三）引进领军人才，带动海内外人工智能人才和团队向广州集聚

切实贯彻《关于加快集聚产业领军人才的意见》及 4 个配套文件中关于人才发展战略的"高精尖缺"导向，瞄准人工智能产业发展的各个领域，强化产业领军人才的引进和培育，大力培养集聚"高精尖缺"人才。建立人才培养与企业需求精准对接机制，培养和引进更多人工智能领域的中央"千人计划"、"万人计划"和省"珠江人才计划"等高端人才。在全球主要人工智能聚集区设立人才工作站，搭建海内外人才引进的"桥头堡"。与国际知名猎头公司合作，为广州网罗人工智能人才，构筑人工智能产业人才集聚高地。

（四）设立产业引导母基金，为人工智能发展注入资本动力

风投、创投等资本能够为人工智能产业发展注入强劲动力，资本与技术有机结合是产业高速发展的最强路径，美国硅谷的发展历史揭示了这一规律。建议市级层面设立人工智能产业发展母基金，各区根据本区人工智能产业发展重点方向和自愿原则设立子基金，以 1∶4 的杠杆率撬动社会资本，实现对人工智能全产业链的投资覆盖。具体来说，母基金占比 10%（市财

政和金融机构各一半），区政府占比20%、金融机构占比70%。产业基金采取市场化运作原则，遴选拥有优秀业绩的基金管理公司来运营，避免"明股实债"，确保产业基金能够尽快实现对人工智能中小企业发展的支持。

（五）鼓励企业加紧布局人工智能专利，加强知识产权保护

鼓励企业在人工智能重点技术和应用领域加强专利布局，支持企业加强人工智能重点技术和应用领域核心专利培育，力争形成一批高质量的核心专利。建立人工智能领域的专利合作授权机制和专利风险防控机制，推动人工智能领域知识产权成果转化。加快推进专利基础信息资源开放共享，建立人工智能公共专利池，支持在线知识产权公共服务平台建设，开展服务模式创新，提升知识产权服务附加值。不断健全和完善知识产权保护机制，加大人工智能领域知识产权保护力度。

（六）聚力建设人工智能产业技术创新合作平台，接轨与全球技术前沿

促进广州南沙国际人工智能产业高级研究院尽快落地运行，健全人工智能研发和生产服务体系，以研究院为引领，汇集全球顶尖人工智能科学家团队、机构和企业。统筹利用国内外两种资源，推进高层次双向开放式创新。发挥驻欧美地区办事处的作用，积极对接谷歌人工智能实验室Deep Mind（伦敦）、微软研究院（西雅图）、腾讯人工智能实验室（西雅图）、百度美国研发中心（硅谷）等机构的人工智能高端优质人才资源。继续深化与硅谷、波士顿、特拉维夫和北京中关村、上海张江、深圳南山等国内外先进地区链接互动，不断拓展合作领域和形式。结合"一带一路"建设等，鼓励具有竞争优势的人工智能企业率先"走出去"，积极拓展海外用户，共同开拓国际市场。鼓励与相关国家加强人工智能研发与应用合作，整合国内外创新资源，提升人工智能产业创新能力和国际竞争力。支持相关行业协会、产业联盟及商业服务机构搭建服务平台，为人工智能领域的创新企业提供国际合作、海外创新服务。

（七）组建四大产业平台，营造良好的产业氛围

一是打造国家级人工智能数据平台。全方位支持开放政府及公共领域数据，制定公共机构数据开放计划，构建系统化结构化的数据平台，稳步推进公共机构数据向社会释放，促进社会开发利用。二是建立人工智能应用平台。在交通出行、医疗健康、教育培训、环境保护和金融等公共服务领域，启动人工智能应用的先行先试，逐步拓展行业应用。三是持续举办"广州人工智能圆桌会议"，吸引全球范围内的顶级科学家、企业家以及政府官员进行广泛深入的交流，带动跨行业的讨论和研究，带动全社会对人工智能的了解和持续关注。四是引导人工智能产业联盟建设。参照谷歌、Facebook、IBM、微软、亚马逊建立人工智能产业联盟模式——"可造福人群与社会的 AI 合作关系"开展运作，邀请更多的用户组织、非营利组织、伦理学家和其他利益相关者加入。该联盟至少应具体在四个方面发挥作用：一是带动跨行业的讨论和研究，以使 AI 技术最大限度地造福人类；二是通过各种渠道将政府、科研院所、高校、企业进一步紧密联系在一起，共同推动人工智能技术的产业化；三是积极推动人工智能企业与制造业、服务业的合作对接，积极拓展行业应用；四是举办人工智能领域的会议、展览、竞赛等活动，凝聚行业力量，共同推进行业健康发展。

参考文献

〔英〕玛格丽特：《博登人工智能哲学》，上海译文出版社，2000。

瑞银报告：《亚洲前瞻：人工智能如何形塑亚洲新面貌》。

艾媒咨询：《2017 年中国人工智能产业专题研究报告》。

麦肯锡报告：《中国人工智能的未来之路》。

高盛报告：《中国人工智能崛起》。

腾讯研究院报告：《中美两国人工智能产业发展全面解读》。

乌镇智库：《2017 全球人工智能发展报告》。

万联证券：《计算机行业 2017 年下半年投资策略报告：投资价值，观察情绪》。

B.17
紫竹国家高新区体制创新实践及其启示

贾　涛*

摘　要： 上海紫竹高新区是目前全国唯一由政府、民营企业和高校联合投资，民营企业主导建设运营的国家级高新区。在短短的15年间，紫竹高新区以其特有的运营模式，将园区打造成自主创新产业集聚区，综合竞争力、创新要素集聚度、单位土地产出效益等指标走在国家级高新区前列，形成了紫竹发展模式和辐射效应，推动了周边地区经济社会发展，提前兑现了成立之初"给我二十年，给你一座科学城"的承诺，成为上海西南、黄浦江沿线一大亮点，现正加速建设上海南部科创中心，打造"东方硅谷"。紫竹成功的模式充分证明，民营资本主导、市场化运作完全可以成为当前各地产业园区开发建设的选择。紫竹高新区在企业化高效管理、科学开发时序、精准特色产业、以需求为导向的基础配套等方面的经验值得学习借鉴。

关键词： 紫竹模式　体制创新　上海

上海紫竹高新区于 2002 年 6 月 25 日奠基，2011 年 6 月获批成为国家高新技术产业开发区，一期规划面积 13 平方公里，是目前全国唯一由政府、民营企业和高校联合投资，民营企业主导建设运营的国家级高新区。在短短

---

* 贾涛，广州市黄埔区政府办公室，科长，研究方向为区域经济发展。

的 15 年间，紫竹高新区以其特有的运营模式，将园区打造成自主创新产业集聚区，综合竞争力、创新要素集聚度、单位土地产出效益等指标走在国家级高新区前列，形成了紫竹发展模式和辐射效应，推动了周边地区经济社会发展，提前兑现了成立之初"给我二十年，给你一座科学城"的承诺，成为上海西南、黄浦江沿线一大亮点，现正加速建设上海南部科创中心，打造"东方硅谷"。

一 体制机制创新是紫竹模式最大特点

（一）政企校联合的投资模式，打下了协同创新的体制基础

紫竹高新区由上海市及闵行区政府、上海交通大学、紫江集团、上海联和投资公司等七家股东单位共同投资，组建上海紫竹高新区（集团）有限公司，注册资本 20 亿元，其中民营企业上海紫江（集团）公司和上海紫江企业集团各占股 50.25% 和 4.75%、市属投资公司上海联合投资占股 20%、闵行区和吴泾镇下属资产投资公司各占 10%、上海交大下属投资公司和基金会各占 2.5%。在园区建设中，政府主要负责创新生态环境的营造，企业主要负责培育和引进创新型产业等运营管理，高校则把最前沿的研究成果投向园区，形成了协同创新发展的良好格局。

（二）以民营企业为主导的决策机制，保证了管理运营的高效顺畅

紫竹高新区成立紫竹开发公司，设立公司董事会，园区成立至今，一直坚持董事会治理模式。董事会一般一年召开一次，主要研究关系园区发展的重大方向性问题，比如园区融资途径、产业发展方向等。政府和高校占股，但不参与园区事务决策，实际运作由控股方（紫江集团）主导。园区投资、运营、管理等，由董事会授权公司高管会议决定。公司高管会议主要由公司核心领导班子和高管参加，通常会议的议题不是商讨事情，而是落实公司工作部署，公司领导班子成员和高管业务互不交叉，直接对公司

董事长和董事会负责，涉及企业引进、土地出让等重大决策，多是聘请专业评估团队提供决策参考，一经决策，必须毫不犹豫地执行，决策和执行的效率非常高。紫竹这种政府与高校完全授权，由民营企业主导的决策机制，极大地提高了园区日常事务决策的效率，很好地解决了目前相当多的产业园区，在管理运营过程中多头指挥、多方牵制，影响园区发展的问题。同时这种决策机制，也把公司决策层从日常错综复杂的业务关系、人际关系中解脱出来，专注于分析研究园区运营状况，全视野地了解和掌握国际产业最新动态，全方位地制定园区发展策略和方向，极大地提高了园区管理运营和发展的效益。

（三）以土地、资本和人才相融合为纽带，形成了政企校利益共同体

政产学研紧密结合，园区、校区和社区"三区融合、联动发展"形成利益共同体，是紫竹保持发展活力的关键。建园之初，市、区两级政府和紫竹开发公司就土地供应、资金补贴、政策扶持等方面，对上海交大和华东师大进行倾斜，先后与两所高校签署"校企共建协议"，高校每迁一个学院到园区，园区就贴补1亿元（不附加资金用途条件），共投入十多亿元引导两所高校融入园区发展。以理工科见长的上海交大和以人文为特色的华东师大，是紫竹人引以为豪的"一文一理"，两所高校为园内企业"量身定制"专业人才，并鼓励高校科研人员到紫竹高新区兼职或创业，成为紫竹创新发展的两大引擎。紫竹高新区以高校为依托，集聚高端创新资源，相继吸引了纳米技术及应用国家工程研究中心、国家组织工程研究与开发中心、国家动物医学研究中心等国家级科研项目在紫竹"安家"；引进了微软、英特尔"一软一硬"两大龙头企业，欧姆龙、通用电气、埃克森美孚、可口可乐、中广核、中航工业等国内外知名企业，也先后在紫竹高新区设立区域甚至全球研发中心。目前紫竹高新区产业链基本集中在微笑曲线中利润最大的研发和销售两端。

（四）以资本运作和科技创新为动力，形成了可持续高质量的盈利模式

紫竹高新区自行负责园区基础设施建设，政府财政资金不再投入，可持续高质量的盈利模式是园区生存和发展的关键。紫竹高新区前期以土地开发和政府扶持资金为主要盈利来源。其中，政府扶持资金主要是园区内企业纳税中的市、区两级留成部分（2017年以前，全部返还园区），以及园区土地出让金区级地方部分（列入上海市和闵行区两级政府预算，建立专项资金返还园区）。后期则是通过提供研发、生产、办公、生活、金融等集成和配套服务、科技地产开发、建孵化器、帮企业开拓市场和运营服务，以及入股高新技术企业等管理服务和资本投资方式来获得收益，目前园区入股企业1169家。2016年，紫竹高新区实现技工贸收入491.86亿元，同比增长13.69%；税收56.18亿元，利润总额同比增长168.95%。

二 紫竹模式对于当前各地园区开发建设的启示

（一）政府引导、企业主导、市场运作，正成为先进园区开发建设的新模式

采取什么样的开发建设模式，关系到园区发展全局。我国中西部地区的经济功能区，还处于开发建设的初级阶段，征地拆迁、大规模的基础设施建设，没有政府的强力支持寸步难行。但在先进地区、先进园区，政府引导、企业主导、市场运作的开发建设模式将激发园区的发展活力。从国际上来看，多数发达国家的经济功能区都是企业主导的，越是成熟的园区，市场化的程度就越高。从国内情况看，越是沿海发达地区的经济功能区，其园区的市场化运作程度越高。完全由政府主导的经济功能区，必然面临几个突破不了的门槛，成为这些园区发展的"紧箍咒"，即从内部来看，由于当前政府体制机制在公务员和国企员工的考核奖惩和激励机制上缺乏有效手段和办

法，不少园区走到了改革开放之前干多干少一个样、干好干坏一个样的老路上，体制活力逐步退化。同时，解决不了招商引资政策弱化的问题，由于经济功能区原来普惠性的优惠政策消失，而引进项目又确实离不开一定的政策吸引，这就造成了政府主导的经济功能区受制于法律和政策环境限制而举步维艰的问题，相比之下，由民营企业主导的经济功能区在这方面却可以甩开膀子大干一场。还有一个日益突出的问题就是，政府主导的园区，很难解决发展高新技术产业的风险平衡问题，也很难解决高新科技产业发展中的专业化服务问题，这是因为财政投入可评价、可测量、低风险的要求与科技创新活动高风险、不确定、难评价的特性之间有着天然的冲突，而发展高新产业所需要的专业化、细分化的集成服务又与政府"万金油"式的干部队伍结构存在难以避免的错位。

（二）民营资本充当主力军，正成为先进园区开发建设的新方向

将民营资本作为高新区开发建设的主导力量，实施市场化运作，是紫竹高新区对我国高新区开发建设模式的创新。无独有偶，在浙江特色小镇建设中，社会资本也发挥了主力军作用。2015 年 10 月 26 日，浙江省宣布采用政府和社会资本合作模式，到 2017 年建设 100 个特色小镇，资金总需求 5000 亿元，其中社会资本占比过半。宁波梁祝爱情小镇引入宁波联合集团这一上市民营企业，自 2010 年起，由该民营企业投入十多亿元用于小镇产业核心区开发建设，当地政府只负责编制规划、明确组团开发顺序和节点、开展征地拆迁等工作，有力促进了小镇建设发展。在产业园区开发建设中引入社会资本，把民营资本作为园区建设的主力军，对园区开发公司股权进行科学设计，可以解决政府资金投入不足的问题，发挥政府有限资金的带动作用，有效撬动和利用社会资金投入园区建设；可以从根本上改变政府过多干预社会经济和企业内部事务的弊端，使政府真正能投身宏观管理和环境营造，充当"引路人"和"催化剂"；可以通过市场手段，激发民营企业参与经济建设的活力，最大化地提高园区建设过程的资源配置效率，真正实现政府引导与市场优化资源配置的有机结合；可以有效破解政府专业人才不足的

瓶颈，发挥民营企业在资金运作、项目开发建设等方面的人才优势，用专业的团队办专业的事情，实现专业人员管理、专业团队运营，提高园区发展的质量和效益。

（三）合理高效的开发时序，正成为园区效益最大化的有力保障

紫竹高新区按照"时序高效"的原则，对每一个区域的开发都精雕细琢，14年才开发了4000亩产业用地，平均一年开发280多亩，每一个项目都是精品工程，确保每一块土地实现最大开发效益，这是其实现园区经营最大效益的主要因素。对于一个地处上海市的国家级高新区而言，在过去的15年我国经济高速增长和长三角快速发展的大背景下，平均每年开发的产业用地不到0.2平方公里，这是绝无仅有的，也就是紫竹这种宁可让土地"留白"，也不上不符合自己产业发展方向项目的勇气和毅力，才换来了今天紫竹园区内土地开发的高回报率。园区成立的前十多年，紫竹的土地只用于产业和基础配套设施，坚持不开发房地产。如今产业发展到一定的规模后，为了产业链的完善和发展，紫竹高新区才开始适度开发房地产。今后10年，紫竹小镇地产项目每年可以为紫竹高新区提供不少于30亿元的资金支持，支撑园区产业新一轮发展。这种先发展产业，再开发房地产的模式与当前我国各地功能园区先开发房地产，再发展产业的路径刚好相反，正是紫竹这种发展理念和开发时序，才形成了其开发建设的良性循环。借鉴紫竹经验，在产业园区开发建设中，要坚持以产业发展为核心的土地开发理念，保持土地开发的时序定力，敢于"留白"，才能实现土地开发的效益最大化和可持续。

（四）精准特色的产业定位，正成为先进园区快速发展的决定因素

功能园区发展，产业是关键。在浙江特色小镇建设中，特色产业是核心要素，他们因地制宜将每一个特色小镇打造成为产业的"单打冠军"，追求小镇产业的"特而强"，有效避免了区域间产业同质化的不良竞争。紫竹高新区在产业定位方面，依托上海科技创新的良好基础，紧紧抓住全球

产业转移和变革的重要机遇，紧盯产业链条中的研发环节。在产业布局上，瞄准新兴产业领域和传统产业催生的新兴方向，聚焦集成电路与软件、航空、新能源、数字内容、新材料和生命科学六大主导产业。通过吸引各类国家级工程中心、跨国公司研发中心以及高新科技企业，形成上下游产品衔接的产业链基地和研发基地。2016年紫竹高新区R&D占GDP的比例为8.51%，处于全球领先水平。目前紫竹高新区高新技术企业占比、千人拥有发明专利累计授权数量等创新指标，都位居国家级高新区前列。借鉴紫竹经验，在产业园区建设中，应当深入分析自身资源禀赋，充分研究国家和地方各级政府产业政策，顺应"中国制造2025"等发展趋势，因地制宜、因势利导、科学精准地选择园区产业发展方向，坚持特色产业和效益优先的原则，大力引进和培育效益好、质量优的产业，奠定园区持续发展的良好基础。

（五）适应产业发展需求的基础配套，正成为园区综合竞争力的核心要素

在规划设计和基础配套方面，紫竹高新区借鉴了美国硅谷等园区的经验和理念，将园区规划为大学校区、研发基地和生活配套区三个部分，突出生态建设、人文环境营造与特色产业共生发展的主线，以"生态、人文、科技"为主题，创造了一个"居住、创业两相宜"的人文生态环境。其在规划中非常注重产城融合发展，为产业发展"量身定制"配套设施，从一开始就为3.8平方公里的产业用地匹配了3.73平方公里的生活配套服务用地，研发基地周围1公里以内无电磁波干扰、无污染源、无震动源、无虫害，借助黄浦江的岸线资源，以滨水景观为主导，将水面引入研发基地中心的数码信息港以及大学校区，使产业和生态和谐统一。紫竹良好的宜居、宜业环境，为其集聚国际高端人才打下了基础，也是其创新升级的润滑剂和加速器。当前，不少产业园区在规划设计和基础配套中，盲目追求高大上，不考虑资源禀赋和产业发展实际需求的问题比较突出，造成不少所谓的高端设施，看着好、用不上。这方面，紫竹的经验值得学习和借鉴。

参考文献

夏光、屠梅曾：《以"三区联动"构建新的区域生态创新网络》，《生产力研究》2008 年。

杜德斌、范斐、张虹：《上海紫竹高新区的发展经验与启示》，《科技日报》2013 年7 月 10 日。

樊宏、项立平、王锐：《大张江一区十八园及先进企业巡礼，上海紫竹高新区的发展经验与启示》，2013。

《创新发展模式，探索发展路径》，科技部火炬产业开发中心，http：//www. innofund. gov. cn/gxq/dfdt/201411/f89a50a2f6284027bd24669de64ee800. shtml ，2014 年 11 月 25 日。

王伟：《上海紫竹国家高新区可持续发展研究》，华东师范大学，2015 年。

B.18
加快南沙跨境电子商务发展的对策建议

朱海涛　曾玉娟　黎俊彦　张莹*

摘　要： 本文梳理了郑州、杭州、宁波和义乌等地跨境电商产业发展的特征、优势，探讨南沙跨境电商发展存在的主要问题，分析影响该行业发展的外部环境及内部因素。在此基础上，对加快南沙跨境电商行业做大做强提出对策建议。

关键词： 跨境电商　新兴业态　创新发展

海关数据显示，2017 年广州跨境电商进出口总值超过 210 亿元，增长 33.5%，各项指标连续 4 年居全国首位。跨境电商产业在广州有扎实的基础和较大的体量规模，南沙是广州跨境电商的重要载体和平台，通过进一步分析广州市跨境电商发展存在的短板，并以南沙为抓手加快跨境电子商务产业发展，对实现"广州要打造全国跨境电子商务中心城市"建设目标具有重大推动作用。

一　跨境电商发展趋势

（一）总体情况

近年来，跨境电商作为一种新兴业态在我国呈现爆发式的增长趋势，尤

---

* 朱海涛，广州市南沙开发区管委办、南沙区政府办公室综合处处长，研究方向为区域经济；曾玉娟，南沙开发区管理委员会办公室副主任科员，研究方向为公共管理；黎俊彦、张莹，南沙区口岸工作办公室工作人员。

其是在"一带一路"倡议带动作用下，跨境电商进入快速发展期。通过电商平台，中国商品销往俄罗斯、乌克兰、波兰、泰国、埃及、沙特阿拉伯等54个"一带一路"沿线国家。[①] 全球移动互联网调查机构数据分析，未来我国跨境电商仍将保持较高复合年均增长率，预计全国进出口跨境电商整体交易规模2018年将达8.8万亿元，2021年交易总额将超过20万亿元。

（二）国内先进地区电商发展情况

1. 郑州

自2012年郑州被国家列为跨境电子商务试点城市以来，跨境电子商务零售进口业务发展较快，位居10个试点城市前列。截至2017年6月30日，郑州跨境电商交易额达46.89亿元，同比增长76.16%。主要经验及做法如下。一是高度重视。省政府专门成立了中国（郑州）跨境电商综合试验区工作领导小组，市层面也成立领导小组，园区则从各相关部门抽调人员成立跨境电商工作办公室。同时，郑州市出台了《中国（郑州）跨境电商综合试验区建设工作三年行动计划（2016—2018）》，全面保障综试区建设工作。二是海关及检验检疫大力支持跨境电商工作。海关和检验检疫均在保税物流中心设立办事处，24小时驻场，确保周末及节假日在内的全天通关。实行货物提前备案急速放行，货物到港后直接入库，检验检疫采取抽检方式，当日出具检验报告。三是地方政府积极扶持产业发展。入驻河南保税物流中心和新郑综保区的企业免收2年仓租，且政府通过购买服务的方式，将检测费直接拨付至检测中心，免除了企业的检验检测费用。

2. 杭州

中国（杭州）跨境电子商务综合试验区是杭州市唯一海关特殊监管区内的跨境电子商务产业园，占地160亩，2014年2月率先网购保税进口业务，同年9月B2C直邮包裹进口测通。主要经验及做法如下。一是依托"单一窗口"打造跨境电商的综合服务平台。利用"单一窗口"作为综试区

---

① 京东数据研究院发布《2017"一带一路"跨境电商消费趋势报告》。

数据交换和综合管理的平台，通过一点接入，实现"关""检""税""汇""商""物""融"数据的互联互通和共享共用。二是创新跨境电商 B2B 出口模式。依托"单一窗口"平台，实现订单、运单、支付单三单信息对碰，关、检、税、汇等监管部门通过企业使用的申报平台实施监管。杭州海关对走跨境电商 B2B 出口的业务，在合同上做标识，报关时在海关代码上加打 DS 标识，并将相关数据并入跨境电商的统计口径。三是建设完善政策保障措施。立法引领与规范跨境电商发展，出台《杭州市跨境电子商务促进条例》，于 2017 年 3 月 1 日正式实施，并对有关培育主体、园区建设、平台建设、物流建设、人才培养等方面进行扶持。四是打造优化跨境电商生态圈。制定出台综试区跨境电商产业发展和空间布局规划，加快完善园区综合配套服务和生态系统。目前，杭州综试区线下布局 13 个产业园区，总面积 320 万平方米，入驻企业超过 2200 家，吸引民间资本达 125 亿元。

3. 宁波

2016 年 1 月 12 日，国务院同意在宁波设立跨境电子商务综合试验区，下设 7 个园区，并建立了 B2B 海运整箱、B2B 海运拼箱、B2C 海运集货、B2C 直邮、海外仓备货、外贸综合服务平台六种跨境电商出口模式。2017 年第一季度跨境电子商务交易达 14 亿元人民币。主要经验和做法如下。一是大力发展海外仓备货模式。依托海外仓把企业产品预先运至海外，利用境外销售渠道，开展境外物流配送。利用海运优势，建立海外仓综合信息平台。政府通过对境外海外仓的认定，探索开展出口退税、报关报检、境外退货的流程和监管创新。二是推动体制体系创新。出台《中国（宁波）跨境电子商务综合试验区实施方案》。从跨境电商监管创新、模式创新、税汇便利化管理创新、跨境生态圈建设创新、海外分销渠道创新、产业联动机制创新等六个方面的突破，形成完整的跨境电商业务链，实现对跨境电商业务过程的全覆盖。三是创新产业空间布局和发展模式。形成七大跨境电商园区、八家国家外贸升级转型基地和七个物流中心组成的多点支撑、多级集聚的产业发展格局。目前已实现"保税备货"、"保税集货"和"一般业务"三种进口模式全覆盖，建立 B2B 海运整箱、B2B 海运拼箱、B2C 海运集货、B2C

直邮、海外仓备货、外贸综合服务平台六种跨境电商出口模式。积极引导外贸传统和生产型出口企业通过"单一窗口"平台上线运营，推动跨境电商B2B、B2C出口业务发展。四是打造良好的发展环境。出台《关于加快跨境电子商务人才集聚的若干政策意见》《关于加快跨境电子商务发展的若干意见》等扶持政策，为跨境电商产业的发展提供有力支撑。成立跨境电商学院，打造跨境电商创业孵化基地，加强特色人才培养，强化高端培训，促进大学生创业孵化，提升宁波跨境电商发展研究水平。

二 广州跨境电商发展情况及存在的问题

广州市商务委、海关数据显示，近年来，广州跨境电子商务发展迅猛，2014年、2015年、2016年、2017年跨境电商进出口总值分别为14.6亿元、67.5亿元、146.8亿元、超210亿元，在全国60多个开展跨境电商进出口业务的城市中，广州跨境电商业务规模连续四年稳居全国首位。南沙海港、机场空港"双引擎"驱动，跨境电商监管"广州模式"逐渐形成。

南沙在全市跨境电商产业中发挥着重要作用。南沙保税港区是广州跨境电商综合试验区三个试点园区之一。2012年、2015年南沙先后获批为国家战略新区、自由贸易试验区，在"双区"叠加政策优势的带动下，南沙加快推动跨境电商产业聚集发展，在推动跨境电商综合试验区建设以及打造跨境电商示范园区方面取得明显成效。

一是产业聚集发展。实现广州首单海港跨境电商B2B2C保税进口业务在南沙保税港区顺利通关，跨境电商B2B2C保税进口业务在南沙全流程贯通。2015年南沙自由贸易试验区自挂牌以来，截至2017年底，完成备案的跨境电商企业1336家。2017年保税电商进口货值71.7亿元，同比增长1.1倍，占广州保税电商的比重为85.2%（南沙尚未开展跨境电商出口业务）。

二是平台作用明显。2016年12月南沙跨境电商B2C进出口监管中心完成建设并投入使用，通过保税业务和通关便利化改革措施，发展直购进口，完善业务模式。目前已形成了多条跨境电商远洋货运通道，开通了香港机场—南沙快船海运通道和香港机场—南沙保税港区点对点陆运通道（粤港跨境货栈）；开通了澳门至南沙的跨境电商专线，实现澳门跨境电商货物在南沙一体清关。

三是创新成效显著。全球质量溯源体系于 2015 年 6 月 1 日正式上线，成为全国首个跨境电商商品质量溯源平台，目前正在加快建设实体化全球质量溯源中心，打造国际标准规则引领区。口岸通关、快速验放机制、商事登记制度改革、事中事后监管、出口退（免）税全流程无纸化管理、跨境电商购物体验等领域的多项创新成果属全国首创，其中，"跨境电子商务监管模式""企业专属网页政务服务新模式"入选商务部"最佳实践案例"。

在跨境电商产业发展迅猛的同时，对比国内电商发展较为成熟的地区，广州跨境电商发展还存在一些短板及问题。

1. 平台及信息系统建设有待完善

跨境电商竞争激烈，市场还需要进一步规范，目前政府不同监管部门跨境电商业务监管信息还没有实现顺畅互联共享。以南沙为例，南沙保税港区信息系统建于 2003 年，虽经过几次升级改造，但整体信息化水平仍落后于先进地区，监管水平仍待进一步提升。同时，"粤港跨境货栈"尚未有配套的模块与"智检口岸"对接，影响了电商业务量的进一步增长。

2. 跨境电商业务模式不够丰富

现阶段广州跨境电商业务量主要集中在保税进口（B2B2C）业务，直购进口（B2C）模式尚未形成规模，如南沙保税港区用 1210 方式实现的跨境电商 B2B2C 和 B2C 出口业务模式尚未开展，与杭州、宁波等全面开展跨境电商进出口业务的先进地区相比存在明显差距。

3. 产业发展竞争力仍需提高

相对于传统外贸，跨境电商多数具有小批量、小品种、多批次的特点。目前跨境电商企业待审退税单量多，退税周期变长，在一定程度上影响了企业资金周转。另外，广州跨境电商产业发展普遍面临仓储设施不足、仓储成本高的突出问题。如白云机场综合保税区仓储基本已经饱和，南沙保税仓库也越来越紧张且仓租在 40 元每平方米左右，相较于宁波 30 元每平方米以及郑州仓租全免，对引进企业缺乏租金优势。

4. 行业人才相对不足

企业跨境电子商务专业知识人才匮乏，白云机场综合保税区、南沙保税港区、广州保税区普遍面临仓储物流专业技术人才招聘难、培养期较长、用人成本增加等问题；此外，跨境电商产业发展迅猛，在检验检疫、海关等相关部门，也要加快完善监管机构，增配专业人才。

三　对策建议

为了进一步推动跨境电商产业发展，充分发挥其在广州外贸转型升级、稳定外贸增长等方面的积极作用，2017 年 9 月，广州市人民政府正式印发实施《加快广州跨境电子商务发展若干措施（试行）》，并明确提出广州将打造全国跨境电子商务中心城市。南沙地处粤港澳大湾区地理几何中心，跨境电商产业发展基础好，是广州跨境电商综合试验区三个试点园区中唯一一个具有国家级新区、自贸试验区、保税区"三区"叠加政策优势的试点单位，具有龙头示范效应。据此，广州打造全国跨境电子商务中心城市，应以南沙为抓手，大力支持和推动南沙通过综合改革、集成创新，推动跨境电子商务公共服务平台和各类特色试点园区融合发展，推进"关、检、汇、税、商、物、融"一体化，形成适应跨境电子商务发展的新型监管服务模式和制度体系，为全国跨境电子商务发展提供更多可复制推广的经验。

（一）发挥产业规划引领作用

加强战略性研究，加快制定和完善南沙跨境电子商务产业、发展用地等规划。建立全国领先的跨境电商示范基地，重点推动跨境电商 B2B、B2C、B2B2C 等出口模式的试点。加快推动保税港区物流仓库建设。依托东发码头的水上通道与粤港跨境货栈业务的陆路通道的便利性，积极争取市商务委，海关及检验检疫支持南沙率先试行直邮进出口的跨境出口业务。通过认定并扶持一批"海外仓"，鼓励世界各地的"海外仓"货物通过南沙口岸进出。积极争取中国邮政集团与海关总署支持，在南沙区设立邮政互换局，做大南沙个人邮件出口的业务量。同时，加快已有的合捷、保利电商港、唯品会等产业项目建设和发展，并相应增加 50 万平方米以上规模的仓储设施，解决物流区现有保税仓储紧缺的问题。

（二）加大政策宣传推介力度

参照杭州、郑州等先进地区的经验，加快制定并完善跨境电商产业扶持奖励政策。2017 年 9 月，广州已制定实施《加快广州跨境电子商务发展若干措施（试行）》，南沙区也在 2017 年下半年制定实施《1 + 1 + 10》产业政策体系，对跨境电子商务交易平台、跨境电商企业以及跨境电子商务人才培训机构进行扶持和奖励。接下来，市、区两级政府要进一步加快政策的宣传推介，提高政策的知晓度，吸引更多国际电商龙头企业落户广州，同时，市、区两级政府要加快完善政策兑现流程，确保政策兑现。

（三）推动建立国际贸易监管制度

积极配合省向国家申报广东自由贸易港，推动南沙加快制订自由贸易港建设方案，并探索在自由贸易港实施更高标准的"一线放开、二线安全高效管住"国际贸易监管制度。大力推动各监管部门之间的信息共享、监管互认、执法互助，改进跨境电商统计制度，营造公平竞争的市场环境。同时，扩大与"一带一路"沿线国家和地区在港口、口岸通关等方面合作，率先实现与东南亚国家产品标准备案和口岸部门查验互认，在认证认可、标准计量等方面开展多双边合作交流。

（四）大力提升通关效率

在市的层面，大力推动南沙全球质量溯源中心实体化运作，打造南沙自由贸易试验区进出口商品质量监管国际化规则示范区。在海关、检验检疫部门的支持下，继续大力推进智检口岸建设，加快南沙保税港区信息化系统的升级改造。推动联检部门开放端口，搭建南沙保税港区的综合服务平台，实现物流企业 ERP 系统与联检部门互联互通，提高港区监管和通关的效率。同时，借鉴上海以及国际一流自由贸易港区建设经验，探索在南沙自由贸易港实施国际中转"零报关"措施，加快国际中转和离岸贸易发展，支持跨境电商企业拓展业务，参与国际竞争。

（五）多渠道降低物流成本

支持国内龙头物流企业开展跨境物流业务，积极引入国际现代物流企业在国内加大投资。学习杭州跨境电商出口的经验，通过单一窗口，实现货物订单和运单两单对碰，货物分批出货，集中报关，这样跨境电商出口企业既能享受出口退税优惠降低成本，也便于海关跨境电商统计。鼓励企业加大海外建仓力度，推动跨境物流标准化发展，采取以大宗运输替代零散小包的运输来降低物流成本，缩短配送时间，实现供应链效率的提升和本地化。

（六）集聚跨境电商产业发展高端人才

参考郑州、杭州、宁波等地的经验，建议研究采取设立"专业性临时机构"推动跨境电商产业发展的机制。例如支持南沙利用自贸区政策优势，完善人才政策体系，搭建人才集聚平台，吸引一批专业人士到南沙发展。充分发挥行业协会等行业组织的作用，加强对跨境电商人才的培养培训。同时，抓好人才服务保障，引导园区建设成包含孵化器、大讲堂、交流台、生活圈的综合体，形成聚才育才、拴心留人的良好氛围，以适应跨境电商快速发展的人才需求。

❖ 皮书起源 ❖

"皮书"起源于十七、十八世纪的英国,主要指官方或社会组织正式发表的重要文件或报告,多以"白皮书"命名。在中国,"皮书"这一概念被社会广泛接受,并被成功运作、发展成为一种全新的出版形态,则源于中国社会科学院社会科学文献出版社。

❖ 皮书定义 ❖

皮书是对中国与世界发展状况和热点问题进行年度监测,以专业的角度、专家的视野和实证研究方法,针对某一领域或区域现状与发展态势展开分析和预测,具备原创性、实证性、专业性、连续性、前沿性、时效性等特点的公开出版物,由一系列权威研究报告组成。

❖ 皮书作者 ❖

皮书系列的作者以中国社会科学院、著名高校、地方社会科学院的研究人员为主,多为国内一流研究机构的权威专家学者,他们的看法和观点代表了学界对中国与世界的现实和未来最高水平的解读与分析。

❖ 皮书荣誉 ❖

皮书系列已成为社会科学文献出版社的著名图书品牌和中国社会科学院的知名学术品牌。2016年,皮书系列正式列入"十三五"国家重点出版规划项目;2013~2018年,重点皮书列入中国社会科学院承担的国家哲学社会科学创新工程项目;2018年,59种院外皮书使用"中国社会科学院创新工程学术出版项目"标识。

中国皮书网

（网址：www.pishu.cn）

发布皮书研创资讯，传播皮书精彩内容
引领皮书出版潮流，打造皮书服务平台

栏目设置

关于皮书：何谓皮书、皮书分类、皮书大事记、皮书荣誉、

皮书出版第一人、皮书编辑部

最新资讯：通知公告、新闻动态、媒体聚焦、网站专题、视频直播、下载专区

皮书研创：皮书规范、皮书选题、皮书出版、皮书研究、研创团队

皮书评奖评价：指标体系、皮书评价、皮书评奖

互动专区：皮书说、社科数托邦、皮书微博、留言板

所获荣誉

2008 年、2011 年，中国皮书网均在全国新闻出版业网站荣誉评选中获得"最具商业价值网站"称号；

2012 年，获得"出版业网站百强"称号。

网库合一

2014 年，中国皮书网与皮书数据库端口合一，实现资源共享。

权威报告·一手数据·特色资源

皮书数据库
ANNUAL REPORT(YEARBOOK)
DATABASE

当代中国经济与社会发展高端智库平台

所获荣誉

● 2016年，入选"'十三五'国家重点电子出版物出版规划骨干工程"

● 2015年，荣获"搜索中国正能量 点赞2015""创新中国科技创新奖"

● 2013年，荣获"中国出版政府奖·网络出版物奖"提名奖

● 连续多年荣获中国数字出版博览会"数字出版·优秀品牌"奖

成为会员

通过网址www.pishu.com.cn访问皮书数据库网站或下载皮书数据库APP，进行手机号码验证或邮箱验证即可成为皮书数据库会员。

会员福利

● 使用手机号码首次注册的会员，账号自动充值100元体验金，可直接购买和查看数据库内容（仅限PC端）。

● 已注册用户购书后可免费获赠100元皮书数据库充值卡。刮开充值卡涂层获取充值密码，登录并进入"会员中心"—"在线充值"—"充值卡充值"，充值成功后即可购买和查看数据库内容（仅限PC端）。

● 会员福利最终解释权归社会科学文献出版社所有。

卡号：257746776832

密码：

数据库服务热线：400-008-6695
数据库服务QQ：2475522410
数据库服务邮箱：database@ssap.cn
图书销售热线：010-59367070/7028
图书服务QQ：1265056568
图书服务邮箱：duzhe@ssap.cn

S 基本子库
UB DATABASE

中国社会发展数据库（下设 12 个子库）

全面整合国内外中国社会发展研究成果，汇聚独家统计数据、深度分析报告，涉及社会、人口、政治、教育、法律等 12 个领域，为了解中国社会发展动态、跟踪社会核心热点、分析社会发展趋势提供一站式资源搜索和数据分析与挖掘服务。

中国经济发展数据库（下设 12 个子库）

基于"皮书系列"中涉及中国经济发展的研究资料构建，内容涵盖宏观经济、农业经济、工业经济、产业经济等 12 个重点经济领域，为实时掌控经济运行态势、把握经济发展规律、洞察经济形势、进行经济决策提供参考和依据。

中国行业发展数据库（下设 17 个子库）

以中国国民经济行业分类为依据，覆盖金融业、旅游、医疗卫生、交通运输、能源矿产等 100 多个行业，跟踪分析国民经济相关行业市场运行状况和政策导向，汇集行业发展前沿资讯，为投资、从业及各种经济决策提供理论基础和实践指导。

中国区域发展数据库（下设 6 个子库）

对中国特定区域内的经济、社会、文化等领域现状与发展情况进行深度分析和预测，研究层级至县及县以下行政区，涉及地区、区域经济体、城市、农村等不同维度。为地方经济社会宏观态势研究、发展经验研究、案例分析提供数据服务。

中国文化传媒数据库（下设 18 个子库）

汇聚文化传媒领域专家观点、热点资讯，梳理国内外中国文化发展相关学术研究成果、一手统计数据，涵盖文化产业、新闻传播、电影娱乐、文学艺术、群众文化等 18 个重点研究领域。为文化传媒研究提供相关数据、研究报告和综合分析服务。

世界经济与国际关系数据库（下设 6 个子库）

立足"皮书系列"世界经济、国际关系相关学术资源，整合世界经济、国际政治、世界文化与科技、全球性问题、国际组织与国际法、区域研究 6 大领域研究成果，为世界经济与国际关系研究提供全方位数据分析，为决策和形势研判提供参考。

法律声明